CASIMIR STRYIENSKI

LA
GALERIE DU RÉGENT

PHILIPPE, DUC D'ORLÉANS

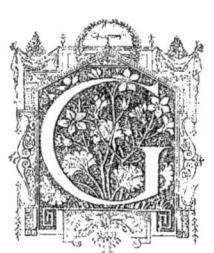

PARIS
GOUPIL & Cie, ÉDITEURS-IMPRIMEURS
MANZI, JOYANT & Cie, ÉDITEURS-IMPRIMEURS, SUCCESSEURS
24, BOULEVARD DES CAPUCINES
1913

LA GALERIE DU RÉGENT

IL A ÉTÉ TIRÉ

DE CE LIVRE

LA GALERIE DU RÉGENT

PAR

CASIMIR STRYIENSKI

QUATRE CENTS EXEMPLAIRES

Sur papier à la main des Manufactures de Rives

NUMÉROTÉS A LA PRESSE DE 1 A 400

EXEMPLAIRE N°

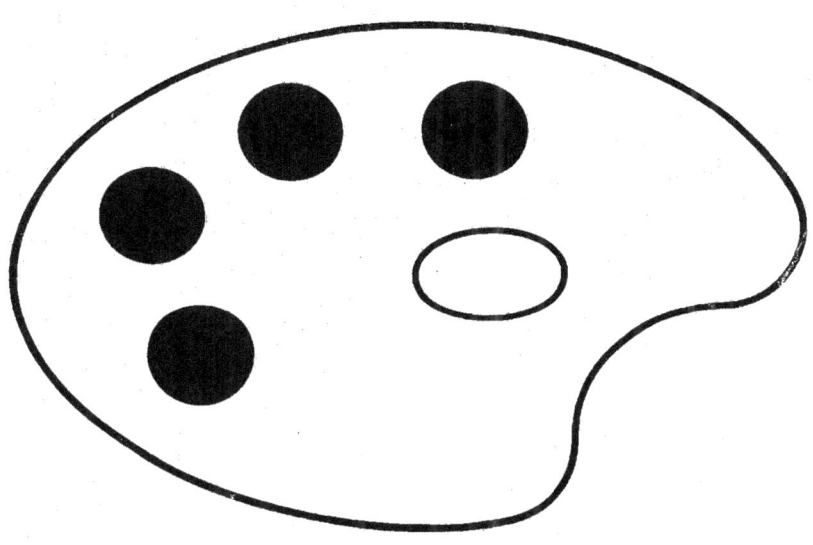

Original en couleur
NF Z 43-120-8

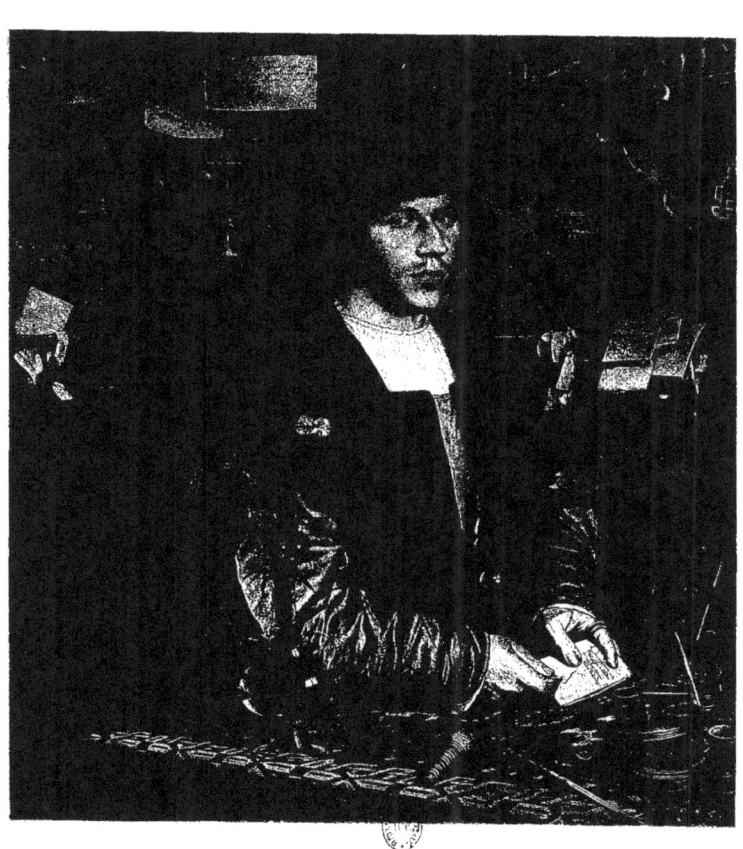

PORTRAIT DU MARCHAND GEORGE GISZE
Tableau peint par Holbein
(Musée de Berlin)
Photo Braun & Cⁱᵉ

CASIMIR STRYIENSKI

LA
GALERIE du RÉGENT
PHILIPPE, DUC D'ORLÉANS

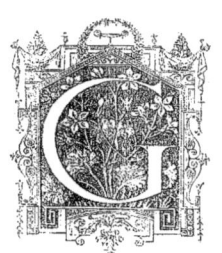

PARIS
GOUPIL & Cie, ÉDITEURS-IMPRIMEURS
MANZI, JOYANT & Cie, ÉDITEURS-IMPRIMEURS, SUCCESSEURS
24, BOULEVARD DES CAPUCINES
1913

PRÉFACE

Une galerie de tableaux naît, vit et meurt. Elle a ses aventures, ses vicissitudes, tout comme les humains. Les musées qui semblent le mieux protégés contre les coups du sort ne sont pas exempts de catastrophes. L'année 1911 sera à jamais pour le Louvre une année de deuil.

Que dire alors des périls auxquels sont exposées les œuvres d'art réunies par les simples amateurs, fussent-ils rois ou princes du sang? Où sont maintenant les magnificences de Whitehall qui firent le bonheur de Charles Ier? Et, si les chefs-d'œuvre de l'archiduc Rodolphe, autrefois à Bruxelles, ont été presque tous sauvés par le gouvernement impérial d'Autriche, combien d'autres ne sont plus que des recueils d'estampes ou des inventaires notariés! Est-il rien de plus navrant que de voir, au Castello de Mantoue, la *grotta* d'Isabelle d'Este, avec ses murailles nues envahies par les toiles d'araignées? Que reste-t-il au palais de Modène des célèbres collections de ses ducs? Et, à Paris, les trésors entassés par les Crozat, les Julienne, les Tallard, où sont-ils? Tout cela a vécu.

Rendre un peu de vie aux belles choses défuntes est une joie. Nous avons pensé que, plus qu'aucune autre, la galerie formée par le Régent, après avoir été pendant un siècle la merveille de Paris, était digne d'une résurrection; et, en nous faisant *biographe*, comme s'il s'agissait de quelque princesse d'autrefois, nous ne croyons pas avoir été trop audacieux. L'histoire que nous voulions raconter se personnifiait d'elle-même, elle ressemblait tant à celle de nos existences que l'illusion est devenue réalité.

Tous les voyageurs du xviiie siècle allaient faire leur cour à ces tableaux fameux. C'est le poète anglais Thomas Gray qui, en 1739, écrit dans son journal : « Noble collection de près de cinq cents peintures des grands maîtres, le *Saint Jean-Baptiste* de Raphaël, la *Vénus tordant ses cheveux* du Titien, la *Léda* et la *Danaé* du Corrège, toute une salle des plus beaux Véronèse, *les Sept Sacrements* de Poussin, etc. »

C'est le docteur Maihows, Walpole, la baronne d'Oberkirch, l'abbé Antonini, le jeune Oldenbourgeois Halem, et que d'autres témoins ignorés !

Personne, semble-t-il, n'a tenté encore de faire le travail que nous avons entrepris. Et ceux qui incidemment ont parlé de la Galerie du Régent ont donné cours à mille légendes, à mille anecdotes apocryphes ; si bien que, sur sa formation si curieusement mêlée à la vente du cabinet de Christine de Suède, sur les dégâts qu'un prince dévot lui fit subir, sur sa dispersion aux temps révolutionnaires, on n'apprend rien qui soit vrai. Nous avons demandé aux archives, aux brochures, aux journaux, aux livres de nous révéler leurs secrets et nous sommes arrivé, pensons-nous, en contrôlant les documents les uns par les autres, à mettre les choses au point.

Il convient de citer les principales sources auxquelles nous avons puisé. Les Archives de Dreux, qui nous ont été obligeamment ouvertes par S. A. R. le duc d'Orléans, nous ont fourni les *Inventaires* de Madame, Henriette d'Angleterre, et de Monsieur, frère de Louis XIV ; nous y avons trouvé les premiers éléments de la Galerie qui se forma ainsi tout d'abord avec des souvenirs de famille. Aux Archives nationales les *Inventaires* de 1724, 1752 et 1786, après le décès des ducs d'Orléans, *le Registre de réception des objets d'art et antiquités trouvés chez les émigrés et condamnés*, les *Lettres* de Louis-Philippe, duc d'Orléans, en 1817, réclamant la restitution de certaines épaves du Palais-Royal, nous ont permis d'établir un catalogue raisonné. A ces pièces indispensables sont venus s'adjoindre l'*Inventario de quadri della G^i* [Galleria] *m^e* [memorabile] *della Regina di Svezia* (British Museum), l'*Inventaire* de Mazarin publié par le comte de Cosnac et l'*État général des tableaux appartenant à S. A. R. Mgr le duc d'Orléans,* dressé au mois de mars 1788 (Bibliothèque nationale, manuscrits).

Les recueils de gravures ont été consultés ensuite : *le Crozat,* avec ses belles planches et ses notices rédigées par Mariette ; *la Galerie du Palais-Royal* (Couché), publication assez médiocre sous ses apparences de luxe, exécutée de 1786 à 1806, dans les pires conditions, enfin les monographies anglaises *(Bridgewater Gallery, Stafford Gallery, Wallace Collection)* qui ont paru récemment, ces deux dernières chez les éditeurs du présent ouvrage.

Si nous passons aux livres, il faut placer en tête la *Description des tableaux du Palais-Royal* de 1727, par Dubois de Saint-Gelais. Ce volume décrit 479 tableaux. C'est le premier catalogue officiel. Quelques lacunes, quelques inexactitudes s'y remarquent, mais c'est un vade-mecum infiniment précieux qui a servi d'échafaudage à tout notre édifice. En l'absence de gravures, nous avons pu nous laisser guider d'après les indications de Dubois de Saint-Gelais et identifier plus d'un tableau, entre autres : l'*Adoration de Notre-Seigneur* du Pérugin, le *Portrait de jeune homme* attribué à Raphaël, le *Paysage* de Claude Lorrain et le *Gisze* de Holbein. N'est-ce pas prouver combien sont précises en général les indications de ce petit ouvrage? Les guides de Paris (Germain Brice, Argenville, Piganiol de la Force, etc.) nous sont venus en aide également.

Le Palais-Royal d'après des documents inédits (1629-1900) par MM. Victor Champier et G.-Roger Sandoz a été utilisé ; la question de la Galerie de tableaux n'y tient qu'une petite place, mais les références nous ont permis de consulter plusieurs pièces d'archives et d'en tirer profit. Le résumé des inventaires, publié en appendice par ces auteurs, manque de critique et d'exactitude.

Nous faisons grâce du reste, la liste serait trop longue. On verra d'après notre texte que nous n'avons négligé aucun ouvrage important depuis Buchanan, Waagen, Bürger jusqu'à Max Rooses, Bode, B. Berenson et au baron de Bildt.

Certes, nous savons d'avance que, suivant l'adage latin, nous aurons commis des erreurs, malgré tout l'appareil dont nous nous sommes entouré ; mais nous tenons à déclarer que nous ne parlons que de ce que nous avons vu, contrôlé et vérifié ; quand il nous a été impossible de voir par nous-même, nous le disons, et nous avons eu alors recours aux maîtres qui pouvaient le mieux nous renseigner.

Les complaisances que nous avons mises à l'épreuve sont infinies, notre dette est grande envers tous ceux qui ont bien voulu s'intéresser à notre tentative. C'est tout d'abord M. Frédéric Masson, de l'Académie française, qui nous a aidé de ses précieux conseils et encouragements, qu'il trouve ici l'expression de notre gratitude.

Puis ce sont les collectionneurs : le comte d'Ellesmere, le duc de Sutherland, le comte de Darnley, le marquis de Lansdowne, le duc de Bedford, le duc de Richmond et Gordon, Sir Frederick Cook, Lord Lucas, qui ont gracieusement facilité notre tâche, ainsi que le comte de Franqueville, membre de l'Institut, le comte de Laborde, Madame Francis de Croisset, M. Grandidier, M. Henri Heugel, Madame Adolphe Schloss et le baron de Rothschild.

Enfin, aux Archives nationales, au Cabinet des Estampes, au Louvre, aux Archives de Dreux, au ministère des Affaires étrangères, à la Bibliothèque d'Art et d'Archéologie, à l'École des Beaux-Arts, au Musée Carnavalet, au *British Museum*, à la *National Gallery*, à la *Wallace Collection*, au *Fitzwilliam Museum* de Cambridge, nous avons trouvé les plus aimables collaborateurs.

Paris, 1912.

DÉFAITE ET MORT DE MAXENCE
Tableau peint par Rubens
(Collection Wallace. — Londres)
Photo Mansell. — Londres

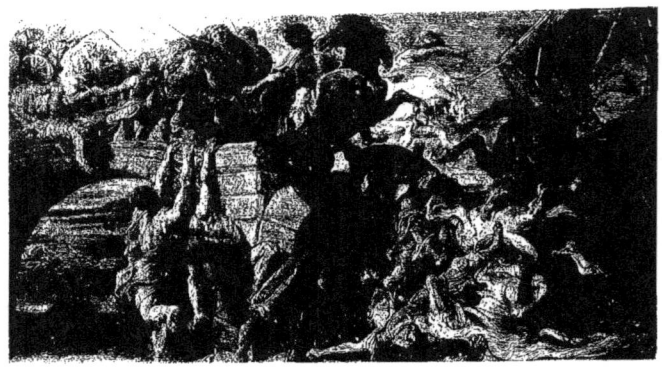

LA GALERIE DU RÉGENT
PHILIPPE, DUC D'ORLÉANS

I

NAISSANCE DE LA GALERIE

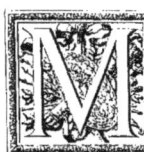ULTIPLIÉES aujourd'hui par la mode, le snobisme et l'espoir du gain, les Collections d'œuvres d'art sont nées d'un désir tout naturel de parer les demeures, sans autre souci que de masquer un peu la nudité des murailles. Au moyen âge, alors que les tableaux n'existaient pas, on avait simplement des tentures. Les salles royales blanchies à la chaux ou lambrissées de chêne étaient, aux jours de fêtes, « encourtinées » de draps de cendal ou de soie; on les tirait de coffres qui suivaient les princes dans tous leurs déplacements.

Ces étoffes précieuses furent, avec le progrès, des tapisseries tissées aux armes et aux devises des rois et des seigneurs, comme celles de Charles le Téméraire qui, conservées au Musée de Berne, servaient à orner les tentes du fameux guerrier aussi bien que ses châteaux. Grâce à l'art de la fresque, qui des églises passe dans les palais, l'aspect change et les pans de murs s'animent de chroniques peintes comme à Schifanoia, près de Ferrare, et, plus tard, de mythologies symboliques comme à Fontainebleau où les portières de haute lisse alternent avec les peintures murales et compliquent agréablement la décoration.

D'autre part, les artistes évoluent et voici que naît un genre nouveau : le tableau de chevalet, religieux et profane ; il entre dans la chapelle du palais et dans les appartements. Toutefois, la première idée de la vraie collection vint de l'habitude de grouper, par curiosité et aussi par orgueil, des portraits : ancêtres, hommes de guerre, hommes d'État. C'est ce que fit Paul Jove dans sa villa des bords du lac de Côme en créant le *Musæum Jovianum*, étudié jadis par Müntz. C'est ce que fit également Henry VIII, à Whitehall, en réunissant toute une série de célébrités anglaises. Depuis, ils eurent plus d'un imitateur : Catherine de Médicis, qui dans « l'Hôtel de la Reine » possédait « trente-deux portraits en émail de divers princes, seigneurs et dames, enchâssés dans les lambris, » qu'avait exécutés Léonard Limousin ; Duplessis-Mornay ; Paul Ardier, trésorier de l'Épargne ; Philippe de Béthune, frère de Sully ; enfin le cardinal de Richelieu qui eut sa *Galerie des Hommes illustres*.

François Ier, Philippe II, l'empereur Rodolphe II, les ducs de Mantoue et de Modène formèrent, au xvie siècle, de véritables musées dont quelques épaves seront signalées chez le Régent. Au xviie siècle, Charles Ier et Louis XIV se faisaient gloire d'un choix admirable de tableaux signés des grands maîtres. L'archiduc Léopold Guillaume, gouverneur des Pays-Bas espagnols, avait, à Bruxelles, une grande quantité de peintures, aujourd'hui pour la plupart au beau Musée de Vienne ; les sept « vues » de Teniers, dispersées dans les pinacothèques de Munich, de Vienne, de Madrid et de Bruxelles, nous font connaître la disposition de ces richesses. Les minutieuses études du peintre flamand nous permettent non seulement d'identifier ces œuvres, mais aussi de nous rendre compte de ce que va devenir toute collection digne de ce nom : un amoncellement de cadres serrés les uns contre les autres, sans le moindre espace libre, et cela depuis le plancher jusque vers le plafond, au risque de heurter du pied un Giorgione ou un Titien.

Walpole visite Versailles, en 1771, et nous dit que des « œuvres glorieuses de Raphaël et de tous les grands maîtres sont *entassées* dans ce palais et qu'on n'en prend pas le moindre soin ».

La psychologie du collectionneur change : il veut posséder, accaparer même; ses murs sont bientôt trop petits pour contenir des acquisitions sans cesse croissantes ; il ne s'agit plus de couvrir la nudité des parois, d'avoir de-ci de-là, sous les yeux, un visage souriant de femme, une idylle, un Enlèvement d'Europe ou de Proserpine, il faut un monde, une foule. Et l'on pense avec regret aux premiers amateurs que la rareté des trésors obligeait à égayer, non pas à encombrer, leurs sanctuaires d'art.

Ce fut un peu le cas du Régent de se laisser envahir par la marée montante. « Les connaisseurs, dit Mathieu Marais, en 1723, sont étonnés de ce qu'avec ce goût pour la peinture, il n'en ait aucun pour l'arrangement, mettant un tableau de dévotion auprès d'une nudité, un tableau de grande architecture auprès d'un paysage et ainsi du reste. Il ne se plaît qu'à en amasser beaucoup. »

A défaut d'une « vue » d'un Teniers du xviii° siècle, nous avons ici une impression d'ensemble sur l'aspect du Palais-Royal. Cela ne vaut pas un croquis de Gabriel de Saint-Aubin ou de Moreau, on doit pourtant s'en contenter.

Mais, avant d'essayer de faire revivre la Galerie du duc d'Orléans, il faut la voir naître.

De fort bonne heure Philippe songea à collectionner. Dès qu'il eut la libre disposition de ses biens, en 1692, l'année même où, jeune homme de dix-huit ans, il épouse Mademoiselle de Blois, fille légitimée de Louis XIV, il se met en chasse. Il est vraisemblable que de ses campagnes en Flandre il rapporte quelque menu butin. Malheureusement on n'a nulle indication sur la date et la nature de ces premiers achats.

Une disgrâce qui dura dix années, de 1696 à 1706, donna des loisirs au futur Régent. Les causes de cette disgrâce nous ne les connaissons qu'à travers une dizaine de lettres de la princesse Palatine, publiées par le comte de Seilhac dans les appendices de son *Cardinal Dubois*. Aucun fait précis ne ressort de cette correspondance. Il y est question d'un « infâme achat » du jeune prince, alors duc de Chartres, et de papiers trouvés chez une femme (que l'on ne nomme pas) et si compromettants que, sans l'intervention de Louis XIV, ils eussent été produits « en pleine justice ». L'affaire fut étouffée, les documents furent détruits, il n'en reste nulle trace dans les archives. Tout ce qui subsiste ce sont les plaintes d'une mère à son fils : « Les cheveux m'en dressent quand j'y songe, écrit la Palatine au duc de Chartres, le 18 juin 1696, car si le Roi n'avait retiré vos lettres, vous étiez perdu à jamais dans l'esprit de tous les honnêtes gens, et surtout des pays étrangers. Vous l'avez échappé belle, mais, au nom de Dieu, que cela vous serve d'avertissement à ne plus jamais tomber dans de tels malheurs. Réfléchissez, je vous en conjure, bien sérieusement à cette aventure, et qu'elle vous serve à jamais pour ne plus retomber en pareil cas. Songez à ce qu'il faut faire pour ôter ces affreuses impressions de l'esprit du Roi, et il n'y a pas de temps à perdre pour cela. Adieu, mon cher enfant, je suis pénétrée de douleur de ce qu'on ait trouvé de vos lettres chez cette infâme, mais je l'oublierai si vous tâchez au moins de vous corriger de ces horreurs ; adieu, j'ai les yeux si pleins de larmes que je ne puis plus écrire. »

On sait quel profit Philippe d'Orléans tira de ces admonestations maternelles ; ce prince était né intelligent, mais sa complexion amoureuse l'emporta toujours sur la raison. Tout en menant de front ses devoirs de mari (il eut un fils et six filles) et ses frasques de Don Juan (ses enfants naturels furent innombrables) il applique son esprit aux sciences et aux arts, durant son éloignement de la Cour. Il s'occupe de chimie, ou plutôt d'alchimie, de médecine, de musique, de peinture. Aidé des conseils d'Antoine Coypel, son maître et son ami, et de ceux d'Antoine Arlaud, le miniaturiste genevois, il continue à faire des acquisitions de tableaux.

Le *Saint Jean dans le désert* de Raphaël passe pour avoir été l'un des premiers achats sérieux du jeune amateur; il fut payé 20.000 livres au fils du président de Harlay — c'était une réplique du *Saint Jean* des Uffizi, lequel est, paraît-il, une copie d'après un original perdu.

A la mort de son père, en 1701, le futur Régent vit entrer dans sa collection un petit nombre de tableaux signalés dans des inventaires conservés aux Archives de Dreux.

Le premier de ces inventaires est celui de Madame, Henriette d'Angleterre, dressé le lundi 10 février 1671 et jours suivants; il comprend trois cent soixante-douze tableaux, tant au Palais-Royal qu'à Saint-Cloud et à Colombes, où avait résidé la mère de la princesse, la reine Henriette, femme de Charles Ier, morte en ce lieu une année avant sa fille, en 1669. Cet inventaire est fait avec assez de soin, les noms de peintres et les sujets y figurent presque toujours (ce qui est rare pour l'époque), mais fortement estropiés : ainsi il faut reconnaître Gérard Dou dans *Girardeau*, Guerchin dans *Gachin*, le Pont du Gard dans le *Pont Dugua*, etc. Il y a dans le nombre quelques toiles de valeur apportées évidemment d'Angleterre par la jeune mariée, en particulier des portraits de famille par Van Dyck, mais on note aussi beaucoup de miniatures, de copies, de tableaux pieux, de paysages, prisés en bloc et anonymement pour quelques livres; ils devaient être de mince intérêt. Toutefois nous reconnaissons, dans ce document, une douzaine d'œuvres qui figureront dans le catalogue du Régent et dont voici la liste : Un grand tableau représentant *la Famille royale d'Angleterre* de la main de « Monsieur Van Dyck » de 8 à 9 pieds de haut et large en proportion, prisé : 1200 livres (n° 504 de notre catalogue raisonné); un *Paysage* de Paul Brigle (lire : Brill) où sont représentés plusieurs animaux (n° 460); une *Madeleine* du Corrège, prisée : 1.000 livres (n° 180); un *Portrait de femme* du Titien, prisé : 250 livres (n° 19); le *Portrait d'Annibal Carrache* de sa main, prisé : 150 livres (n° 232); les *Portraits du Titien et de l'Arétin* du Titien (lire : Tintoret), prisé : 60 livres (n°ˢ 69, 70); un autre *Portrait d'un homme illustre* de la main du Giorgione, prisé : 150 livres (n° 5); une *petite Vierge* de Pietro Pérugin, prisée : 60 livres (n° 162); une *Vierge de piété* de la main de

Gachin (lire : Guerchin), prisée : 150 livres (n° 304) ; un *Portrait du Feu Roi* (Henri IV) de la main de Porbus, non prisé (n° 471).

Le second de ces inventaires est celui de Monsieur, frère du Roi, dressé le vendredi 17 juin 1701 et jours suivants. On y compte cinq cent soixante-six tableaux tant au Palais-Royal qu'à Saint-Cloud et à Montargis, mais il y a affluence de miniatures, et des mentions comme celles-ci : *28 tableaux carrés représentant des dames,* avec leurs bordures de bois doré, prisés ensemble : 75 livres ; *35 autres tableaux ronds peints sur toile représentant tant l'histoire d'Amadis qu'autres sujets,* prisés : 200 livres ; *12 tableaux peints sur toile représentant des mers agitées, paysages, un Notre-Seigneur entrant dans Jérusalem et l'autre Saint Jean dans le désert,* avec leurs bordures de bois doré, prisés ensemble : 60 livres. Cela fait soixante-quinze pièces en trois items et trois cent trente-cinq livres pour le tout, un peu plus de quatre livres par tableau. Scribes et tabellions semblent expédier la besogne devant cette avalanche de médiocrités.

Monsieur laissait à Louis XIV le privilège de s'entourer de chefs-d'œuvre et de protéger les arts. Le lachinage, c'est-à-dire les laques de Chine, les porcelaines et avant tout les dentelles et les pierreries étaient son fait ; cet être bizarre et frivole a posé devant Saint-Simon ; le portrait est l'un des plus saisissants qui soient sortis de la plume du peintre merveilleux : « C'était un petit homme ventru, monté sur des échasses tant ses souliers étaient hauts, toujours paré comme une femme, plein de bagues, de bracelets, de pierreries partout, avec une longue perruque tout étalée en devant, noire et poudrée, et des rubans partout où il en pouvait mettre ; plein de toutes sortes de parfums, et, en toutes choses, la propreté même. On l'accusait de mettre imperceptiblement du rouge. Le nez fort long, la bouche et les yeux beaux, le visage fort plein mais fort long. Tous ses portraits lui ressemblent. » Le moral répondait bien au physique : « Avec plus de monde que d'esprit, et nulle lecture..... il n'était capable de rien. Personne de si mou de cœur et d'esprit, de plus faible, de plus timide, de plus trompé, de plus gouverné, ni de plus méprisé par ses favoris, et si souvent de plus malmené par eux. Tracassier et incapable

CHARLES Ier ET SA FAMILLE
Tableau peint par Van Dyck
(Collection du duc de Richmond et Gordon. — Goodwood, Chichester)

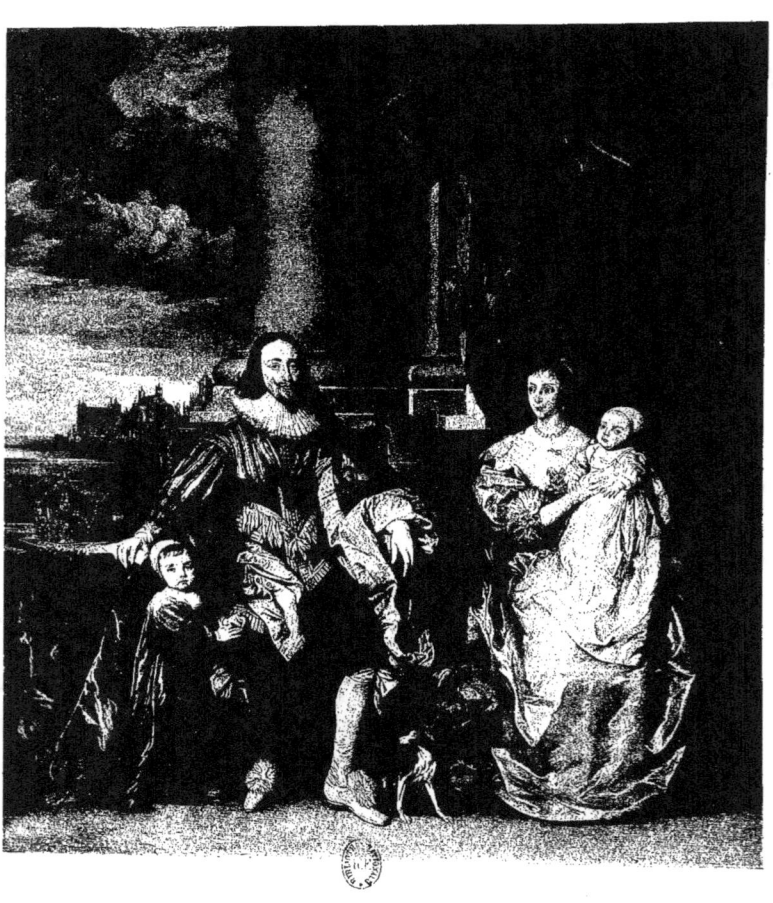

de garder aucun secret, soupçonneux, défiant, semant des noises dans sa cour pour brouiller, pour savoir, souvent aussi pour s'amuser, et redisant des uns aux autres. » Tous ces défauts, joints à un « goût abominable », n'étaient rachetés que par quelque valeur à la guerre.

Un homme de cette sorte n'avait pas le temps de s'intéresser à autre chose qu'à des colifichets. Sa galerie eût été dédaignée du moindre bourgeois. Son fils ne trouva dans la succession de son père que des ouvrages de second ordre, entrés comme par hasard dans les palais de Monsieur. C'étaient un *Enlèvement des Sabines* de Salviati, inventorié avec quatre autres pièces, prisées ensemble : 150 livres (n° 76 de notre catalogue raisonné); la *Fileuse* de Feti, réplique de celle du Louvre, prisée : 150 livres (n° 157); la *Piscine* et *Notre-Seigneur chassant les marchands du Temple* de Luca Giordano, prisés ensemble : 400 livres (n°s 329, 330) ; l'*Histoire de Moïse sauvé des eaux* attribuée à Velazquez et rendue à Honthorst, prisée : 150 livres (n° 340) et probablement quelques autres peintures difficiles à identifier d'après l'inventaire qui fournit des renseignements trop succincts.

Il est à remarquer que les tableaux de Madame ne se retrouvent pas dans l'hoirie de son époux. Qu'étaient-ils devenus, avaient-ils passé à ses filles, la reine d'Espagne, première femme de Charles II, et à la duchesse de Savoie, reine de Sicile et de Sardaigne ? On peut le supposer. Et c'est de la part de la reine d'Espagne que le futur Régent aurait hérité.

Un favori de Monsieur, le chevalier de Lorraine, meurt en 1702 et lègue au duc d'Orléans trois tableaux, qui représentent une bien faible part des générosités scandaleuses dont il avait été comblé : un *Saint Jean* du Dominiquin, la *Fuite de Jacob* de Pierre de Cortone et la charmante toile dite : la *Cassette du Titien* où l'on voit une belle jeune fille qui porte à la hauteur de sa tête un coffret enrichi de pierreries ; la gravure a popularisé cette aimable composition, aujourd'hui la propriété de Lord Lucas.

A la vente Hautefeuille (1703) le prince fit acheter deux paysages d'Annibal Carrache : le *Batelier* et les *Chevaux*, la *Sibylle* du Dominiquin (Collection Wallace), un *Paysage* du même (Bridgewater House), un *Enlèvement de Proserpine* qui a passé pour un Titien et qui est de Zustris, un *Portrait de femme* et *Moïse sauvé* de P. Véronèse. C'était un lot intéressant et l'apparition du peintre des *Noces de Cana* lequel, plus tard, devait être si merveilleusement représenté au Palais-Royal.

Un tableautin assez libre : *Salmacis et Hermaphrodite* de l'Albane (Bridgewater House), une *Sainte Famille* du même, la *Présentation au Temple* du Guerchin et l'*Enfance de Jupiter* de Jules Romain (National Gallery) qui provenaient du cabinet de l'abbé Decamps n'étaient pas des chefs-d'œuvre. Mais, en Espagne, où le duc, affranchi enfin de sa disgrâce, prit part à la guerre (1707 et 1708), la collection s'augmente de précieuses pièces. Le duc de Gramont, gouverneur de Bayonne, fort désireux d'être agréable au prince, lui cède un *Portrait d'homme* d'Albert Dürer, non retrouvé, et la *Circoncision de Notre-Seigneur,* signée : Joannes Bellinus (National Gallery). Philippe V fait présent à son cousin de l'*Enlèvement d'Europe* du Titien (Fenway Court, Boston) ; le duc lui-même achète un pseudo-Michel-Ange *(Prière au Jardin des Oliviers)* et une *Descente de Croix* du Tintoret (Bridgewater House). A ces séjours d'Espagne se rattache une anecdote racontée par Mathieu Marais : « On m'a dit qu'il eut la permission de faire copier un original excellent qui était à l'Escurial, et qu'il eut dessein de faire mettre la copie à la place de l'original, mais que les religieux s'en étant aperçus, ils firent arrêter le peintre et le mirent à l'Inquisition. » On n'ignore pas le manque de scrupules de certains collectionneurs, mais le futur Régent appartenait-il à cette catégorie ?

Quoi qu'il en soit, la collection princière prend corps et peu à peu on y voit entrer les grands maîtres.

D'un seigneur de la cour de Jacques II, le duc de Melford, frère du duc de Perth, Philippe obtint la très séduisante *Colombine* (Ermitage) qui est d'un joli style léonardesque et fut peinte par un des bons élèves du Vinci, suivant Morelli, par Francesco Melzi; une *Madeleine portée sur une nuée* du Guide ; le *Paralytique* et l'*Enfant prodigue* de Fr. Bassan ; un Giorgione des plus douteux *(le Chevalier blessé)* ; *Vénus et Adonis* de Cambiaso; un *Paysage* d'Adam Elzheimer ; un *Homme armé* de Jordaens. Ces huit tableaux furent payés 40.000 livres en 1707, mais le prince n'avait pas l'argent disponible, c'était au moment de son départ pour l'Espagne ; il fit un emprunt, afin de ne pas laisser échapper cette occasion, c'est à son trésorier général, le sieur Hariague, qu'il eut recours.

On sait que Richelieu, profitant de son titre, se faisait donner des tableaux et des statues; le Régent agit de même. Il se laissait persuader d'aller visiter tel cabinet d'amateur intéressé à lui faire sa cour. Ainsi Raynaud de la Sagette, greffier en chef du Parlement de Paris, désire-t-il être nommé Conseiller d'État, il fait au duc les honneurs de son hôtel de la rue Saint-André-des-Arcs, le voit s'arrêter longuement devant quatre tableaux, les lui offre et obtient ses brevets.

M. de Nancré, compagnon d'armes du duc d'Orléans en Italie et en Espagne, nommé capitaine des Suisses au Palais-Royal, veut-il reconnaître les bienfaits dont il est comblé, il cède gracieusement le dessus du panier de sa collection à son protecteur : quatre Albane, trois Annibal Carrache, un Louis Carrache, un P.-F. Mola, un Valentin — il faut noter que c'était là un joli cadeau pour l'époque : au xviiie siècle qui avait dit Carrache avait tout dit; beau comme le Carrache était un dicton courant.

Des gens en place tels que La Châtaigneraie, argentier de la chambre du Roi et des Enfants de France, Bertin, trésorier des parties casuelles, Tambonneau, président des Comptes, M. de Launay, directeur de la Monnaie, J. de Nouveau, surintendant des Postes, La Ravoye, receveur général de la Rochelle, Penautier, receveur général des États du Languedoc, Amelot, l'ambassadeur, les curés de Saint-Eustache et de Saint-Sulpice, vendirent, sans nul doute à bon compte, leurs tableaux au dispensateur des grâces et des bénéfices. Par eux la collection du Palais-Royal s'enrichit de la *Sainte Famille au Palmier* de Raphaël, du *Ravissement de Saint Paul* de Poussin, sans compter d'autres nombreux Carrache.

Les grands seigneurs aussi étaient tout prêts à être agréables au Régent. Il est à supposer qu'ils n'acceptèrent que des remerciements en échange de leur générosité. Le prince de Condé s'était dessaisi d'une *Sainte Famille* de Palma ; le duc de Bourbon, de la *Chasteté de Joseph* d'Alexandre Véronèse ; le duc de la Vrillière, de l'*Andromède* du Titien ; M. de Nocé, du superbe *Portrait de Snyders* par Van Dyck ; le duc de Liancourt, de deux Véronèse dont l'*Embrasement de Sodome* qui est au Louvre ; le duc de Noailles, d'un Annibal Carrache et d'un Guide ; M. le Grand (duc d'Armagnac), de la jolie tête léonardesque qui est à Bridgewater House ; le duc de Vendôme, d'un insignifiant Annibal Carrache relégué aujourd'hui dans les greniers du Louvre ; le maréchal d'Estrées, d'un Albane ; Madame de Foix, d'une copie du Corrège par Louis Carrache.

Des personnages de moindre importance : l'abbé de Mérinville, protégé de Madame de Maintenon, l'abbé d'Estrées, créature de Madame des Ursins, M. de Brillac, premier président du Parlement de Bretagne, dont la femme fort jolie cherchait à plaire au Régent, M. de Dreux, gendre de Chamillart, MM. de Bretonvilliers, Bourrée de Corberon, de Bertillon, de Gaignières, de Breteuil firent aussi marché avec le prince.

Enfin le catalogue de Dubois de Saint-Gelais complète ces renseignements et nous donne les noms de peintres, de marchands ou de collectionneurs qui furent en relations d'affaires avec le duc d'Orléans : Coypel, Châtillon, Rasle, Dorat, Forest, Biberon, Paillot, Dorigny, Dussé et Rondet, le joaillier, celui qui fut à Londres pour prendre livraison du fameux « Régent » et pour le payer ; quelques œuvres de valeur comme la *Léda* de Véronèse, que le Louvre a dédaignée, la *Madone*, dite de Bridgewater, et les *Quatre Ages* de Valentin vinrent ainsi prendre place au Palais-Royal.

Quand le cabinet du marquis de Seignelay, fils aîné de Colbert, fut dispersé, le duc d'Orléans se rendit acquéreur de neuf tableaux, deux entre autres considérés alors comme d'incomparables chefs-d'œuvre : les *Trois Marie* d'Annibal Carrache et le *Portement de Croix* du Dominiquin, lesquels, du reste, sont parmi les plus intéressants de l'école bolonaise. A la vente du marquis de Ménars, beau-frère de Colbert, en 1718, fut acquise une *Sainte Famille* du Parmesan.

Des galeries du duc de Modène et du cardinal de Mazarin une quinzaine de peintures furent achetées successivement ; de la première, rien de saillant à dire, mais de la seconde il faut noter une *Léda* du Tintoret et cinq Van Dyck au sujet desquels nous lisons dans la correspondance

LA CIRCONCISION
Tableau peint par Giovanni Bellini
(National Gallery. — Londres)
Photo Mansell — Londres

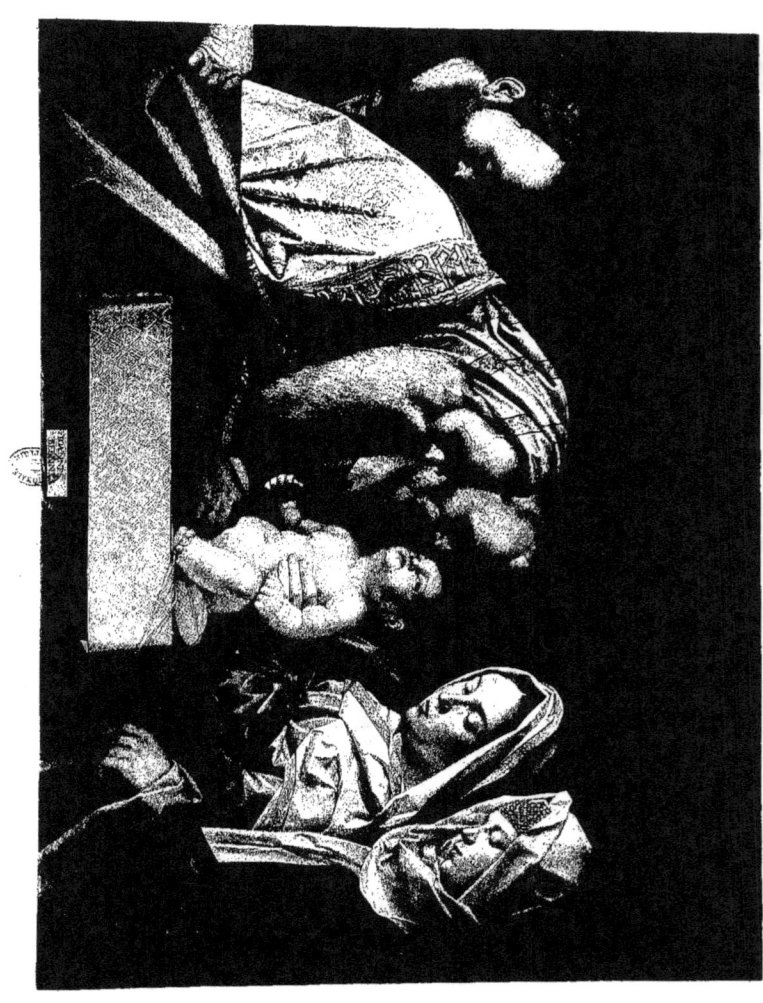

inédite de Crozat (British Museum) le passage suivant : « S. A. R. est consolée de deux tableaux de Van Dyck que la feue Reine de Suède avait cru avoir et qui se sont trouvés n'être que de Bourdon. Elle vient d'acquérir cinq grands portraits, figures en pied, de Van Dyck qui étaient au Palais Mazarin et qui sont merveilleux. » (3 février 1722.)

Crozat, qui, on va le voir, fut l'ambassadeur privé du royal collectionneur en Italie pour traiter une affaire des plus importantes et des plus difficiles, rapporta de son voyage le petit et superbe tableau des *Pèlerins d'Emmaüs* de Paul Véronèse, aujourd'hui chez le duc de Sutherland, à Stafford House. Vers la même époque, c'est-à-dire en 1716, se négocia par les soins du futur cardinal Dubois la vente des *Sept Sacrements* de Poussin (provenant de M. de Chantelou) qui avaient passé en Hollande. Ces compositions d'un si haut intérêt, et fameuses dans l'œuvre du grand peintre, le Régent y tenait surtout comme prince français ; elles furent payées 120.000 livres et sont maintenant à Bridgewater House, chez le comte d'Ellesmere.

Dubois passa six mois en pourparlers avec le comte de Stanhope, ministre de George Ier, et réussit à faire signer la première entente cordiale (Triple alliance, 4 janvier 1717). Mais durant tout ce séjour dans les Pays-Bas, l'homme de confiance du Régent garda le plus strict incognito, allant d'auberge en auberge sous le nom de Saint-Albin et se donnant tantôt pour un malade en voyage, tantôt pour un amateur en quête de livres ou de tableaux. Il avait certes une besogne écrasante, témoin un rapport de cent soixante-dix-sept pages, célèbre dans les archives diplomatiques, sur le seul début de ses opérations. Mais il tenait à jouer sa comédie au sérieux, et il est certain qu'il acheta pour le compte de son maître d'autres peintures que celles de Poussin. Lesquelles? Aucun document ne nous le dit. Il n'est peut-être pas trop hasardeux de supposer que ce furent le splendide portrait de Gisze par Holbein (Musée de Berlin) et le *Moulin* de Rembrandt, dont la curieuse histoire sera contée plus loin.

Enfin le Régent n'eut ni cesse, ni repos qu'il n'eût obtenu des chanoines de la cathédrale de Narbonne la *Résurrection de Lazare* de Sébastien del

Piombo qu'il avait admirée probablement à son retour de Turin, en 1706, alors que, pour se remettre de ses blessures, il faisait un séjour aux eaux de Balaruc. Il semble que les chanoines firent longtemps la sourde oreille; ils se laissèrent pourtant séduire, en 1722, par une somme de 20.000 livres, plus une copie qui remplace toujours l'œuvre disparue, maintenant à la *National Gallery*. Cette copie est de Carle Vanloo; dans un beau cadre de bois doré et sculpté, elle sert de retable à la chapelle de Saint-Martin, dite aussi de Lazare.

Mais le coup de maître du prince fut l'acquisition de plus de cent tableaux qui étaient à Rome et avaient appartenu à Christine de Suède.

Cette reine, morte le 19 avril 1689, au Palazzo Riario, avait nommé légataire universel son ami, le cardinal Azzolino, lequel ne survécut à sa bienfaitrice que de quelques mois — jusqu'au 8 juin. La fortune du prélat devint celle d'un sien neveu (on disait volontiers que c'était son fils) le marquis Pompeo Azzolino, qui fit faire des démarches auprès de Louis XIV pour lui vendre les trésors dont il venait d'hériter.

Le Roi se défendait à cette époque (1689) contre la ligue d'Augsbourg et s'était mis au régime de la dévotion et des économies; il répondit lui-même à notre ambassadeur à Rome, le cardinal d'Estrées : « Vous n'avez qu'à remercier le sieur Azzolin de sa bonne volonté, les dépenses que je suis obligé de faire à présent étant plus pressantes que l'achat des meubles et tableaux de la reine de Suède. »

Le neveu du cardinal Azzolino prit patience durant de longues années; en 1696 il trouva enfin un acquéreur, c'était le prince Don Livio Odescalchi, duc de Bracciano, neveu d'Innocent XI; il lui céda les tableaux (deux cent quarante en tout), tapisseries, statues, médailles, pour la somme de 123.000 écus romains, environ 500.000 livres de la monnaie d'alors, et plus de deux millions de notre monnaie actuelle. Même pour le temps, cette somme était bien minime quand on pense à la richesse des collections possédées par la fille de Gustave-Adolphe.

Pour donner une idée de la seule galerie de tableaux, il faut rappeler au moins comment la reine sut profiter des hasards de la guerre et flatter, à bon compte, sa passion pour les œuvres d'art et son goût très sûr, en dépit d'anecdotes apocryphes qui nous la montrent mutilant des Corrège pour en faire un paravent.

Au moment où les plénipotentiaires étaient déjà rassemblés à Münster et à Osnabrück préparant le traité de Westphalie qui allait mettre fin à la guerre de Trente Ans, les armées suédoises commandées par Königsmark assiégeaient Prague, pénétraient dans la ville le 25 juillet 1648 et se trouvaient maîtres du Hradschin où un précieux butin les attendait : la plupart des tableaux ayant appartenu à l'empereur Rodolphe II. Le général suédois, qui savait quel accueil enthousiaste sa souveraine réserverait à ces dépouilles artistiques, décida de s'en emparer. Mais il se heurta à un gardien incomparable, Eusebius Miseron, pour lequel le baron de Bildt, l'érudit diplomate historien de Christine, réclame au moins une petite place dans le livre d'or des serviteurs exemplaires. Ce brave homme refusa de donner les clefs, il fallut le mettre à la torture pour savoir où elles étaient cachées. Bientôt toutefois, charpentiers et emballeurs requis par Königsmark envahissent le palais et, le 6 novembre, avant qu'on eut à Prague des nouvelles de la paix, une flottille de barques emportait de nombreuses caisses à destination du Nord. Les salles du Hradschin étaient dépouillées, les belles choses avaient disparu : des tableaux au nombre de quatre cent quatre-vingt-dix parmi lesquels des Corrège, des Titien, des Bellini, des Raphaël, des Véronèse, etc., environ cent vingt statuettes de bronze ou de marbre, des armes, des majoliques, des broderies, des manuscrits. Il y avait même un lion vivant qui arriva à Stockholm à bon port avec toute cette précieuse cargaison.

On sait que Christine abdique en 1654 afin de se convertir au catholicisme ; elle quitte son trône et son pays emportant ses chères peintures italiennes et laissant les allemandes et les néerlandaises dont elle se soucie moins. Elle fait un séjour en Hollande, où elle achète certaines toiles du cabinet de Buckingham, et un séjour en France, marqué celui-là par l'assassinat de Monadelschi, et s'installe à Rome en 1659, prenant plaisir à orner la demeure patricienne qu'elle habite.

C'était ce Palazzo Riario, devenu en 1730 le Palazzo Corsini, situé près de la porte Aurélie, en dehors des quartiers aristocratiques. Il a été modernisé par Fuga, sa façade actuelle, quoique grandiose, manque de style. Joseph Bonaparte loua ce palais en 1797, lors de sa brève ambassade, et c'est devant cette maison historique que fut assassiné le général Duphot. La reine de Suède fonda l'*Accademia Reale*. Depuis, *Gli Infecondi* (Accademia dei Quirini) et l'*Accademia dell' Archeologia* y tinrent leurs séances. Ces compagnies savantes ont disparu. Mais le Palazzo Corsini, devenu propriété de l'État, donne l'hospitalité aux *Lincei* et à la Galerie Nationale Romaine. Ces nouvelles destinations consacrent définitivement les souvenirs artistiques et littéraires attachés à la résidence de la fille de Gustave-Adolphe.

Le baron de Bildt évoque l'existence de Christine — en marge de la royauté, peut-on dire ; il nous apprend que les meilleurs chanteurs italiens se font entendre au Palazzo Riario, que d'excellents acteurs y jouent le drame et la comédie, que la reine organise des fouilles à ses dépens et, malgré ses pauvres finances, fait de nombreuses acquisitions ; c'est ainsi qu'elle trouve moyen, en 1667, d'acheter toute la galerie Carlo Imperiali. On voit qu'au milieu de ses préoccupations religieuses et politiques, elle n'oublie point ses passions secondaires dont elle dit en excellent français : « La peinture, la sculpture et tous les autres arts qui en dépendent sont des impostures innocentes, qui plaisent et qui doivent plaire aux gens d'esprit. C'est un défaut à un honnête homme que de ne les aimer pas. »

Les belles collections de Christine furent donc vendues à Don Livio Odescalchi. Ce patricien meurt en 1713 ; le duc d'Orléans n'ignore pas que cette maison princière traverse une crise et que les neveux de Don Livio : le marquis Baldassare Odescalchi, duc de Bracciano, et le cardinal du même nom, appelé aussi le cardinal Herba, archevêque de Milan, seraient heureux de trouver quelque argent. Dès le 23 septembre 1713 il fait écrire à La Chausse, consul de France à Rome : « Comme les dernières lettres de Rome apprennent que Don Livio est mort, et qu'il laisse une succession très chargée de dettes, je ne doute pas que les meubles, les bronzes, les tableaux et les statues qu'il avait eus de la Reine Christine ne soient vendus. Je vous prie, Monsieur, d'avoir attention à la disposition qui en

LA COLOMBINE
Tableau peint par Francesco **Melzi**
(Musée de l'Ermitage. — Saint-Pétersbourg)
Photo Braun & Cⁱᵉ

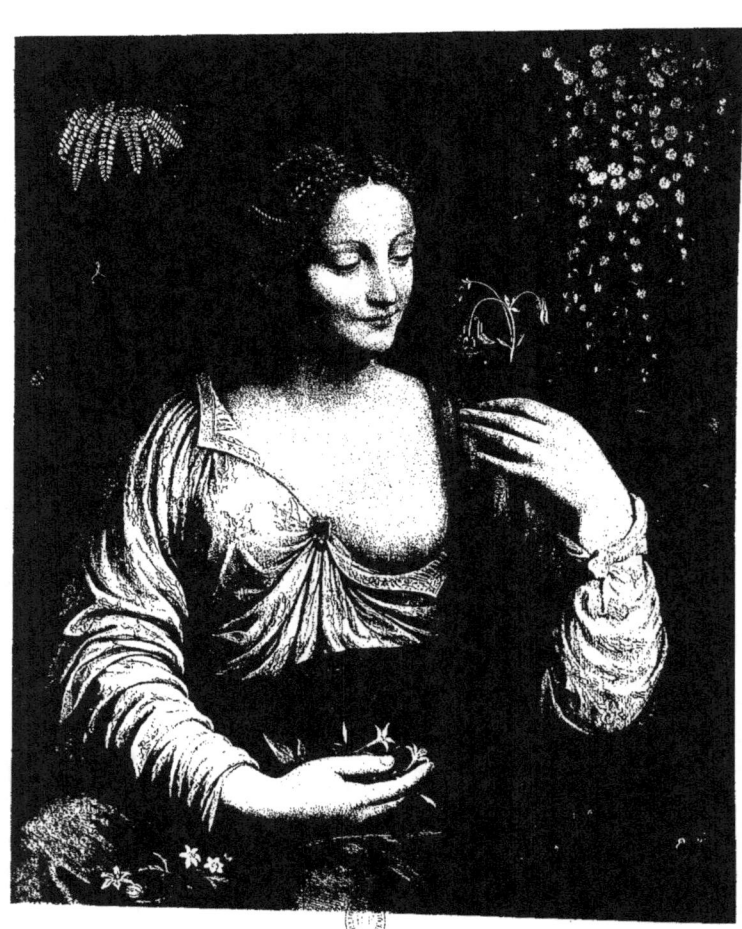

sera faite, et de me faire savoir quelles seront à peu près les idées de ses héritiers, soit pour vendre le tout ensemble, soit en détail ; quels accommodements on pourrait faire avec eux pour les paiements ; si le Pape permettrait qu'on fît sortir de Rome les effets qui seraient vendus ; quels seraient ceux que Sa Sainteté laisserait plus aisément transporter dans les pays étrangers, et ceux au contraire dont Elle interdirait la sortie. Vous me ferez beaucoup de plaisir de me donner des éclaircissements. »

L'affaire est entamée, mais combien loin encore de la conclusion! La Chausse n'est pas en état de fournir les éclaircissements demandés. Aussi, l'année suivante, Philippe d'Orléans prie-t-il Crozat, qui part pour l'Italie, de voir par lui-même comment on pourrait pressentir Don Baldassare.

Il s'agit ici de Pierre Crozat que, par dérision, on appelait Crozat le Pauvre, quoiqu'il fût richissime, mais moins riche que son frère Antoine. Il fut l'ami de Mariette, le protecteur de La Fosse et de Watteau. Dans le magnifique hôtel qu'il s'était fait construire en 1704, au coin du boulevard et de la rue de Richelieu, il avait réuni des collections de tableaux, de dessins, de statues et de médailles.

Une lettre de Poerson, directeur de l'Académie de France à Rome, adressée au duc d'Antin, le 20 novembre 1714, nous tient au courant des négociations : « M. Crozat le jeune, écrit-il, continue à voir les belles églises de Rome et les cabinets de peinture et sculpture. Comme l'on sait qu'il est très riche, l'on s'empresse à lui proposer tableaux, figures, bustes, médailles et autres curiosités, mais, jusqu'à présent, il n'a rien acheté. L'on attend le retour du cardinal Herba, qui est héritier du prince Don Livio Odescalchi, pour voir si l'on pourra faire quelque chose de ce fameux cabinet, ce qui toutefois parait encore incertain, parce que les prix en paraissent très hauts. »

Crozat peut voir le cabinet en question dans le courant de janvier 1715, en compagnie d'Amelot, jadis ambassadeur en Espagne et envoyé extraordinaire à Rome pour le règlement de l'interminable affaire de la Bulle Unigenitus. L'abbé Louis de Targny, l'un des gardes de la bibliothèque du Roi, qui fait fonction de secrétaire auprès d'Amelot, rend compte de cette visite dans son *Journal*. Nous avons ainsi une première idée des richesses convoitées :

« Ce cabinet, note l'abbé, est composé de tableaux les plus exquis et en très grand nombre. Il y a un original si parfait qu'on estime infiniment ; c'est Saint Jean qui vient voir le petit Jésus [*Madonna del Passeggio,* de Raphaël, à Londres, chez le comte d'Ellesmere]. Il n'y a que quatre figures dans ce tableau : les deux enfants, la Vierge et Saint Joseph ; ce tableau pourrait être vendu 20,000 francs. Il y a dans ce ramas plusieurs tableaux du Corrège, de Paul Véronèse, du Titien, de Poussin, du Guide, du Bassan, etc. Il y a bien des nudités ; on a mis des rideaux sur les plus indécentes. » Il sera souvent question de ces nudités qui ne devaient pas décourager le duc d'Orléans dans ses démarches, bien au contraire.

Crozat lui-même mande au marquis de Torcy qu'il fera tous ses efforts pour « procurer à Son Altesse Royale une quarantaine de tableaux qui formeront le cabinet le plus singulier d'Europe qui ne saurait être comparé en ce pays-ci qu'à celui de M. le duc de Modène ». Il ajoute : ce serait *un grand trésor pour la France.*

Vers le mois de mars on annonce l'arrivée des héritiers de Don Livio, mais Crozat ne peut se mettre d'accord avec eux sur le prix ; Don Baldassare, par habileté diplomatique, fait courir le bruit que l'empereur se met sur les rangs — ce n'est qu'une ruse pour tenir la dragée haute. Sur le point de quitter Rome, Crozat, le 19 mars 1715, écrit au marquis de Torcy : « Je ne suis à présent guère plus avancé, les idées de MM. Odescalchi étant beaucoup au delà de la valeur des tableaux et tapisseries que je leur marchande. Ainsi je ne vois pas que cette affaire puisse réussir, à moins que, lorsqu'ils me verront partir, ils ne se déterminent à accepter les offres de 75,000 écus romains que je leur ai faite..... M. le cardinal de la Trémoïlle a eu la bonté de confirmer la même chose à M. le cardinal Odescalchi qui lui a avoué qu'ils n'avaient pas d'autre acheteur que moi..... Si j'avais à faire à gens connaisseurs qui puissent sortir de la prévention populaire sur leur cabinet, j'aurais bien assurément terminé cette affaire, et je sais bien qu'il n'y aura que le temps qui puisse les déterminer. »

En vrai marchand, Crozat fait une fausse sortie ; après avoir annoncé son départ, il le retarde, espérant forcer la main aux vendeurs. Il reprend la plume le 2 avril pour mander à Torcy combien il est désolé de n'avoir pu accorder 100,000 écus aux Odescalchi. Il annonce qu'il a chargé le chevalier de la Chausse du soin de l'affaire et qu'il s'est assuré les bons offices du cardinal de la Trémoïlle, ambassadeur de France, et du cardinal Gualterio, tous deux en bonnes relations avec la partie adverse.

Le cardinal Philippe-Antoine Gualterio, ancien nonce en France, abbé commendataire de Saint-Remi de Reims, était l'un des représentants les plus autorisés des intérêts français auprès du Saint-Siège. Une grande partie de la correspondance de Gualterio et de Crozat se trouve au British Museum, ces lettres permettent de combler les lacunes de l'*epistolarium* des directeurs de l'Académie de France. Grâce à ces documents nous avons tous les détails de cette interminable négociation, à peine ébauchée jusqu'ici. Prenons patience.

Au lendemain de la mort de Louis XIV, le 2 septembre 1715, Crozat s'adresse à Gualterio de la part de celui qui vient d'être nommé Régent ce jour même et qui fait sans doute état de son nouveau titre pour amadouer les princes romains. Comment expliquer d'autre façon, à cette date, une pareille démarche?

Quelques jours après, nouvelle lettre au sujet d'un Corrège qui se trouve dans l'église de Saint-Antoine de Parme et que convoite aussi le duc d'Orléans, mais c'est pour Crozat un prétexte, il revient à ses moutons : « Son Altesse Royale s'adonne entièrement aux affaires de l'État et quoiqu'elle ne veuille pas qu'on ait l'honneur de lui parler de la peinture, cependant elle n'en a pas perdu le goût, les tableaux lui servant de délassement des grandes occupations où elle est. Aussi Votre Éminence ne saurait faire chose plus agréable à S. A. R. Monseigneur le duc d'Orléans que de lui procurer le tableau du Corrège, de Parme. Et quoiqu'elle soit dans un esprit d'économie qui est assurément louable et très digne de son bon esprit, cependant je me flatte qu'elle ne serait pas fâchée que l'affaire de MM. Odescalchi pût se renouveler. »

Un peu d'espoir semble luire. Sur les deux cent quarante tableaux, Crozat s'engage à n'en choisir que cent dix. A ce tournant, les Odescalchi parlent encore une fois des offres faites par l'empereur. Le mandataire du prince, tout en sachant à quoi s'en tenir sur cette manœuvre, pelote en attendant partie. Il tâche d'obtenir au moins quelques toiles dont les sujets ne doivent pas, selon lui, convenir à la cour impériale. Il démontre que le duc d'Orléans se consolerait de voir l'affaire se traiter à Vienne s'il « pouvait avoir seulement sept tableaux, savoir : *la Danaé, la Léda, l'Io* et *l'Amour qui forme son arc,* tous quatre du Corrège, *la Vénus qui se mire dans un miroir, Vénus qui se peigne dans la mer* [*la Vénus à la coquille*], *Mercure qui montre à lire à l'Amour,* tous trois du Titien...... Comme ces sept tableaux représentent des sujets un peu libres, sur lesquels M. le cardinal Odescalchi avait fait mettre des rideaux, il pourrait se faire que l'empereur ne se soucierait pas *(sic)* d'acquérir ces tableaux pour lesquels je paierai jusques à 20,000 écus qui est certainement un gros argent au temps présent » (17 décembre 1715).

Le neveu de Don Livio allait se marier, ce n'était pas le moment d'insister, car le jeune homme épousait une fortune. Crozat reprend la conversation avec Gualterio une année plus tard ; il s'agit de lui-même cette fois, d'un pot-de-vin qu'il veut se faire octroyer, le cas échéant. Il écrit le 1er décembre 1716 : « MM. Odescalchi ont un très grand fatras de dessins parmi lesquels il y en a une centaine que je serais bien aise d'avoir et que j'aurais lieu d'espérer qu'ils voudront bien me donner pour mes *épingles.* » Crozat orthographie : *éplingues.* Disons, en passant, que nous corrigeons ce genre de fautes, sans châtier pourtant son style qui en aurait besoin.

Jusqu'au 16 mars 1717, il n'est plus question de rien, ni de marché, ni d'épingles. L'affaire dort. Ni le cardinal Gualterio, ni Crozat ne sont au bout de leurs peines. Il faut attendre plus de trois ans. En mai 1720, le cardinal intervient, et c'est avec Dubois, devenu premier ministre, et avec Crozat qu'il renoue les relations si longtemps interrompues. Il parle au nom de l'abbé Calcaprina, agent du duc de Bracciano, lequel a perdu sa jeune femme et voit sans doute ses affaires assez compromises par ce deuil. Les avances viennent du vendeur, c'est bon signe. Gualterio communique une sorte de contrat dans lequel les prétentions premières ont fléchi : au lieu

LES PÈLERINS A EMMAÜS
Tableau peint par Véronèse
(Collection du duc de Sutherland. — Stafford House, Londres)

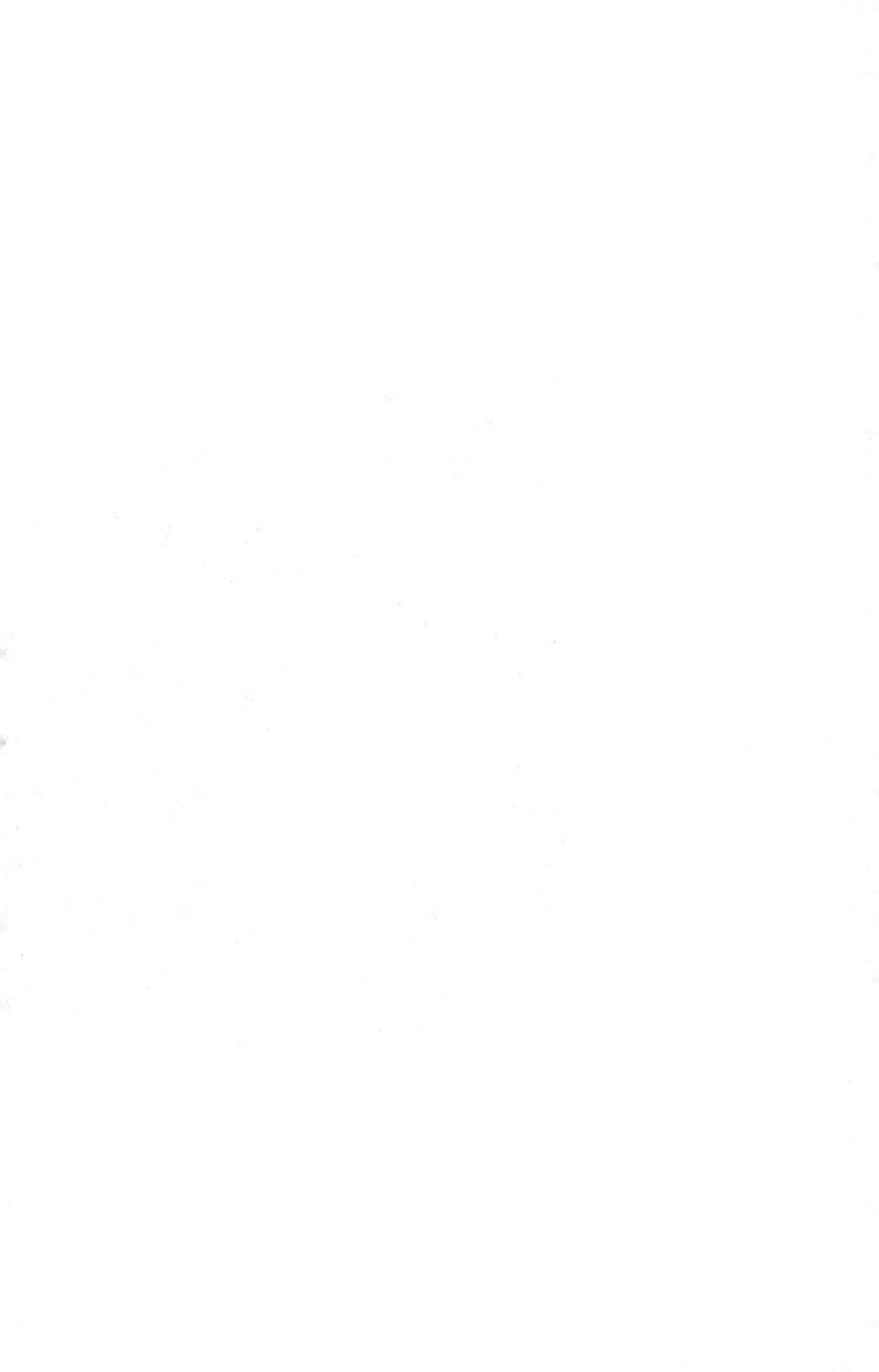

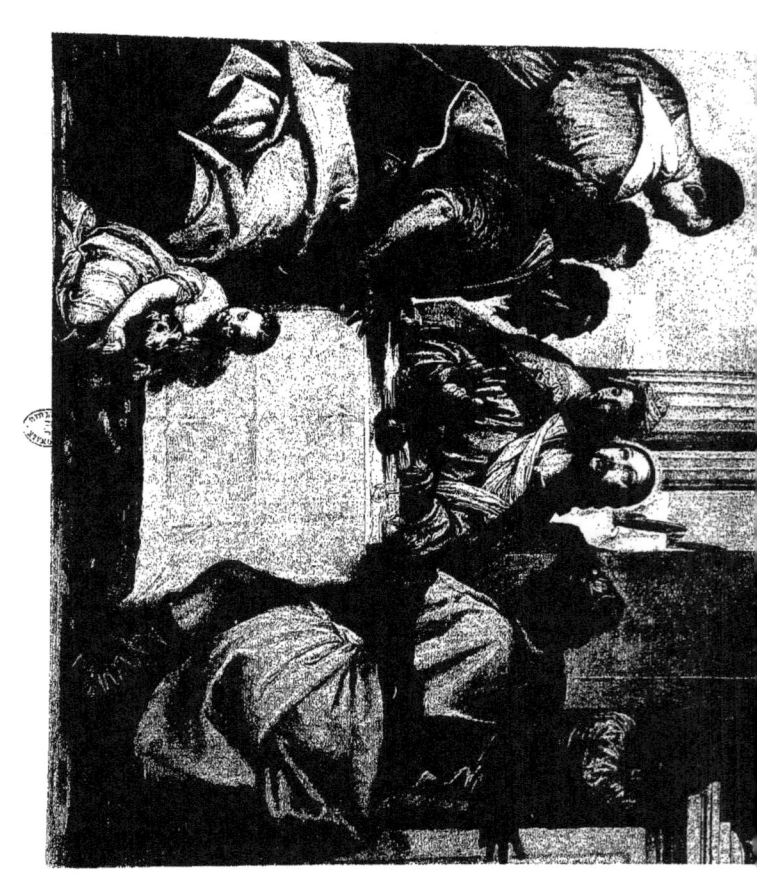

de 120,000 écus pour une partie des tableaux, on ne demande plus que 95,000 écus ; de plus, le duc qui avait songé à se faire donner deux mille louis d'or, par-dessus le marché et sous le manteau, semble baisser pavillon.

Sur ce, Crozat charge un expert (Guilbert) d'aller voir le cabinet et de rédiger un mémoire. Ce document est très curieux, il nous offre un résumé critique des principales œuvres qui allaient devenir la propriété du Régent et donner à sa collection une valeur sans pareille.

Guilbert commence par faire toutes réserves ; les tableaux n'ayant pas été décrochés, il ne peut s'en faire une opinion très exacte. « Il y a lieu de croire que la plupart de ceux qui paraissent à présent douteux, remarque-t-il, lorsqu'ils seront à la portée de la vue et un peu nettoyés, seront peut-être reconnus pour des originaux incontestables. »

Il ne se trompe pas en discutant l'authenticité du « Grand tableau représentant Renaud armé, avec Armide nue », il n'est pas d'un peintre fameux, mais de Varotari, dit le Padouan ; la *Vénus couchée* du Titien lui paraît équivoque, elle est, en effet, de Palma Vecchio ; même critique pour « une femme nue couchée sur un lit, accompagnée d'un homme jouant du théorbe », tableau attribué au Titien et qui est un travail d'élève ainsi qu'on peut s'en rendre compte au Musée Fitzwilliam, à Cambridge ; sur *le Départ d'Adonis pour la chasse* du Titien, Guilbert dit des choses fort intéressantes qui prouvent sa compétence. « En effet, note-t-il, l'on en voit à Vienne chez Sa Majesté Impériale [aujourd'hui au Musée, n° 145] un excellent original, et un autre dans cette ville-ci, apporté à la Maison Colonne par la dot de Madame la duchesse Salviati [aujourd'hui à la *National Gallery*, n° 35] et qui est de la plus sublime perfection dont ce grand peintre ait été capable : aussi ce tableau-là est-il fort supérieur à celui-ci, quoique ce dernier est merveilleux. Comme j'ai eu occasion de le voir de près, j'avoue qu'il ne me semble qu'une excellente copie de Paul Véronèse, son élève, mais, l'ayant considéré plus mûrement, par rapport aux variétés qui s'y trouvent, et un je ne sais quoi qui marque le caractère du maître, je fus obligé de convenir que c'est un ouvrage du Titien fait dans un âge avancé. »

Les Corrège sont critiqués à leur tour. La *Madone de saint Jérôme*, « dont on voit l'estampe d'Aug. Carrache, et dont l'original le plus authentique est à Saint-Antoine de Parme, est ici de moyenne grandeur, et je ne la crois, jusqu'à présent, qu'une bonne copie [de Louis Carrache]. L'*Éducation de l'Amour* est un tableau original, presque partout retouché, ce qui le déguise beaucoup; c'est d'ailleurs un très beau morceau [voir notre catalogue raisonné, n° 185]. L'*Amour qui taille son arc*, dont l'original véritable du Corrège est à Vienne chez l'Empereur [voir notre catalogue raisonné, n° 198] est une très belle copie du Parmesan, faite de telle sorte qu'elle semble plutôt un ouvrage de son invention que d'après son auteur, tant il l'a transformé dans son propre goût. [Cette remarque ne saurait s'appliquer ni à la composition, ni au dessin qui sont identiques dans les deux œuvres.] Les trois célèbres tableaux représentant les amours des Dieux [*Danaé, Léda, Io*, voir notre catalogue raisonné, n°ˢ 184, 183, 182] sont des originaux excellents et indiscutables; *mais ayant été endommagés et depuis retouchés par Carlo Maratti, ils ont beaucoup perdu de leur premier lustre, de manière qu'en plusieurs endroits ils n'ont presque plus leurs anciennes teintes vierges et transparentes, ni le pinceau velouté, qui tout ensemble caractérise la main de ce grand maître.* » Nous voilà édifiés, mais la *Léda* et l'*Io* ont subi bien d'autres outrages, comme nous le verrons.

Guilbert se résume en disant : « Tous les autres précieux tableaux de ce rare cabinet, de tous les plus fameux maîtres, tels entre autres que ceux du Titien, du Parmesan, de Jules Romain, des Carrache, du Guide, de Rubens, me paraissent dès à présent très originaux, étant la plupart éclairés plus favorablement que les précédents, ou moins élevés. » Suivent quelques conseils pratiques pour l'emballage et le transport; mais il y a encore des obstacles et ils viennent cette fois du Saint-Siège.

Certaine loi n'existait pas, au xviii° siècle, pour la protection des chefs-d'œuvre ; le Pape semble toutefois avoir devancé ces rigueurs modernes, car il fallait un laissez-passer pour faire sortir les objets d'art des États pontificaux. Aussi le Régent s'adresse-t-il à Clément XI pour prévenir toute difficulté : « Très Saint-Père, lui écrit-il de Paris, le 16 juillet 1720. Il y a quelques années que Votre Sainteté voulut ne pas désapprouver le dessein que j'avais de faire l'acquisition des statues et des tableaux du cabinet du feu prince Don Livio Odescalchi ; Votre Sainteté accorda même la permission de les faire sortir d'Italie au sieur Crozat que j'avais chargé de ce soin. Cet achat est près de se conclure, et je demande très humblement à Votre Sainteté de daigner renouveler cette permission.

« Cette marque de ses bontés pour moi me sera très sensible, et je la supplie de croire que j'en aurai une parfaite reconnaissance et que je suis avec respect, Très Saint-Père, votre très humble et très dévot fils. »

La réponse se fait attendre fort longtemps. Cependant les marchandages se continuent interminables : le duc de Bracciano veut obtenir 95,000 écus, le prince en offre 90,000 ; le vendeur ne comprend pas les *bordures*, c'est-à-dire les cadres, dans ce prix, l'acheteur accepte à condition qu'on lui donne trois petits tableaux de Raphaël, non inventoriés. Le 13 août 1720, le cardinal Gualterio annonce à Crozat que le duc italien consent à un rabais de 1,000 écus, et, vers la fin de septembre, on tombe enfin d'accord, après concessions mutuelles, et l'on s'arrête au prix de 93,000 écus.

Au milieu de ces pourparlers Crozat n'oublie ni ses intérêts, ni ses dessins. Dans chacune des lettres du cardinal il en est question. Si Crozat est tenace, le duc de Bracciano l'est aussi, il a son idée de derrière la tête. C'est ce que nous apprend cette phrase de Gualterio dans sa lettre du 31 août : « J'ai parlé de nouveau pour vos dessins, Monsieur. Vous les aurez indubitablement, *mais il vous en coûtera* quelque peu de bouteilles de champagne. » Par ce même courrier Gualterio disait encore : « Ce qui nous embarrasse le plus, c'est la permission de faire sortir les tableaux, sans quoi il n'y a rien de fait. On nous donne toujours là-dessus de bonnes espérances, mais cela ne vient pas. Cependant, nous faisons de notre mieux, M. de Sisteron et moi, pour avoir cette permission, et je me flatte que nous l'obtiendrons à la fin ; après quoi, tout ira son chemin. »

Ces lenteurs papales gazent quelque envie de bénéfice, fiscal ou autre. Tout le monde veut avoir son petit profit dans cette affaire et tondre un peu la toison d'or. L'évêque de Sisteron, dont parle Gualterio, est le P. Lafiteau ;

c'est lui qui converse avec le Saint-Siège ; il ne cesse d'assaillir le Pape et le cardinal Albani de ses réclamations au sujet de l'*exeat*. « Vous ne serez pas surpris sans doute, Monsieur, écrit Gualterio à Crozat, le 14 septembre 1720, d'apprendre que ledit M. le cardinal Albani, faisant espérer cette permission, n'a pas fait difficulté de dire au prélat qu'il faudrait payer certains droits pour cette sortie. J'ai prié M. de Sisteron de savoir précisément à quoi monte ce droit, que je payerai sans répliquer, si c'est peu de chose, quoique, s'agissant du service de Monseigneur le duc d'Orléans, une pareille prétention doive paraître extraordinaire. Mais, si cela va à de grosses sommes, j'aurai l'honneur d'en rendre compte à Son Altesse Royale avant de passer outre. Peut-être qu'on n'y fera plus attention, et, en ce cas-là, nous en serions quittes pour la peur. »

Il est question de 3 %, et même plus, rien n'étant réglé. « Cela irait loin à notre égard, remarque Gualterio le 21 septembre, et même jusques à demander peut-être plus que l'on a accoutumé, attendu que la chose est arbitraire. Ce procédé est étonnant, surtout avec un aussi grand prince que celui que cela regarde. Toutefois, si l'on se raidit là-dessus, je ne vois aucun moyen d'éviter ce payement. Toutes les raisons voudraient que semblables frais, en pareils cas, fussent compensés, et que l'acheteur, comme le vendeur, en payassent chacun la moitié ; mais je prévois que nous rencontrerons de grandes difficultés là-dessus de la part de M. le duc de Bracciano. »

L'évêque de Sisteron s'adresse alors à Dubois ; il n'a pas d'illusion : la douane exigera un pourcentage et la vraie raison des atermoiements c'est que la secrétairerie papale veut « se donner le temps de lire l'inventaire des tableaux pour les taxer ». Ce document, en effet, avait été communiqué. A Paris on accepte ces conditions, mais Dubois, avec sa finesse ordinaire et sa diplomatie, formule une critique, presque un blâme : « Il ne faut point faire de difficulté, dit-il, de payer les droits des tableaux pour Son Altesse Royale ; mais, comme sa dignité serait blessée si on le faisait en son nom, il faut éviter de le commettre. Les ministres de Rome les moins qualifiés ont jusqu'à présent été exempts de tous droits ici sur ce qu'ils apportent dans le royaume ou qu'ils renvoient en Italie. »

L'AMOUR TRAVAILLANT SON ARC
Tableau peint par Le Parmesan
Collection du comte d'Ellesmere.   Bridgewater House, Londres
Photo Hollyer — Londres

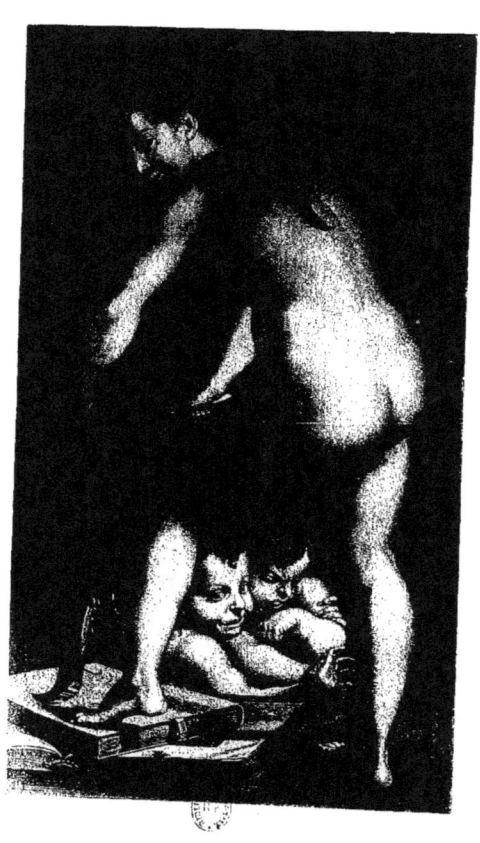

Tout est donc suspendu à la décision de Clément XI. Il se montre que le Souverain Pontife, à son tour, veut un souvenir de la transaction, et il met son dévolu sur la propriété du pauvre Crozat. Gualterio est dans un grand embarras. « Il [Albani] me donna, écrit le cardinal, les mêmes espérances qu'il a coutume de donner à M. de Sisteron, sans me rien dire de positif. Il m'ajoute que Sa Sainteté voudrait en tirer au moins un livre de certains dessins de Raphaël que vous avez, Monsieur, acheté à Rome, et dont elle a grande envie. Il me pria d'en écrire. Je lui dis que cette affaire n'avait nul rapport avec celle des tableaux; que les dessins vous appartenaient, et que les tableaux étaient pour Son Altesse Royale. Il insista toujours pour que j'écrivisse, et d'une manière que je fus obligé de le lui promettre. Je le fis, mais je l'assurai en même temps que ce ne serait qu'après que la permission pour la sortie des tableaux serait accordée. »

On annonce sur ces entrefaites l'arrivée à Rome de l'abbé de Saint-Albin, fils naturel du Régent, qui doit apporter toutes les pièces de la Constitution *Unigenitus*, — autre affaire que la Cour de Rome fait traîner des années et des années. Ces circonstances, où l'on se plaît à voir le grand désir du duc d'Orléans de se montrer le fidèle appui de l'Église, ne feront-elles pas avancer les choses? Non point. Si les intermédiaires du prince trouvent là un argument en leur faveur, le Pape en trouve un autre en la sienne dans la débâcle de Law qui vient d'éclater; et puis Clément XI révèle enfin plusieurs motifs qui le déterminent à surseoir. Il faut presque tout citer de l'épître de l'évêque de Sisteron à Dubois (12 octobre 1720) et en transcrire le ton désinvolte qui surprend un peu aujourd'hui. Cette épître est chiffrée en grande partie. « Monseigneur, écrit le P. Lafiteau, j'ai demandé au Pape la permission d'envoyer les tableaux destinés pour Son Altesse Royale. Je lui ai exposé ce que Votre Excellence m'en écrit, et je lui ai confirmé qu'il était effectivement *honteux* de refuser une pareille chose à un Prince de ce rang, de ce mérite, et cela, dans le temps même qu'il s'épuise pour le service du Saint-Siège.

« Le Pape me répondit d'abord... que, comme il ne m'a jamais refusé cette grâce, il ne l'a aussi jamais accordée à personne. Sa Sainteté me dit ensuite que le Corps des peintres de Rome [la corporation de Saint-Luc] lui avait envoyé suppliques sur suppliques pour lui représenter que, s'il accordait cette permission, il dépouillerait Rome de tout ce qu'elle a de plus précieux en ce genre..... Elle me renouvela ensuite le tempérament qu'elle m'avait autrefois proposé, d'envoyer seulement les *peintures obscènes* qui se trouvent parmi celles que Son Altesse Royale veut acheter. *Je lui répondis que cela ferait un bel effet de ne voir arriver que des nudités infâmes et de savoir que c'était lui-même qui avait fait une telle chose.* Il comprit ma pensée et j'ose assurer qu'il ne me parlera plus d'un semblable partage. Enfin, comme je le pressais, *jusqu'à rougir en vérité moi-même de la honte dont il se couvrait par tous ces délais,* il me dit que, pendant que la France n'a pas un seul sol en espèce, *il rougirait encore plus de lui prendre cent mille écus.* J'ai honte d'écrire ceci, Monseigneur, mais je le fais afin que Votre Excellence voie *sur quel faux principe* on agit ici depuis quelque temps... M. le cardinal Aquaviva... *me dit qu'on attendait peut-être que Son Altesse Royale choisît un ou deux de ces beaux tableaux et qu'il les offrît à Sa Sainteté.* Cela pourrait bien être, car, ayant envoyé une statue au Czar et en ayant reçu un présent la semaine dernière, j'ai su qu'il dit à cette occasion à M. le cardinal Ottoboni que *cette statue lui avait jusqu'à présent beaucoup plus produit que tout le cabinet du duc de Bracciano.* C'est de cette Éminence que je l'ai appris. » Le Pape oubliait que son cadeau au Czar appelait un cadeau, mais qu'avait-il donné au duc d'Orléans ?

Il était écrit que tous les vents seraient contraires. Le jour de la Toussaint on apprend que Clément XI est fort malade ; on ne peut l'approcher. Il se remet au bout de quelques semaines, mais il est assailli alors de démarches autrement pressantes que celles de l'évêque de Sisteron. Il ne s'agit de rien moins que d'obtenir la pourpre cardinalice pour Dubois, archevêque de Cambrai de récente date. Ce fut une agitation extraordinaire dans toute l'Europe ; Dubois mit en mouvement le roi d'Angleterre, un luthérien, et le Prétendant, un catholique, les cours de Madrid et de Vienne, les oratoriens et les molinistes, dirigeant au même but les plus irréconciliables ennemis et répandant à profusion l'or de la France. Tout s'efface devant ces intrigues.

Lassé de ces tergiversations incessantes, le duc d'Orléans se décide à passer outre; il donne l'ordre de conclure le marché, qui est signé, le 14 janvier 1721, par le cardinal Gualterio et le prince Baldassare Odescalchi, duc de Bracciano.

Les tableaux de la reine de Suède, au nombre de cent vingt-trois, sont cédés à haut et puissant prince Monseigneur le duc d'Orléans au prix de 93,300 écus romains (l'écu comptant pour dix jules), payables avant quatre mois.

Par un article secret, le prince Baldassare se fait donner, non plus deux mille louis d'or, mais mille seulement, il consent à faire cette diminution et à ne recevoir que trente et un jules par louis au lieu de trente-trois, suivant le cours commercial. « C'est une petite épargne, remarque Gualterio, mais elle sera toujours bonne pour l'emballage. » L'histoire des bordures est remise sur le tapis, elles sont cédées à l'acheteur qui, par surcroît, accepte trois petits tableaux de Raphaël : une *Pietà, la Prière au Jardin des oliviers* et *le Portement de Croix*.

Le duc d'Orléans eut grandement raison de ne pas attendre la permission papale pour conclure l'affaire. Clément XI a une rechute grave et meurt le 19 mars 1721, sans avoir donné satisfaction au prince et à Dubois. Afin de n'être point pris au dépourvu, le Régent, depuis le mois de juillet de l'année précédente, avait envoyé à Gênes des pierreries pour les « consigner au banc de Saint Georges » et pouvoir emprunter cent vingt mille écus jusqu'à ce que les changes revinssent à leur valeur. La crise financière l'obligeait à ce recours désespéré.

Les obstacles de tout genre se dressaient sur la route. Les pierreries étaient restées à Lyon, la peste qui venait d'éclater à Marseille ayant interrompu toute relation entre la France et l'Italie. Aussi Crozat, dès la signature du marché, fut-il chargé d'aller négocier l'emprunt dans les banques d'Amsterdam.

Le fait est confirmé par une lettre du comte d'Argenson à la marquise de Balleroy. Il lui écrit de Valenciennes le 6 mars 1721 : « Hier passa par ici, pour aller en Hollande, M. Crozat le pauvre, avec une cassette légère pleine de diamants, à ce qu'on dit, bien escorté par la maréchaussée... N'en parlez pas, car je serais un intendant perdu. Je crois qu'il va emprunter de l'argent sur les diamants du Régent pour en payer les tableaux d'Italie qu'a achetés Son Altesse Royale. »

En avril 1721, les fonds étaient prêts, mais, durant le Conclave, il n'y avait plus de souverain pontife, plus même de Gualterio ou d'Albani, les cardinaux ne pouvant communiquer avec le dehors.

Crozat s'avise qu'il est possible de se passer d'*exeat,* soit en expédiant les meilleurs tableaux qui peuvent être portés sur le dos d'un mulet ou entre deux brancards, « tout comme si le duc [de Bracciano] les faisait sortir de son palais, pour les envoyer chez lui à Milan », soit que l'on profite de l'immunité du cardinal de Rohan, présent au Conclave, pour faire « escorter par son équipage les tableaux jusqu'aux confins de l'État ecclésiastique ».

Sur ce, le 13 mai, le cardinal Conti est élu pape sous le nom d'Innocent XIII. Il semble qu'enfin tout va marcher à souhait. Une partie de la somme due au vendeur ayant été payée, Poerson a libre accès au palais Odescalchi ; accompagné du chevalier Benedetto Luti, pour l'heure le peintre le plus notoire de Rome, il peut regarder certains tableaux à loisir et faire procéder à des restaurations nécessaires, par un nommé Domenico, « qui a un talent merveilleux pour raccommoder les tableaux qui ont souffert ». L'impression du directeur de l'Académie est fort juste : « Plus l'on voit, dit-il, ces merveilleux ouvrages, plus l'on les admire; mais, parmi ces belles choses, il y en a quantité de médiocres et une très grande quantité au-dessous de médiocre. Nous n'avons pas continué de faire cet examen, parce que, tout l'argent n'étant pas arrivé, l'on n'a pas jugé à propos de descendre les plus grands. Ainsi, il faut attendre que le payement soit fini pour les faire apporter, les examiner et se déterminer sur les mesures que l'on doit prendre pour les envoyer. »

La fameuse permission papale, dont on faillit bien se passer, est accordée en juin, le prix d'achat est soldé en juillet. Alors les restaurateurs se mettent à l'œuvre. Poerson donne sur ce travail d'intéressants détails, il s'agit de *la Madonna del Passeggio,* aujourd'hui considérée par certains comme un

PERSÉE ET ANDROMÈDE
Tableau peint par Le Titien
(Collection Wallace. — Londres)

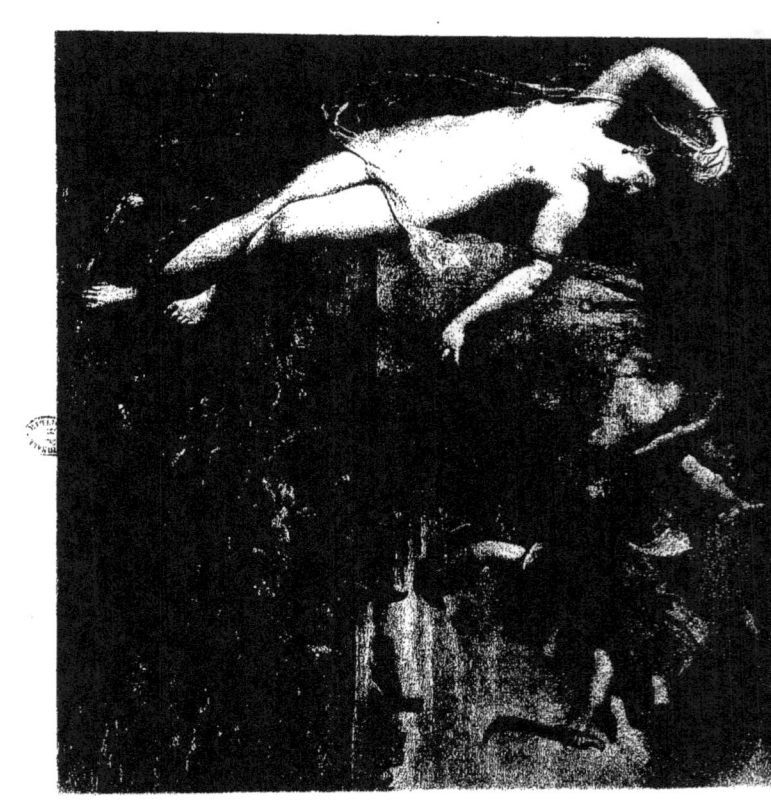

pseudo-Raphaël. « Nous sommes toujours assidus, écrit Poerson au duc d'Antin, le 12 août, à préparer les tableaux de Son Altesse Royale, et *la Belle Vierge,* de Raphaël, a été heureusement raccommodée par le fameux seigneur Domenico, d'une manière si ingénieuse, qu'elle fait l'admiration de ceux qui l'ont vue et qui la voient à présent ; et cela sans avoir employé ni pinceau, ni huile, ni couleur, mais avec du stuc d'une certaine composition dont il a rempli les trous, dont quelques-uns avaient cinq ou six lignes de profondeur. Il a, de plus, mis derrière, sur le bois dudit tableau, une composition qui empêchera que le bois ne soit sujet à produire tarles ou autres animaux. J'ai été témoin de ce rétablissement, sans l'avoir abandonné d'un instant. J'ai été charmé de son adresse et de son intelligence. C'est une faveur que m'a faite ce seigneur d'avoir trouvé bon que je lui aie vu faire cette opération, ne voulant jamais de témoins lorsqu'il travaille à ces sortes d'ouvrages. »

Les tableaux n'arriveront à Paris qu'en décembre, car on prend une peine infinie pour l'emballage, on détache les toiles des châssis, on les roule ; le tout est enfermé dans d'immenses caisses qui sont à Civita-Vecchia en septembre et partent pour Cette où on les signale le 4 novembre. De ce petit port, par le canal du Languedoc et la Garonne, la cargaison est dirigée sur Bordeaux. Les caisses les plus précieuses vont par terre jusqu'à Paris, les autres sont embarquées à destination de Nantes ; il y en a quinze, huit pour le Régent et sept pour Crozat lequel, au cours de ses négociations, ne s'était pas fait octroyé seulement des dessins..... et avait fait peut-être quelques achats personnels. La question des pots-de-vin n'est pas la moins curieuse dans toute cette affaire.

Le 13 décembre le duc d'Antin peut écrire à Poerson, autre candidat à quelque *buona mancia* : « J'ai à vous mander l'arrivée des tableaux de Monsieur le Régent et la satisfaction que Son Altesse Royale a eue de la façon dont vous les avez emballés. Je n'ai rien oublié pour faire valoir tous les soins que vous en avez pris. Je ne lâcherai point prise que cette occasion ne vous obtienne une pension ; je tâcherai même qu'elle soit sur un bénéfice, car le paiement des autres pensions n'est pas toujours certain. Assurez-vous que je ferai de mon mieux et que je serai toujours fort aise de vous procurer quelque bien, étant, Monsieur, entièrement à vous. »

Crozat, de son côté, remercie chaleureusement le cardinal Gualterio : « Il [le Régent] n'a achevé que d'hier à les faire désencaisser. Il les a trouvés encore plus beaux que l'idée qu'il s'en était faite, et véritablement il y a soixante à quatre-vingts tableaux qui sont merveilleux. La satisfaction de Son Altesse Royale doit augmenter les obligations qu'elle a à Votre Éminence de lui avoir procuré ce superbe trésor en peinture. » (16 décembre 1721.)

On ne sait si la satisfaction du Régent fut tout ce que le cardinal eut pour sa peine ; il eut probablement aussi un cadeau, il le méritait.

Le *Mercure* se devait à lui-même d'informer ses lecteurs de cette importante nouvelle. Il le fit dans son numéro de février 1722, mais avec une inexactitude vraiment extraordinaire. Les tableaux de Christine s'élevaient au nombre de deux cent cinquante, le double du chiffre réel. Le journaliste a la fantaisie de faire de l'histoire, il nous apprend que *Gustave-Adolphe lui-même* fit porter ces trésors à Stockholm « après avoir surpris *la petite ville de Prague, en 1631,* lorsqu'il faisait la guerre *aux Allemands* ». Suit une nomenclature des principaux chefs-d'œuvre, l'on y trouve mention de toiles qui jamais n'ont fait partie de la collection du Régent, comme six Mantegna *(Vie de Saint Sébastien)*. La *Danaé* du Corrège pourtant est minutieusement décrite et avec un certain sens esthétique : « On ne peut rien voir de plus sublime que les expressions de ce tableau, de plus délicat pour la fonte des couleurs et de plus charmant pour le pinceau. Les contours y sont tendres et coulants, le raccourci merveilleux ; enfin toutes les parties en sont ingénieuses, les airs de tête nobles et gracieux ; la beauté et la grâce se trouvent partout. » Or, ces quelques lignes sont empruntées presque mot pour mot aux *Monuments de Rome,* de Raguenet, parus en 1700. Le journaliste n'avait rien vu par lui-même ; à l'aide de racontars et du livre précité, il avait composé son article sans la moindre vergogne. Ceci dit en passant, pour que l'on se mette en garde contre les bavardages du *Mercure*.

Le duc d'Orléans ne jouit que pendant deux années de ces dépouilles suédoises qui complétaient si brillamment sa collection. Il continuait à l'augmenter cependant. A sa mort, survenue à Versailles, le 2 décembre 1723, à sept heures du soir, on trouva quantité de tableaux en litige que des

UN DES MIRACLES DE SAINT ANTOINE
Tableau peint par Le Titien
(Musée d'Art et d'Histoire. — Genève)

marchands et des amateurs étaient venus lui proposer et qui furent restitués. Lors du sacre de Louis XV, le Régent avait fort admiré quatre grandes toiles appartenant à la cathédrale — on savait ce qu'admirer voulait dire. Le chapitre les fit envoyer au Palais-Royal : c'était une *Nativité*, faussement attribuée au Corrège et rendue au Tintoret, une *Descente de Croix* de Frédéric Zucchero, gravée dans le Crozat par Jean Raimond, un *Noli me tangere* du Tintoret ou du Titien, un *Lavement des pieds* de Jérôme Muziano, gravé dans le Crozat par Louis Desplaces. Le prix convenu était 100,000 livres, mais, comme le paiement n'avait pas été fait, la duchesse d'Orléans les renvoya ; plus heureux que les chanoines de Narbonne, ceux de Reims reprirent possession de leurs tableaux qu'on peut voir aujourd'hui exposés dans le transept de l'église royale.

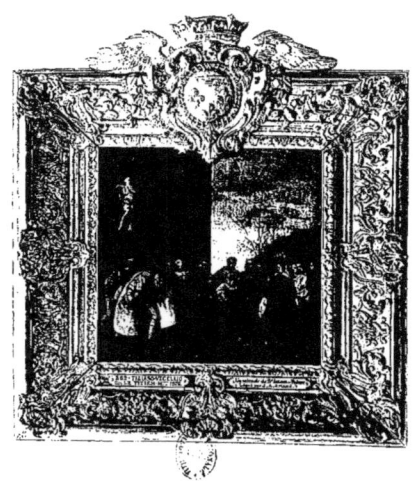

VÉNUS ET L'AMOUR
Tableau peint par Palma Vecchio
(Fitzwilliam Museum. — Cambridge)
Photo Gray. — Londres

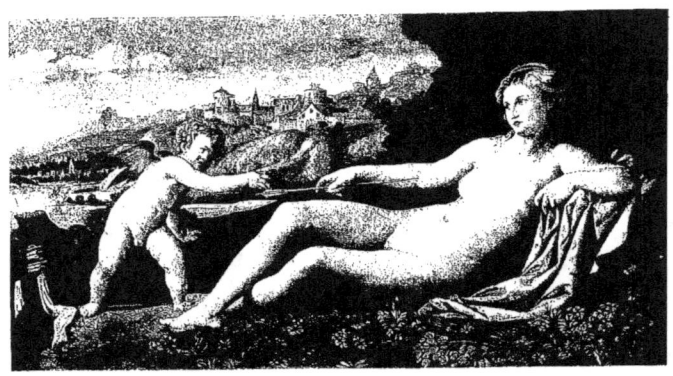

II

UNE VISITE A LA GALERIE DU RÉGENT

ÉCOLE DE VENISE

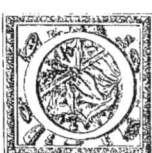 N ne peut s'étonner de voir les superbes nudités de l'École vénitienne peupler le Palais-Royal. Il faudrait tout ignorer du Régent. Ce prince était un fin connaisseur, mais pas au point de n'être guidé dans le choix des œuvres d'art que par le beau absolu; pour lui, les œuvres de prédilection sont celles qui animent les murailles de scènes décoratives évoquant les divinités de la légende mythologique et toutes remplies du plus débordant et du plus libre paganisme.

Il vivait au milieu de ce monde d'autrefois que le génie de prestigieux artistes avait rendu réel, on dirait presque palpable.

Sur les cent dix tableaux vénitiens du Palais-Royal, quelques sujets religieux comme la *Circoncision* de Giovanni Bellini, la *Résurrection de Lazare* de Sebastiano del Piombo ou la *Sainte Famille* de Lorenzo Lotto ne font pas oublier la foule de Vénus, de Dianes, de Junons, d'Europes, d'Andromèdes, ou de Lédas qui s'est donné rendez-vous chez le Régent, — certaines de ces déesses ont vécu au Palazzo Riario et, auparavant, dans le Hradschin de Prague, chez l'empereur Rodolphe II; quelques-unes même ont mis un peu de lumière dans la sombre demeure de Philippe II, belles païennes envoyées au fond de l'Espagne par le Titien lui-même à son morose mécène qu'on est heureux de voir se dérider, un instant, loin des autodafés et des naufrages des Armada !

Ce sont donc là vraiment des morceaux de rois, les plus fines perles de la galerie française. La plupart de ces toiles fameuses ont leur *pedigree*, leur brevet de noblesse, quelques-unes pourtant ont sombré avec le temps ; les restaurateurs ont accompli leur œuvre destructrice et les critiques ont fait évanouir bien des illusions. Mais il reste encore beaucoup à admirer.

Ne convient-il pas d'étudier quelques-uns de ces tableaux, de les mettre en valeur, de les désigner, aujourd'hui que les voilà dispersés dans les deux mondes, à l'attention des désœuvrés qui parcourent les galeries publiques et particulières ? Est-il indifférent de savoir d'où vient telle œuvre d'art? N'est-ce pas un plaisir de plus de connaître sa généalogie, de se dire qu'elle a séjourné, qu'elle a vécu, dans l'intimité de tel ou tel ? Ce n'est pas érudition pédantesque : l'histoire ou même les prix successifs d'un Titien ou d'un Rembrandt nous donnent de précieux renseignements psychologiques. L'aventure d'une collection récente entrée, grâce à une complaisance fâcheuse, pour ne pas dire plus, au Musée du Louvre en est une preuve, n'est-ce pas ? N'y voit-on pas, sans qu'il soit besoin de portrait-affiche qui en marque le seuil, l'absence de culture et de goût du testateur vaniteux et ignorant ? Il croyait avoir des chefs-d'œuvre parce qu'il les avait couverts d'or. Par contre, quand on visite la collection La Caze ne vit-on pas avec cet amateur d'autrefois, ne comprend-on pas les jouissances qu'il a dû éprouver en réunissant une à une et sans courtiers ces toiles inestimables, payées souvent quelques louis ? Cet homme d'esprit avait trouvé belles et intéressantes bien des choses que, depuis, la mode a consacrées. Il fut une manière de précurseur.

GIOVANNI BELLINI

Mais commençons notre pèlerinage. Le premier, au point de vue chronologique, des tableaux vénitiens du Palais-Royal est la *Circoncision* de G. Bellini, où l'ancêtre de Giorgione et du Titien, encore jeune et sous l'influence de Mantegna, joint à un dessin ferme une couleur un peu violente, mais certes moins heurtée que celle de son ami. La Vierge, par exemple, sous son voile blanc brodé d'or, avec sa robe rouge ceinturée de vert, et l'inévitable manteau bleu, est d'une harmonie de ton que n'a pas toujours connue Mantegna; on peut en dire autant de la sainte Catherine qui porte une cape d'un brun chaud doublée de bleu et un fichu jaune. Ces deux femmes sont directement inspirées de la statuaire, mais Bellini leur a donné une vie nouvelle et un sentiment vraiment religieux. Le vieux prêtre au visage basané a grande allure dans ses vêtements où dominent le blanc et l'or; saint Joseph est en rouge ainsi que le servant. La table sur laquelle est posé Jésus est couverte d'un damas blanc, et le fond de la scène est d'un vert sombre. C'est un panneau magnifique des premières années du maître, et d'une conservation parfaite. Après être resté presque cent ans à Castle Howard, chez les Carlisle, il a été offert à la nation, complétant l'enviable réunion des Bellini de la *National Gallery*. L'œuvre est signée sur un cartel : *Joannes Bellinus;* malgré cela, elle est contestée par M. Berenson qui, sans commentaire aucun, la catalogue sous le nom de Vincenzo Catena..... L'audace de ce virement est singulière. Quoi qu'il en soit, cette page du critique lui-même ne s'applique-t-elle pas à cette Circoncision :
« L'Église comprit quelle pouvait être l'*influence de la couleur*, aussi bien que l'influence de la musique, sur les émotions. Dès les premiers âges, elle se servit de la mosaïque et de la peinture pour mettre ses dogmes en vigueur et raconter ses légendes. C'était l'unique moyen de se faire entendre du peuple qui ne savait ni lire, ni écrire. C'était aussi une méthode

d'instruction qui, loin de susciter la critique, demeurait particulièrement propre à stimuler la piété et la contrition. Après les très belles mosaïques des siècles primitifs, *ce sont les œuvres de jeunesse de Giovanni Bellini, le plus grand maître du Quattrocento vénitien, qui répondent le mieux à ces intentions ecclésiastiques.* » Cette Circoncision n'a pas le poignant si douloureux de la Mise au Tombeau qu'on voit à Milan, mais il s'en dégage cette tranquille solennité qui convient à certains états d'âme religieux ; enfin, sa couleur éclate sonore comme un chant de notre liturgie.

N'est-il pas curieux que l'ordre chronologique nous oblige à placer ce tableau comme en frontispice de cette galerie si païenne, et nous conduise à faire une méditation de ce genre ? Le Régent qui, à la messe, lisait un Rabelais, relié comme un livre d'heures, serait bien étonné de ce hasard. Mais nous ne perdrons rien pour attendre.

GIORGIONE

Les Giorgione sont oiseaux rares. Il n'est pas surprenant que toutes les collections princières aient tenu à s'enorgueillir au moins d'un tableau de ce maître si somptueusement représenté au Louvre par le *Concert champêtre*. Il y avait trois faux Giorgione au Palazzo Riario lesquels vinrent s'ajouter aux six du Palais-Royal, non moins faux. Trois de ces œuvres sont aujourd'hui connues : le *Saint Pierre martyr* à la *National Gallery*, l'*Adoration des Bergers* au Fitzwilliam Museum, de Cambridge, et l'*Amour piqué* à la Collection Wallace, toutes trois débaptisées, encore que non négligeables.

Le *Saint Pierre martyr* est attribué à Cariani (Giovanni de' Busi), élève supposé de Palma Vecchio et sur lequel on a peu ou point de renseignements précis. Il était Bergamasque, mais vécut à Venise. Cette petite toile n'est pas un chef-d'œuvre, elle a cependant quelque chose de l'éclat giorgionesque. L'assassin, avec sa veste blanche et sa culotte rose à crevés, est d'un coloriste ; le saint, en sa robe blanche et noire, est d'un peintre qui cherchait l'expression dans le mouvement ; le personnage a un beau geste de désespérance.

ALLÉGORIE DES TROIS AGES
Tableau peint par Le Titien
(Collection du comte d'Ellesmere. — Bridgewater House, Londres)
Photo Hollyer. — Leighton

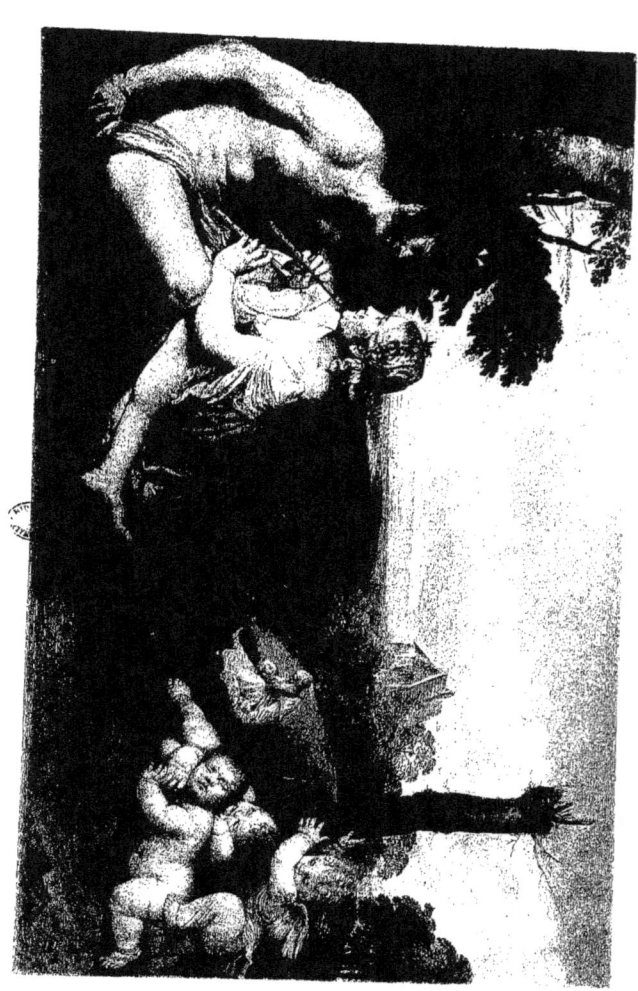

Il est plus vraisemblable qu'on ait songé à inscrire un nom de maître au-dessous de l'*Adoration des Bergers,* qui est un panneau très lumineux. Les vêtements classiques de la Vierge sont rompus par une draperie blanche très longue qui traîne jusque sur le sol et sert de drap au bambino ; l'enfant, tout petit et tout replet, a un abandon très naturel. Les bergers ont chacun leur rôle, l'un vient de voir Jésus et fait signe à un de ses camarades d'approcher pour contempler la merveille, tandis que le troisième regarde le nouveau-né. Un ciel d'azur, parsemé de nuages dorés, sert de fond à cette scène biblique, d'une saveur très humaine, et encore primitivement naïve. On a proposé les noms de Pietro della Vecchia et de Francesco Beccaruzzi à la place du nom de Giorgione.

L'*Amour piqué* porte un de ces titres ambigus qui ne se justifient guère ; on y voit maintenant *Vénus désarmant l'Amour*. Le sujet du reste est secondaire chez les Vénitiens qui n'y trouvent presque jamais qu'un prétexte à harmonie. Cette composition est d'une belle richesse de couleur, d'une grande simplicité de lignes, mais les figures sont construites maladroitement, le paysage est faible, et la toile un peu vide, c'est à la jeunesse du Titien qu'on a attribué ce morceau, alors que l'artiste travaillait sous l'influence de Giorgione.

Que dire des six autres dont de mauvaises reproductions figurent dans le recueil Couché *(Galerie du Palais-Royal)* sinon que le *Chevalier blessé* et l'*Invention de la Croix* semblent bien ridicules et dignes tout au plus de l'école éclectique des Bolonais, que le *Milon de Crotone* a passé pour un Pordenone, que le *Pic de la Mirandole* est désigné simplement comme *non cattivo* dans l'*Inventario* de Christine de Suède (on en voit une copie par Rubens au Musée Plantin Moretus, d'Anvers), que le *Portrait du Pordenone* porte une inscription qu'on voudrait authentique, et enfin que le *Gaston de Foix,* se faisant attacher son armure par un page, a été vu par Waagen : « Petit tableau d'un noble sentiment, note le docteur, sans discuter l'attribution à Giorgione qu'il connaissait mal, chairs dorées et transparentes ; la couleur solide et puissante de la draperie est très harmonieuse. » Qu'est devenu ce Gaston de Foix ?..... Depuis quelques années il se fait des coupes sombres dans les collections des grands seigneurs anglais qui ne sont plus assez vaillants pour résister aux dollars américains. Les milliardaires profitent de la débâcle actuelle, sachant bien qu'avec de l'or les tentateurs ont beau jeu. Il y a déjà plus d'une place en deuil sur les murailles des *lordly seats of England* que jadis chantaient les poètes ; rien n'est plus difficile que de savoir vers quelles rives émigrent les tableaux. Il faut respecter cette pudeur. S'il y a des pauvres honteux, il y a aussi des riches honteux.

Toujours est-il que les trois Giorgione retrouvés n'avaient de Giorgione que le nom ; si les autres avaient été authentiques ou même intéressants, il est probable qu'ils eussent surgi, encore que la tâche soit ardue de dénicher des tableaux qui se cachent maintenant sous des dénominations souvent vagues ou fantaisistes.

LE TITIEN

Les Titien — il y en a trente au catalogue, dont quinze proviennent de chez la reine de Suède — offrent une variété de sujets qui s'échelonnent le long de toute la carrière de l'artiste.

C'est d'abord une œuvre de jeunesse : *La Vie humaine* ou *les Trois Ages* (Bridgewater House) symbolisés par trois groupes qui ont pour cadre un paysage frais et un ciel clair : au premier plan, un éphèbe nu et une jeune fille en rouge, au second, des *Amorini,* au dernier, un hermite en robe rose qui médite sur une tête de mort. Les deux jeunes gens surtout indiquent une préoccupation giorgionesque dans la facture et aussi dans cette antithèse du vêtu et du déshabillé. Waagen n'a pas tort de voir dans cette scène d'amour juvénile un des plus beaux groupes idylliques créés par l'art. Suivant Mariette, Sandrart avait vu ce tableau à Augsbourg dans la maison des Hopffer qui le vendirent mille ducats à Christine de Suède.

L'artiste, vers la quarantaine, peignit la *Vénus à la coquille* (Bridgewater House). C'est Astarté, fille de l'onde amère, tordant ses cheveux roux. L'horizon bleu strié de jaune orange et la mer, où flotte un coquillage, mettent en valeur ce torse de femme robuste et délicat, mais dont les lumières semblent avoir été ternies par les restaurations ou la fumée de Londres. Le visage est d'un ovale parfait, la physionomie est un peu mondaine ; le mouvement gracieux du corps n'est point fait pour atténuer l'impression que l'on a d'être devant celle qui, consciente de l'attrait de sa beauté, s'enorgueillit d'être la rivale de Junon.

Quelques années plus tard, le Titien eut un modèle charmant entre tous qui passe pour être sa fille, Lavinia. Il s'en est inspiré pour composer trois de ses tableaux les plus populaires et les plus connus : c'est à Berlin, cette jolie personne vue de dos, les yeux tournés vers le spectateur, et tenant, les bras levés, un plat de fruits ; dans une autre composition qui est au Prado, à Madrid, les fruits sont remplacés par la tête de saint Jean-Baptiste, et dans le tableau du Régent qui est à Lord Lucas, Lavinia porte une riche cassette. Cette toile fut exposée à la célèbre exhibition des trésors d'art d'Angleterre, à Manchester, en 1857. Le fougueux critique W. Bürger (Thoré) nous servira ici de truchement : « Des profanes ont osé prétendre que le Titien n'avait pas eu de fille. Cette fille existe, puisqu'elle est là ; elle ne mourra point. Elle a même dû faire naître beaucoup de passions. Elle est si belle, si ample, si fraîche et si ferme ! Elle est si provocante dans ce mouvement de bacchante, prodigué par les anciens sur leurs bas-reliefs, la tête rejetée en arrière, les bras élancés vers le ciel. Ce qui est admirable, c'est le jet et la tournure de cette fille, c'est aussi sa forme elle-même, c'est aussi la *maestria* de l'exécution, c'est aussi la couleur, dans une gamme où le vert se mêle aux tons argentins et aux tons dorés..... Le docteur Waagen qui a une prédilection très naturelle pour le Musée de Berlin, dont il est le conservateur, a un peu sacrifié la Fille à la Cassette à la Fille au Plat de fruits. Il ne lui trouve pas la peau assez transparente ; de la bouche, de la main droite, du paysage et de la robe verte, il n'est pas absolument satisfait. Mais on devine pourquoi ce docteur est si difficile, c'est qu'il est amoureux et jaloux de la sœur de Berlin. Quant à moi, je tiens ces *deux filles* du Titien, avec la *Vénus* de Milo, la *Nuit* de Michel-Ange, la *Joconde* de Léonard, l'*Antiope* du Corrège, et quelques autres, chacune en son genre, pour les femmes les plus enivrantes et les plus irrésistibles que j'ai connues depuis le temps de Périclès. » Waagen dit en effet : « Elle ne peut soutenir la comparaison avec la fille du Titien du Musée de Berlin..... Le ton de la chair a moins de transparence, la bouche est dure, la position de la main droite n'est pas aussi élégante ; le paysage, qui n'est pas le même, est lourd et sombre, la robe qui ici est verte [elle est de brocart d'or à Berlin] n'est pas traitée avec autant d'habileté. » Le critique français est plus généreux que le critique allemand, et de complexion plus amoureuse, puisqu'il aime les deux Lavinia et toutes celles qui ressemblent à Lavinia. Le *Noli me tangere* de la *National Gallery* donne lieu à moins de discussions ; c'est Samuel Rogers qui en a fait présent à son pays, et l'on sait, pour l'avoir lu maintes fois dans Bürger, avec quelle sûreté cet aimable collectionneur choisissait ses tableaux. Tout ce qui a passé chez lui mérite quelque attention ; son cadeau est vraiment royal, cette Apparition du Christ à la Madeleine était l'une des pièces les plus savoureuses de sa galerie. Certes le Christ est trop élégant, trop précieux, presque théâtral, mais la Madeleine ! Suivant l'heureuse expression de Crowe et Cavalcaselle, elle semble s'être traînée à genoux jusque vers Jésus ; sa main droite est levée comme si elle allait oser toucher le fantôme divin, tout en elle exprime le désir ardent. Puis, la couleur et le modelé des personnages se fondent pour ainsi dire dans un site grandiose où l'or et l'azur du ciel sont soutenus par les tons chauds du terrain. C'est là une toile de chevalet qui ne peut laisser indifférent le plus banal touriste, même s'il ne comprend pas le mystérieux attrait de cette scène où le Titien a mis tout son amour du beau et toute la souplesse de son art.

Chez Sir Frederick Cook, à Richmond, dans cette jolie demeure d'où l'on voit la vallée de la Tamise serpenter en lointaine perspective, s'est réfugié l'Esclavonne, *la Bella Schiavona*, après bien des voyages. La dame se repose enfin dans le plus *sympathique* des sanctuaires, comme disent les Italiens, au milieu de ses pareilles, nous entendons : au milieu de choses bien captivantes. Pleine de séduction cette peinture qui date de près de 390 ans. C'est le portrait de Laura de' Danti s'appuyant sur un négrillon,

« NOLI ME TANGERE »
Tableau peint par Le Titien
(National Gallery. — Londres)
Photo Braun & Cie

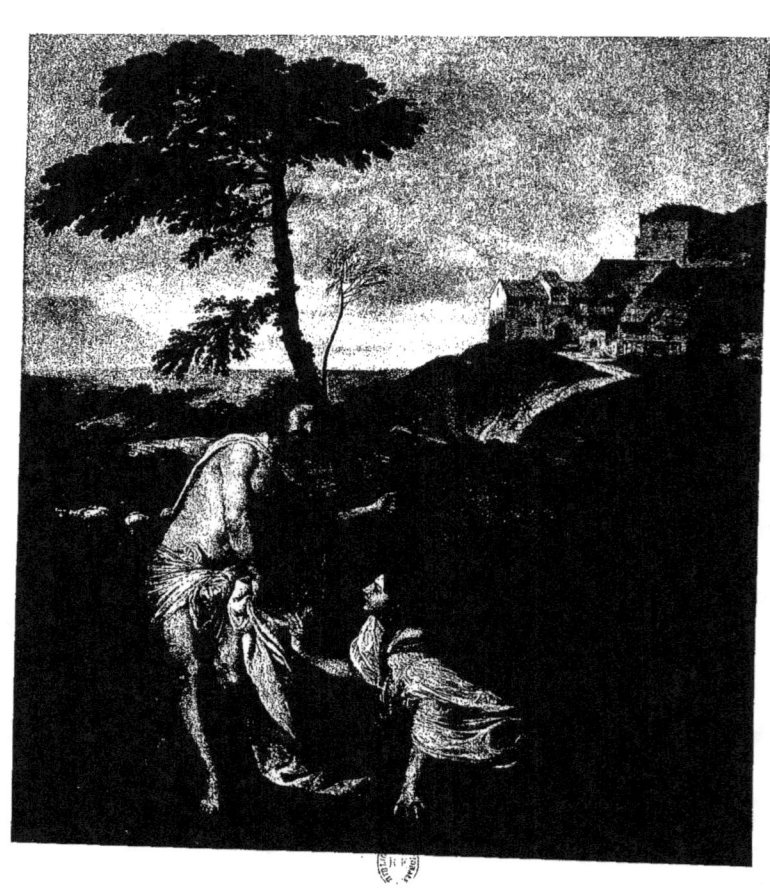

la Schiavona che s'appoggia al moretto, dit l'*Inventario* de Christine. Laura devint duchesse de la main droite, après l'avoir été de la main gauche ; elle avait réussi à prendre la place de Lucrèce Borgia et, lorsque celle-ci mourut, elle épousa en justes noces Alphonse Ier, duc de Ferrare. Le Titien la peignit, vers 1623, dans ce riche costume de fantaisie : turban de gaze dorée retenu par une passiflore stylisée, robe bleue que traverse une écharpe jaune. Le modelé du visage s'est un peu effacé, les vêtements et les mains sont intacts, et c'est merveille quand on pense aux odysséennes pérégrinations de cette toile ! D'Italie elle s'en va à Prague, vers 1599, elle fait partie du butin des Suédois en 1648, passe à Stockholm, revient à Rome avec la reine de Suède en 1654, prend la route de Paris en 1721 et, en 1791, traverse la Manche, s'acclimate au pays anglais, appartient à trois collectionneurs différents (Comte de Suffolk, Ed. Gray et S. Dunnington Fletcher), avant d'entrer, en 1876, chez Sir Francis Cook, père de Sir Frederick. Ce portrait a fort préoccupé les écrivains d'art : on en connaît cinq répliques, mais la toile de Richmond, qui est bien celle du Régent, a toute la saveur d'un original et semble être l'*opera stupenda* dont parle Vasari ; elle a une largeur de touche et une transparence dans les ombres qui ne sont pas d'un copiste ; quoiqu'elle ait souffert, remarque le baron de Bildt, elle reste encore « une chose de joie et de beauté, » et l'érudit diplomate, à travers les siècles, donne la main à Vasari. Le pendant de ce portrait se voit au Palais Pitti, dans le coin sombre d'une petite salle, c'est Alphonse, la main droite appuyée sur un canon, comme la main gauche de Laura se pose sur le petit nègre, mais, autant qu'on en peut juger, l'effigie du duc de Ferrare n'est que la copie d'un original perdu, et si l'on pouvait la rapprocher de la *Bella Schiavona*, elle servirait sans doute à en rehausser le charme. On connaît des répliques de ce portrait (Musée de Modène, par Louis Carrache, Musée de Stockholm, collection Lipperheide, Berlin) et des réductions (Villa Borghèse, coll. Sciarra, coll. Sernagiotti, Venise).

C'est à Bridgewater House qu'il faut retourner pour admirer deux scènes païennes, peintes pour Philippe II : *Diane et Actéon* (effet du matin) et *Diane et Calisto* (effet du soir) qui sont de la vieillesse du Titien et trahissent quelque lourdeur, mais dont l'enchantement est tout entier dans le chaud clair-obscur, dans la magie des tons et dans la poésie du paysage. La première scène surtout est, à cet égard, significative. Les deux tableaux firent grande sensation lorsqu'ils furent, en 1798, exposés à Londres, chez Bryan. Barry, dans ses notes sur la galerie d'Orléans, disait : « On doit féliciter l'Angleterre d'avoir acquis ces chefs-d'œuvre ; pour ma part, je me sens heureux quand je pense que je vais vivre dans la même ville qu'eux et qu'il me sera donné de les voir souvent. » Hazlitt, qui est un peu le Théophile Gautier anglais, est plus enthousiaste et se lance dans une description *di bravura* qui vaut d'être citée : « Il y a dans *Diane et Calisto* et dans son pendant : *Diane et Actéon* un charme inexprimable, le charme que seul peut posséder le plus grand coloriste du monde. Il est difficile, impossible même, de savoir lequel des deux tableaux l'emporte à cet égard, mais l'un et l'autre font l'effet d'une musique divine ou d'une exhalaison de parfums pénétrants. Dans les figures, le paysage, l'eau, il y a des tons jetés d'une main prodigue et infaillible, des tons splendides, mais vrais, éblouissants par leur vigueur, mais fondus, adoucis, tissés ensemble comme pour former une écharpe pareille à celle d'Iris — chairs nacrées sous lesquelles circule le sang, nuages empourprés par le soleil couchant, collines noyées dans le bleu du ciel, arbres d'un brun moelleux, roches d'un gris froid, eau si translucide que les pieds neigeux des nymphes nues y apparaissent..... Partout c'est la couleur et non la forme qui domine, pas une seule ligne définie, c'est un régal exquis pour les yeux. »

C'était une mode, au xviiie siècle, de donner des titres aux tableaux, de les baptiser. Une Vénus couchée toute nue, avec, à ses pieds, un jeune muguet qui pince de la guitare, étaient des personnages historiques, on y reconnaissait la princesse Eboli et Philippe II! Plus circonspects les experts, au temps de Christine, se contentèrent de mentions comme celle-ci : « *Donna nuda con amorino e appresso un sonatore, con campo di paese.* » Le catalogue du *Fitzwilliam Museum*, où se trouve cette toile du Régent, dit simplement : « *Venus and Cupid, with a man playing the guitar,* » tandis que Dubois de Saint-Gelais écrit sans hésiter : *Philippe II et sa maîtresse*. Cette question mise à part, ce Titien est une copie fort médiocre et une mauvaise interprétation des originaux ou répliques de Dresde, de Madrid et de Florence.

L'imagination s'est encore exercée à propos de la *Maîtresse du Titien* dont l'original est au Louvre (Collection Charles I*er*) et dont une copie figurait dans la galerie du Régent, ainsi sobrement désignée dans l'*Inventario* de Christine : « *Donna con l'amante che tieno lo specchio.* » On y voyait Laura de' Danti et Alphonse. Cette trouvaille était due à un certain Ticozzi qui, se fondant sur le passage de Vasari mentionné plus haut où il est question du merveilleux portrait *(opera stupenda)* de la signora Laura, avait, non sans consulter médaillons et effigies *authentiques*, identifié cette jeune femme avec la belle duchesse. Le problème a été élucidé de façon très érudite par un critique d'art anglais, M. Herbert Cook, dans le *Burlington Magazine* (1905) et c'en est fait de cette légende.

On croyait ajouter plus d'intérêt aux tableaux en les affublant de noms pompeux, sans aucune raison, sans aucune preuve. Dans les inventaires des ducs d'Orléans ne trouve-t-on pas une reine Brunehaut peinte par le Titien ? Les principales victimes de cette manie sont : Christophe Colomb, la belle Simonetta, Catherine Cornaro, la reine Élisabeth, Marie Stuart, Molière, Mademoiselle de La Vallière, la marquise de Pompadour et Marie-Antoinette.

Laissons de côté les copies ou attributions douteuses ; on les trouvera dans notre catalogue. Mais arrêtons-nous un peu devant deux belles compositions : l'*Enlèvement d'Europe* et *Persée et Andromède* que le Titien peignit pour Philippe II et que ce dernier offrit à l'empereur Rodolphe. L'*Enlèvement d'Europe*, aujourd'hui chez Mrs. Gardner, à Boston, provenant de Cobham Hall, fut exposé à Manchester : « Bien que ce soit un ouvrage de la vieillesse du peintre, écrit Charles Blanc, on y sent encore la robuste énergie, la chaleur d'un artiste qui devait mourir centenaire et qui conserva sa virilité jusque dans l'âge ordinaire de la décrépitude. Couchée sur le taureau qui l'enlève à travers la mer bleue, la fille d'Agénor se montre à nous presque de face, belle de son désespoir et secrètement enchantée, laissant voir, dans les derniers efforts de la lutte, son corps voluptueux, dont les rondeurs se font sentir sous la draperie mouillée qui la recouvre à demi. Il va sans dire qu'une telle scène s'encadre dans un paysage superbe, opulent de couleur, plein d'une sauvage poésie, rocheux, profond, grandiose, tel enfin que je n'en ai jamais vu de plus beau même à Venise. Aussi le maître a-t-il signé son œuvre en lettres capitales d'or : TITIANUS PINXIT. »

A défaut de l'original nous avons pu voir à Hertford House (collection Wallace) une petite copie de ce grand tableau, très spirituelle d'exécution, d'une grande fraîcheur, et qui passe pour fort exacte ; elle serait, croit-on, du gendre de Velazquez : J.-B. del Mazo. Le Musée de Madrid possède une autre copie, grandeur de l'original, due à Rubens. N'est-ce pas dire beaucoup de cet *Enlèvement d'Europe* qu'il a été copié par le maître d'Anvers?

L'*Andromède* est placée très haut à Hertford House et sous verre, si bien qu'il est très difficile de juger ce tableau. Dans les masses sombres apparaissent de-ci de-là quelques clartés : le corps assez lumineux d'Andromède et les draperies rouges et bleues de Persée qui accourt à tire d'aile vers le monstre et remplit presque tout le ciel ; la mer est obscure, c'est le *Ponto nox incubat atra,* de Virgile, mais de légères stries orangées indiquent l'horizon.

Ces deux grandes compositions se faisaient pendant dans le palais de Philippe II ; comme *Calisto* et comme *Actéon* elles offrent deux effets opposés, ce sont des symphonies de tons différents, l'une en rose majeur, l'autre en noir mineur.

Le *Départ d'Adonis pour la chasse* n'a pas été retrouvé, et c'est dommage quand on a lu la critique faite par Guibert (ci-dessus p. 23). L'exemplaire du Régent devait être fort beau, puisqu'il pouvait être avantageusement comparé à deux exemplaires connus. Les répliques de cet Adonis sont extrêmement nombreuses, mais ni celle du comte de Darnley (Cobham Hall), ni celle de Dulwich que nous avons vues ne peuvent passer pour avoir été au Palais-Royal.

LE RESPECT
Tableau peint par Véronèse
(National Gallery. — Londres)

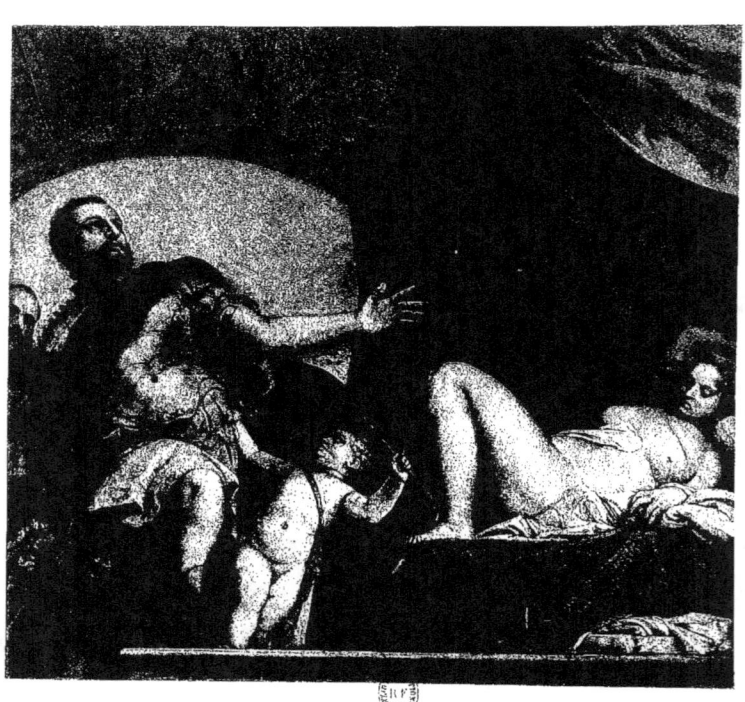

A l'Exposition des vieux Maîtres de la Grafton Gallery, à Londres, figura, en 1911, l'*Actéon dévoré par les chiens*, appartenant à Lord Brownlow. Nous empruntons à un écrivain d'art anglais, M. Roger Fry, quelques renseignements peu favorables en somme, ce tableau n'étant point une œuvre de premier ordre. Le type de la Diane qui poursuit Actéon de ses flèches meurtrières, avec ses longues jambes et sa petite tête élégante, correspond au type de l'*Andromède* citée plus haut. La figure est habilement construite et le modelé montre le talent particulier qu'avait le Titien pour faire passer la lumière dans l'ombre. Mais le groupe d'Actéon et des chiens est d'un mouvement lourd et maladroit, il est bien difficile de se tirer d'affaire quand on doit peindre un homme à tête de cerf. M. Fry, tout en parlant d'une copie d'atelier, est porté à croire que c'est bien l'œuvre exécutée pour Philippe II, comme l'*Andromède* et l'*Europe;* dans ce cas, dit-il, il faut admettre que le Titien se fit aider ici plus que pour aucun de ses tableaux.

LORENZO LOTTO

Avant de refranchir le seuil de Bridgewater House pour y voir un Lorenzo Lotto, il est juste de dire un mot de la collection du comte d'Ellesmere, héritier du duc de Bridgewater. Cette galerie célèbre renferme près de soixante tableaux du Régent, c'est un peu plus du sixième de sa totalité. Outre la grande salle d'apparat, les salons, les chambres, les couloirs, les escaliers sont ornés de peintures disposées avec le plus grand goût ; et l'on pénètre dans ces sanctuaires même quand les maîtres de céans sont à Londres ; ils s'effacent, comprenant que leur propriété est un domaine dont ne peuvent être exclus les travailleurs. Il en est de même presque partout chez nos voisins d'Outre-Manche, mais nulle part on n'est reçu avec autant de bonne grâce. Nous avons gardé le meilleur souvenir de nos visites si intéressantes à ce musée aristocratique dont plus d'une fois encore mention sera faite au cours de notre étude.

Le Lorenzo est signé : L. Lotus ; il représente une *Sainte Famille* où l'on voit la Vierge et l'Enfant accompagnés de quatre saints. L'un d'eux, un vieillard, présente au bambino un rouleau de parchemin sur lequel on lit le nom du peintre, et l'on a supposé que Lotto a donné là sa propre effigie ; cette *Sainte Famille* serait donc des dernières années de son existence, pendant lesquelles, réfugié dans son couvent de Lorette, il peignit pieusement des sujets de sainteté. On serait tenté de le croire devant l'expression de gravité qui s'exhale de cette scène et particulièrement du visage mélancolique de la Vierge. D'autre part, M. Berenson voit, dans ce tableau, une œuvre de jeunesse et fait remarquer que Lotto n'a jamais peint « le triomphe de l'homme sur les contingences humaines, » et que, dans ses retables et dans ses portraits, il nous montre des êtres « en quête des consolations de la foi, de l'amitié et de l'affection ». Ces gens semblent, dit-il, « vous regarder comme s'ils mendiaient la sympathie ». Cette remarque s'applique fort bien à cette *Sainte Famille*.

La discussion, du reste, serait oiseuse. L'œuvre, en tout cas, est secondaire et rappelle de très loin les beaux portraits de Lorenzo Lotto qui sont au palais Brera.

PALMA VECCHIO

Une autre *Sainte Famille*, également à Bridgewater House, a toujours passé pour être de Palma Vecchio, et dans la collection de Monsieur le Prince, ainsi qu'on appelait l'aîné des Condé, et dans celle du Régent. C'est le *Riposo* classique de la fuite en Égypte. La Vierge et saint Joseph portent des costumes vénitiens, saint Jean-Baptiste, en âge d'homme, est nu, montrant un dos bronzé par le soleil du désert, autant d'anachronismes qui n'enlèvent rien à cette peinture si belle, qu'on y voit maintenant une des premières œuvres du Titien. On a aussi attribué à ce maître un *Portrait de Doge*, encore chez le comte d'Ellesmere, inventorié jusqu'ici sous le nom de Palma Vecchio. Mais la *Vénus couchée* du *Fitzwilliam Museum*, de Cambridge, est incontestablement du maître. Comme toujours, le modelé est trop simplifié et aboutit à des rondeurs peu naturelles ; toutefois ce beau corps de femme est lumineux à

L'AMOUR
Tableau peint par Véronèse
(National Gallery. — Londres)

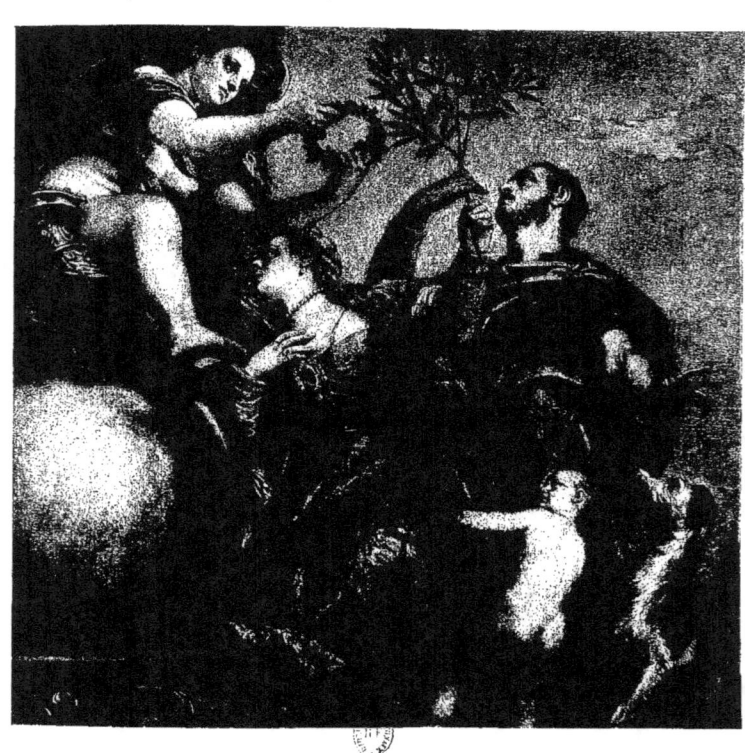

souhait. Vénus est étendue sur l'herbe fleurie, son bras gauche repose sur une étoffe rouge, son bras droit tient une flèche que l'Amour, ailé de plumes blanches, vient de sortir de son carquois. La tête de l'indolente, encadrée de cheveux roux, se détache sur un fond de grotte sombre. Dans le lointain s'étendent des montagnes bleues et toute une ville aux maisons claires, bâties sur des rochers. Cette grande toile a une fraîcheur printanière et comme un épanouissement de beauté sensuelle, ce devait être l'un des tableaux préférés du duc d'Orléans. Et c'est, dans ce Musée de Cambridge, une des œuvres les plus caractéristiques de la Renaissance.

SEBASTIANO DEL PIOMBO

Nous arrivons maintenant à un artiste qui jadis excita un enthousiasme extraordinaire, à Sebastiano del Piombo dont la renommée est due, en majeure partie, à de retentissantes cabales. Un déraciné, celui-là, qui abandonne Venise et ses traditions pour se mettre sous l'égide de Michel-Ange, à Rome, mais qui, malgré tout, a laissé des chefs-d'œuvre dans lesquels on retrouve les enseignements de Giovanni Bellini, de Cima et de Giorgione. Sebastiano est le premier éclectique et l'ancêtre des malheureux Carrache, il reste toutefois un grand artiste. On sait qu'il entra en concurrence avec Raphaël et que, dans cette lutte, il fit preuve d'une animosité de fort mauvais aloi. Jules de Médicis, nommé évêque de Narbonne en 1515 — celui qui devint pape sous le nom de Clément VII — commanda pour la cathédrale de cette ville épiscopale deux tableaux, l'un au maître d'Urbin, l'autre au protégé de Michel-Ange, ce sont *la Transfiguration,* à peine achevée au moment où Raphaël mourut, elle resta à Rome, et *la Résurrection de Lazare* qui fut transportée en France. *La Résurrection* est maintenant à la *National Gallery*. Toile immense, mise sous verre, décolorée, embue, compromise à jamais, elle n'est, pour les yeux, qu'une pauvre joie. Le temps, les migrations, les climats brumeux ont vengé le peintre des madones, tandis que *la Transfiguration,* portée jadis en triomphe derrière le cercueil de Sanzio, demeure intacte au Vatican.

Déjà, au xvıı**e** siècle, deux spirituels, mais insolents voyageurs, Chapelle et Bachaumont, tournaient le chef-d'œuvre en dérision :

> C'est un vieux et sombre tableau
> Où l'on voit sortir un Lazare
> A demi nu de son tombeau.
> Mais le peintre l'a si bien fait
> Sec, noir, hideux, pâle, effroyable,
> Qu'il semble bien moins le portrait
> Du bon Lazare que du diable.

Que diraient aujourd'hui ces poètes gouailleurs ?

Sebastiano aurait travaillé d'après un dessin de Michel-Ange ; il y a, au Musée Britannique, deux esquisses de la figure de Lazare que l'on attribue au grand sculpteur, dont on retrouve bien le style et le caractère dans le gigantesque Lazare du tableau, avec cette musculature qui n'a rien d'un cadavre. M. Reiset pouvait encore, il y a trente ans, déclarer que cette œuvre était une des pierres angulaires du musée londonien ; elle n'est plus qu'une belle ruine, sauvée pour nous grâce aux procédés de l'héliogravure ; mais l'on a besoin, devant le tableau lui-même, de se rappeler que ce peintre fut un merveilleux portraitiste, de penser à ces effigies si bien conservées qui ont pour abris salutaires les musées d'Italie, et à ce *Joueur de viole*, de provenance princière, qu'on croyait de Raphaël et qui est maintenant à Paris chez le baron de Rothschild, sous le nom du maître de Venise.

De même que ce tableau célèbre est acquis définitivement à Sebastiano, un portrait du Palais-Royal, attribué à Raphaël, a été rendu à son rival avec beaucoup de vraisemblance. Il n'en existe aucune estampe que nous sachions, il n'est connu que par la notice de Dubois de Saint-Gelais : « On croit que c'est le portrait de Bindo Allonesi *(sic)* que Raphaël a peint dans son jeune âge. Il a une draperie d'un jaune foncé et, devant lui, un livre dont le dos est tourné de son côté. Le fond du tableau est brun. » D'autre part, l'*Inventario* de la reine Christine disait simplement : « *Giovinetto con libro in mano.* » Ces indications ne correspondent point avec le jeune Bindo Altoviti de Munich auquel Passavant pensa tout d'abord. C'est Mrs. Gardner, de Boston,

LE DÉGOUT
Tableau peint par Véronèse
(National Gallery. — Londres)

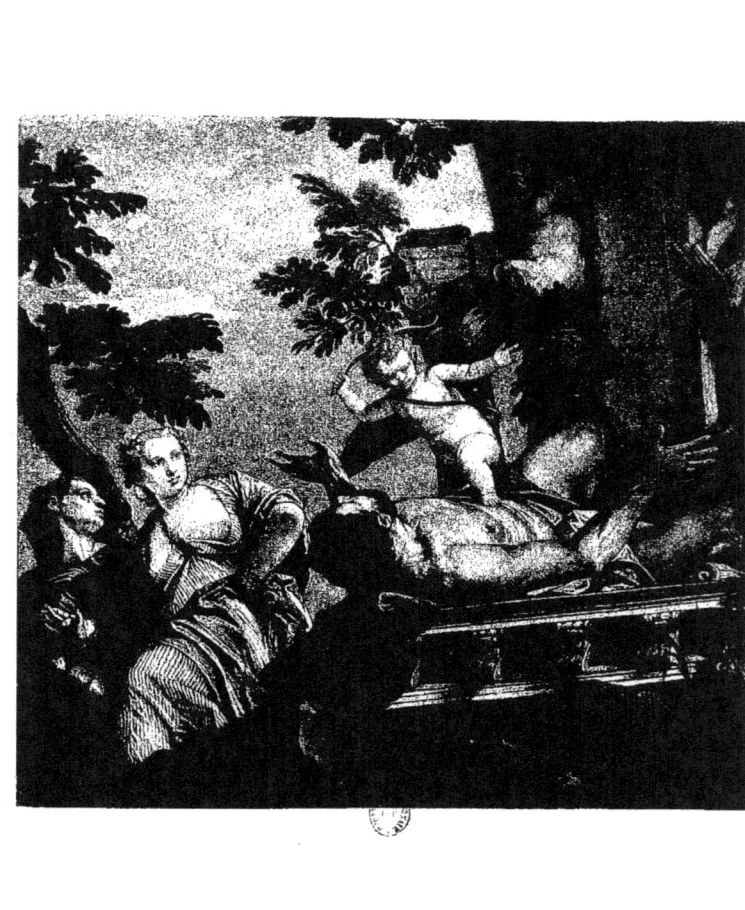

possesseur de cette œuvre, qui l'a identifiée, croyant y découvrir les traits de Bandinelli et la touche de Sebastiano. Nous ne l'avons pas été voir et ne pouvons rien en dire de plus. Mais, photographie en main, la solution de ce petit problème esthétique semble juste.

Enfin *l'Ensevelissement du Christ,* à Bridgewater House, exécuté d'après un dessin de Michel-Ange, n'est point fait pour chasser l'impression qu'on éprouve à la *National Gallery,* — s'il est mieux conservé, c'est qu'il a été outrageusement repeint.

PARIS BORDONE

Du Pordenone aucune trace des trois tableaux qu'on voyait au Palais-Royal. Mais, chez le comte d'Ellesmere, nous avons pu admirer une *Sainte Famille* qui passait pour un Giorgione chez Christine de Suède et que, déjà, Dubois de Saint-Gelais cataloguait très justement sous le nom de Paris Bordone. Le rouge domine dans cette belle composition d'une grande intensité de coloris ; on y retrouve la moelleuse franchise de touche de l'excellent portraitiste vénitien.

LE BASSAN

Les tableaux de Jacopo da Ponte, l'aîné des Bassan, ont disparu sauf une *Circoncision* qui est à Stafford House, petit tableau fort assombri, sans grand attrait, dans lequel aux officiants se mêlent, suivant l'habitude du maître, des gueux et des rustres qui apportent un élément nouveau et créent la peinture de genre. Le Titien, dans *la Présentation au Temple de la Vierge,* avait déjà introduit cette vieille éplucheuse de légumes qui horripilait Ruskin, mais, avec Le Bassan, les personnages vulgaires deviennent foule ; les scènes bibliques ou païennes se transforment en épisodes contemporains — Orphée, suivant la remarque de M. Berenson, devient un garçon de ferme qui joue du violon dans une basse-cour. Ces interprétations modernes eurent beaucoup de succès et rendirent l'artiste populaire.

LE TINTORET

Très brillamment représenté au Palais-Royal par douze toiles, dont les plus importantes nous sont connues, le Tintoret était un peintre cher au Régent.

Il est bien fâcheux toutefois que le portrait de Henri III, peint à Venise, en 1574, ne soit pas parvenu jusqu'à nous. Le jeune prince séjourna plusieurs semaines dans la ville des Doges, peu pressé d'aller occuper le trône de France, vacant par la mort de Charles IX — il s'oubliait dans ce décor superbe comme pour se consoler des mois d'ennui qu'il avait passés à Cracovie. Le Tintoret fit alors trois portraits de Henri, âgé de vingt-trois ans, et reçut, en tout, la somme de cinquante écus. L'un de ces portraits était dans la collection du duc d'Orléans. On en voit une réplique, fort détériorée, au Palais Ducal, qui a été reproduite en tête de « *Il Viaggio in Italia di Enrico III* » que nous devons à MM. P. de Nolhac et Engelo Solerti. « Ce prince, écrit Dubois de Saint-Gelais, est jusqu'aux genoux. Il a un pourpoint de buste, avec des manches d'étoffe qui sont galonnées et un manteau noir fort ample. Une petite fraise déborde par-dessus le collet du buste, et il a une toque avec une plume blanche. Le fond du tableau est brun. On lit au haut, à droite, en lettres capitales : *Ætatis suæ 25* [c'est évidemment 23]. »

Comme portraits il faut mentionner encore ceux que le Tintoret peignit du Titien et de l'Arétin qui sont à Stafford House et ne méritent pas grande attention et une double effigie des ducs de Ferrare qui est, ou était, à Castle Howard, chez le comte de Carlisle. Ce dernier tableau, peint à *guazze* (gouache) sur toile, excita l'enthousiasme d'un certain docteur Maihows qui visita la collection du Palais-Royal en 1750 ; il ne cite guère que ce Tintoret et le Charles Ier et sa famille, de Van Dyck. « Où peut-on s'attendre, dit-il, à jamais rencontrer deux œuvres aussi intéressantes ? » Waagen parle avec éloge de ces ducs de Ferrare, noble composition où l'on voit deux princes agenouillés devant leur prie-Dieu et accompagnés d'un domestique et d'un page. « Les lumières brunâtres, dit-il, et les ombres foncées produisent une profonde et douce harmonie. » D'après la gravure de Glairon Mondet on peut se faire une idée de l'intérêt de ce grand tableau.

La *Voie lactée*, cette conception hardie qui se passe en plein ciel, est, malgré ses dimensions exiguës pour le peintre du *Paradiso*, une œuvre d'un noble effet. A travers l'empyrée, Jupiter apporte Hercule à Junon qui lui offre le sein; le lait de la déesse déborde et s'étoile en une constellation figurée sur l'azur. Ce tableau de chevalet a passé par Cobham Hall et se trouve maintenant à la *National Gallery*. Les lignes n'en sont pas très heureuses, mais la nudité de Junon, vêtue d'une lumière éclatante, est un morceau de choix aussi parfait que l'*Ariane*, du Palais Ducal.

La *Présentation au Temple*, de Bridgewater House, est une simple esquisse dont il reste peu de chose; on en peut dire autant du *Consistoire*, de Stafford House. La *Descente de Croix* nous offre un groupe assez beau des trois Marie. Quant à la *Léda*, W. Bürger la vit à Manchester, la déclarant un chef-d'œuvre de science anatomique et de correction dans les contours. A cette même exhibition, elle fut remarquée par Triqueti, le statuaire, qui note dans son catalogue conservé à la bibliothèque de l'École des Beaux-Arts : « Magnifique tableau dont les figures sont un peu plus grandes que nature, le dessin de Léda est admirable. » Cette toile fut donnée, en 1895, aux Uffizi par N. Walker; elle ne fait pas aussi brillante figure à Florence qu'à Manchester. Dans son état actuel, très alourdie par les retouches, la *Léda* est considérée comme d'ordre inférieur et semble être une œuvre de Domenico Robusti, fils du Tintoret.

PAUL VÉRONÈSE

Laissons de côté Salviati et Schiavone, encore que de ce dernier nous ayons découvert deux tableaux : un *Christ mort* (Stafford House) et un *Pilate qui se lave les mains* (Bridgewater House) où ils font nombre, et occupons-nous de Paul Véronèse qui, autant que le Titien et le Tintoret, était un des peintres préférés de Philippe d'Orléans.

Nous ne savons pas s'il existe de meilleur Véronèse que la réduction, avec de légères variantes, des *Pèlerins d'Emmaüs* (Stafford House). C'est probablement la première pensée de la grande toile du Louvre, tant il y a de fraîcheur et de délicatesse dans ce petit tableau rapporté d'Italie par Crozat et acheté à la famille Muselli pour laquelle il fut peint. Les gravures de la *Galerie du Palais-Royal* et du *Recueil Crozat* ne rendent rien de ce chef-d'œuvre qui vaut par la belle orchestration des gris et la perspective aérienne, mettant chaque personnage dans son atmosphère depuis la fillette accroupie au premier plan jusqu'à la femme vue derrière le Christ et se détachant sur une colonne. C'est le tableau idéal de musée, on l'embrasse d'un seul coup d'œil et on l'isole facilement de ses voisins.

On ne saurait dire cela des quatre grands panneaux allégoriques de la *National Gallery (le Respect, l'Amour, le Dégoût, l'Infidélité)* qui sont mal à l'aise dans un entassement, provisoire croyons-le, d'une salle de la National Gallery où, pour comble de malheur, il y a encore des toiles sur d'immenses chevalets. Ces panneaux, au Palazzo Riario, étaient disposés en plafond — à quoi, du reste, ils étaient primitivement destinés — et, au Palais-Royal, ils ornaient le dessus des quatre portes du salon octogonal, c'est là que se trouvaient les plus belles œuvres de l'école vénitienne et deux superbes Rubens. De plus, ils sont maintenant surchargés de cadres lourds et affreux, et cela achève de les rendre moins accessibles. Très utiles les musées, c'est incontestable ; hélas ! combien peu sont des sanctuaires où les trésors soient mis en valeur, où l'on songe que les tableaux, pour *vivre*, ont besoin d'air, tout comme les fleurs !

On a donné à ces allégories des titres commodes. Dans l'*Inventario* de Christine, elles étaient décrites plutôt que nommées, c'est qu'aussi bien elles sont assez énigmatiques. Dubois de Saint-Gelais, en se fondant sur la ressemblance des têtes de l'homme et de la femme, qui sont les mêmes dans chacune de ces compositions, voit entre elles un lien : les différentes phases d'une existence maritale où le Respect, l'Amour, le Dégoût et l'Infidélité marquent d'assez ordinaires étapes. Il prévient toutefois que le spectateur explique ces histoires chacun suivant « sa manière de penser ». La littérature a certainement sa part dans cette affaire, comme dans *le Printemps* de Botticelli, et

L'INFIDÉLITÉ
Tableau peint par Véronèse
(National Gallery. — Londres)

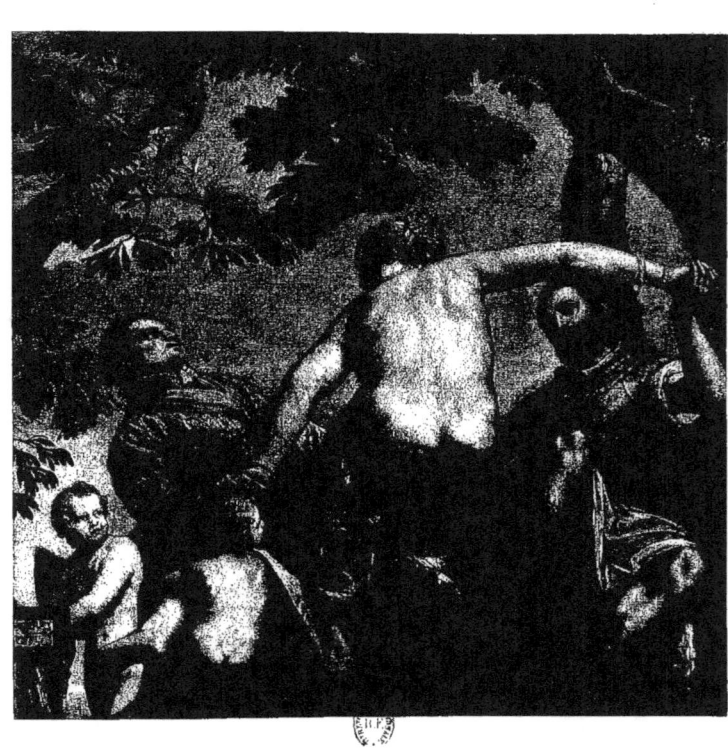

dans les allégories absurdes que la divine Isabelle d'Este commandait à Pérugin, à Mantegna ou à Costa, et c'est pourquoi nous avons quelque peine à comprendre. Du moins, avec Véronèse, complice peut-être et agent tout à la fois, les pages sibyllines sont encore des pages où les yeux trouvent quelque plaisir, ce n'est point comme dans ce ridicule *Combat des Vices et des Vertus* (Louvre), le plus mauvais tableau du Pérugin, inspiré, dicté et surveillé presque dans ses moindres détails par la duchesse de Mantoue, ainsi que nous le révèle son dernier biographe, M. Robert de la Sizeranne.

Les quatre motifs de Véronèse sont d'inégale valeur, le plus beau est le *Respect :* une femme presque nue est couchée sur une draperie rouge, un homme — vêtement jaune traversé d'une écharpe bleue — indique par son geste qu'il ne veut pas troubler le repos de la charmante dormeuse, malgré l'amour qui l'entraîne vers elle. C'est comme la lutte entre le pouvoir de la beauté et le respect qui lui est dû. On dirait bien le premier acte de cette légende dont chacune des parties, animée par la présence d'*amorini* symboliques, raconte l'histoire toujours la même de l'Éternel féminin.

Au second acte, la dormeuse est réveillée; elle est parée magnifiquement de brocart or et rouge, son compagnon a un manteau d'un vert sombre, ils sont au pied d'une sorte d'autel où, sur un globe, trône Vénus qui leur tend une couronne de myrte. Tous deux tiennent une branche d'olivier tandis que l'amorino déroule une chaîne qui doit lier les deux époux et fixer leur *Amour*.

Que s'est-il passé? l'homme presque nu est couché sur un drap rouge, l'amorino le piétine avec fureur, la séduisante Vénitienne s'éloigne, suivie d'une confidente qui porte une hermine, image de la pureté. Elle s'éloigne avec indignation et *Dégoût*.

Enfin, nous revoyons la belle, nue comme au premier acte, se présentant de dos — un dos superbe, modelé en pleine lumière. Elle est entre deux hommes, le héros des scènes précédentes et un autre plus jeune, elle donne la main au premier, regarde le second et lui passe un billet doux. C'est l'*Infidélité*. Telle est cette synthèse où l'artiste a trouvé prétexte à magnifiques décorations.

Six autres tableaux devaient compléter, avec ces sujets plafonnants, l'ensemble du salon palatial auquel ils étaient probablement destinés. Ils sont empruntés à l'allégorie mythologique ; les personnages semblent être tous des portraits de gentilshommes et de patriciennes. Les voilà dispersés, après avoir orné le Palazzo Riario et ensuite le Palais-Royal. *La Mort d'Adonis* est à Bridgewater House ; *Mercure et Hersé,* au Fitzwilliam Museum ; *Mars et Vénus liés par l'Amour,* au Metropolitan de New-York ; *Mars désarmé par Vénus* est perdu ; *l'Homme entre le Vice et la Vertu* et *la Sagesse, compagne d'Hercule* ont quitté la demeure de Lord Francis Hope pour aller tenter fortune en Amérique par les soins d'un marchand. Les deux premiers seuls nous sont connus. *La Mort d'Adonis* est une œuvre terne ; Vénus grimace au lieu d'exprimer la douleur ; Adonis mourant, plongé dans l'ombre, n'a aucun relief ; le groupe des deux amants est disgracieux et se compose mal avec le paysage. *Mercure et Hersé,* au contraire, est une jolie conception, entièrement de la main du maître. La couleur s'harmonise dans des tons d'un beau gris, et, n'était le dessin un peu maladroit de la jambe d'Hersé, ce serait une page de premier ordre. L'œuvre est signée en capitales. Quant à *Mars et Vénus liés par l'Amour,* ils ont figuré à l'Exposition nationale des Maîtres anciens, à Londres, en 1910. Un critique d'art, M. Marcel Nicolle, écrivait alors au sujet de ce tableau : « Beau spécimen de la manière décorative, de la couleur blonde et argentée du maître, et c'est tout dire. » Les New-Yorkais peuvent être contents.

La *Léda,* après avoir appartenu au comte Gower, a passé chez H. A. J. Munro, puis chez le comte de Vandeul qui l'offrit naguère au Louvre. Ce musée n'a pas accepté le cadeau à cause du sujet traité assez librement, il est vrai, mais sauvé, si l'on peut dire, par des mérites artistiques incomparables : l'éclat de la chair, la puissance du coloris. Cette Léda pourtant n'est pas plus audacieuse que celle de Poussin qu'on voit à Chantilly, et que les Léda des musées d'Italie. Ne pouvait-on pas lui trouver une place discrète comme à la réplique de Dresde ? Notez qu'elle a appartenu à la duchesse de Buckingham et à Charles Ier avant d'être achetée par le Régent. Ce sont des titres de gloire. Elle est aujourd'hui chez M. Grandidier, dans

L'INCENDIE DE SODOME
Tableau peint par Véronèse
(Musée du Louvre)
Photo Braun & C⁰

Six autres tableaux devaient compléter, avec ces sujets plafonnants, l'ensemble du salon palatial auquel ils étaient probablement destinés. Ils sont empruntés à l'allégorie mythologique ; les personnages semblent être tous des portraits de gentilshommes et de patriciennes. Les voilà dispersés, après avoir orné le Palazzo Riario et ensuite le Palais-Royal. *La Mort d'Adonis* est à Bridgewater House ; *Mercure et Hersé,* au Fitzwilliam Museum ; *Mars et Vénus liés par l'Amour,* au Metropolitan de New-York ; *Mars désarmé par Vénus* est perdu ; *l'Homme entre le Vice et la Vertu* et *la Sagesse, compagne d'Hercule* ont quitté la demeure de Lord Francis Hope pour aller tenter fortune en Amérique par les soins d'un marchand. Les deux premiers seuls nous sont connus. *La Mort d'Adonis* est une œuvre terne ; Vénus grimace au lieu d'exprimer la douleur ; Adonis mourant, plongé dans l'ombre, n'a aucun relief ; le groupe des deux amants est disgracieux et se compose mal avec le paysage. *Mercure et Hersé,* au contraire, est une jolie conception, entièrement de la main du maître. La couleur s'harmonise dans des tons d'un beau gris, et, n'était le dessin un peu maladroit de la jambe d'Hersé, ce serait une page de premier ordre. L'œuvre est signée en capitales. Quant à *Mars et Vénus liés par l'Amour,* ils ont figuré à l'Exposition nationale des Maîtres anciens, à Londres, en 1910. Un critique d'art, M. Marcel Nicolle, écrivait alors au sujet de ce tableau : « Beau spécimen de la manière décorative, de la couleur blonde et argentée du maître, et c'est tout dire. » Les New-Yorkais peuvent être contents.

La *Léda,* après avoir appartenu au comte Gower, a passé chez H. A. J. Munro, puis chez le comte de Vandeul qui l'offrit naguère au Louvre. Ce musée n'a pas accepté le cadeau à cause du sujet traité assez librement, il est vrai, mais sauvé, si l'on peut dire, par des mérites artistiques incomparables : l'éclat de la chair, la puissance du coloris. Cette Léda pourtant n'est pas plus audacieuse que celle de Poussin qu'on voit à Chantilly, et que les Léda des musées d'Italie. Ne pouvait-on pas lui trouver une place discrète comme à la réplique de Dresde ? Notez qu'elle a appartenu à la duchesse de Buckingham et à Charles Ier avant d'être achetée par le Régent. Ce sont des titres de gloire. Elle est aujourd'hui chez M. Grandidier, dans

L'INCENDIE DE SODOME
Tableau peint par Véronèse
(Musée du Louvre)
Photo. Braun & Cⁱᵉ

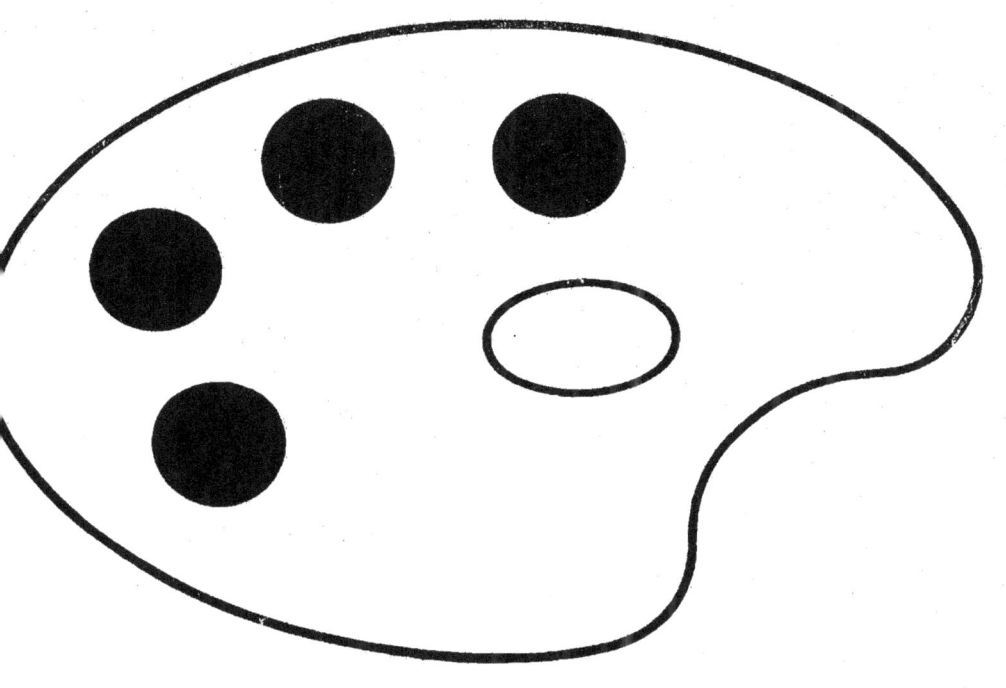

Original en couleur
NF Z 43-120-8

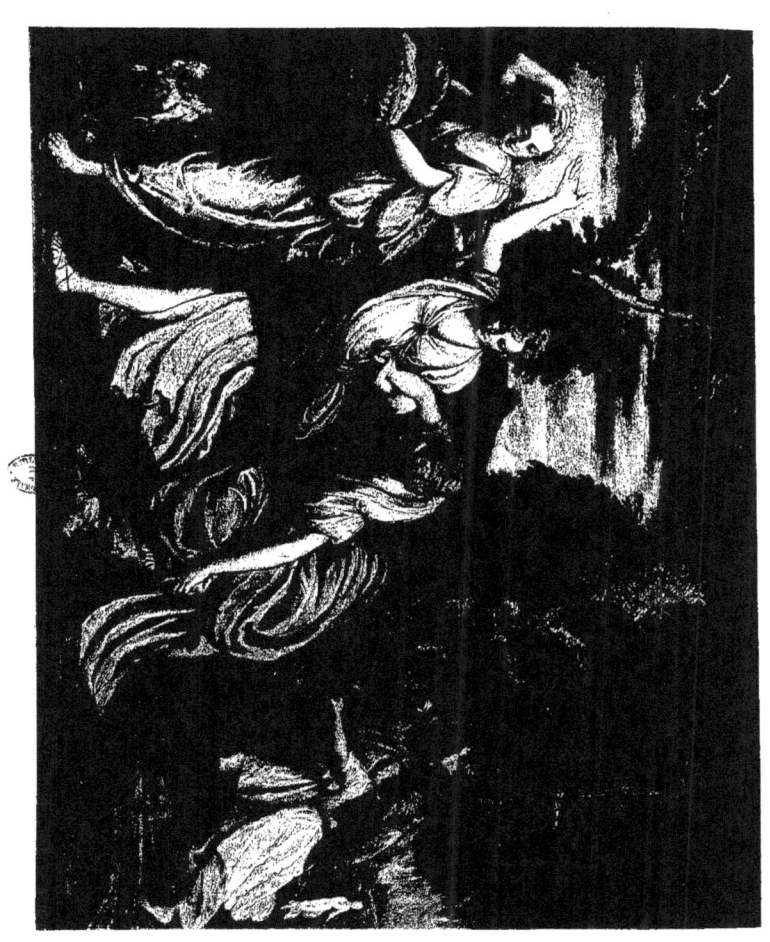

un état de conservation absolue, embellie par le temps et les dédains administratifs.

Elle est bien supérieure à *Mars et Vénus* (Musée Condé) que le duc d'Aumale acheta en souvenir de son ancêtre. Certes ce tableau de moyenne dimension a son charme, mais les lignes des jambes et des bras sont mal agencées et le paysage ne révèle presque plus rien qu'une masse sombre; les belles lumières du front et de la poitrine de la déesse indiquent pourtant que cette œuvre est bien de Véronèse.

Il était resté en souffrance au Palais-Royal deux esquisses : l'*Embrasement de Sodome* et les *Israélites sortant d'Égypte*, qui furent mises de côté pour le Museum, ainsi qu'on appelait alors le Louvre. La première y est encore, la seconde fut envoyée à Caen par décret du 14 fructidor an VIII (1ᵉʳ septembre 1800). Ce sont deux pendants, peints d'une touche spirituelle. Ils sont inscrits dans le *Registre de réception* des objets séquestrés chez les émigrés comme « représentant différents moments du départ de Loth ». Malgré cette constatation, ils ont été séparés. Pareille bévue et plus grave fut faite, à la même époque, quand on envoya à Tours deux panneaux de la prédelle du Mantegna de Vérone (San Zeno) et que l'on ne garda pour le Louvre que *le Calvaire*.

La fatigue sénile est évidente dans l'*Enlèvement d'Europe* (National Gallery), petite étude fruste et dure des grands tableaux de Venise et de Rome.

Avec Muziano, les deux fils du Bassan, Carletto Véronèse, Alexandre Turchi, Carlo Saraceni et Varotari (il Padovanino) se clôt la série des maîtres vénitiens et s'annonce la décadence de l'école qui devait renaître à la fin du xviiiᵉ siècle. Ces peintres secondaires tenaient une place assez encombrante au Palais-Royal.

ÉCOLES OMBRIENNE ET ROMAINE

PÉRUGIN

Les Pérugin n'étaient pas très appréciés avant la campagne que Ruskin fit en leur honneur. A dire le vrai, l'intérêt de ce maître est surtout historique.

Les trois œuvres de l'artiste signalées par Dubois de Saint-Gelais se vendirent fort mal à Londres. *La Descente de Croix* fut acquise pour soixante guinées; *l'Adoration de Notre-Seigneur* et *la Vierge et l'Enfant-Jésus* ne trouvèrent pas preneur.

Cette *Descente de Croix* a été gravée par Claude Du Flos dans le recueil Crozat; c'est une réplique, avec quelques légères variantes, de la *Deposizione* de l'Académie de Florence, où le Christ, démesurément long, soutenu par saint Jean, la Vierge et Marie-Madeleine, tient presque toute la largeur de la composition. Le groupe est accompagné de deux saints et se détache sur une perspective d'arcades; le tout est d'une régularité, d'un équilibre de portail d'église. Nous ne savons ce qu'est devenue cette réplique du Palais-Royal. Mariette nous dit qu'elle avait appartenu à Claude Gouffier, duc de Roanne, grand écuyer de France, mort en 1570; les armes de ce seigneur y sont peintes avec celles de sa seconde femme, Jacqueline de la Trémoïlle. Ce détail héraldique fera sans doute retrouver un jour le tableau du Régent.

La simple description de Dubois de Saint-Gelais nous a permis d'identifier *l'Adoration de Notre-Seigneur* avec le tableau que possède Sir G. R. Sitwell, de Renishaw : « Trois femmes contemplent et adorent l'Enfant-Jésus qui est à terre, dans l'angle gauche. Le fond est un paysage. » L'aimable collectionneur, à notre premier appel, nous en a envoyé une excellente photographie; le panneau est intact, il possède tous les caractères péruginesques.

La Vierge et l'Enfant-Jésus offrent quelque ressemblance avec un Pérugin du Palais Pitti (n° 219). C'est tout ce que nos recherches nous ont apporté de renseignements; en l'absence des gravures de ces deux dernières compositions on peut s'estimer heureux d'en avoir au moins découvert une. L'important était de constater que les Pérugin du Régent n'étaient pas des mythes; si, à la fin du xviii° siècle, ils furent si mal appréciés en Angleterre, c'est que les amateurs ne dépensaient alors de grosses sommes que pour les Raphaël, les Poussin et surtout les Carrache — c'était le goût du jour.

Rien n'est plus rare qu'une peinture de Michel-Ange; en dehors des fresques du Vatican, on n'en compte que deux, l'une à Londres, l'autre à

Florence. Cependant, sur la foi des traités, le Palais-Royal enregistrait quatre tableaux du maître qui depuis ont sombré naturellement, ayant perdu leur nom glorieux, et se cachant peut-être dans quelque obscure galerie. Il suffit de renvoyer à notre catalogue raisonné pour l'histoire très courte et très lamentable de ces pseudo-Michel-Ange.

BALDASSARE PERUZZI

L'Adoration des Rois, de Baldassare Peruzzi (Bridgewater House), n'est pas une œuvre négligeable. Architecte fameux, Peruzzi est moins connu comme peintre ; ce petit tableau est très éclatant de couleur, très simple d'ordonnance, malgré la quantité de personnages qui se disposent sous un portique d'ordre corinthien, mais il est un peu rude à côté de Raphaël qui, à Bridgewater House comme à la Farnésine, se met en concurrence avec lui.

RAPHAËL

Ce n'est point que les trois madones de Sanzio dont a hérité le comte d'Ellesmere n'aient, dans ces dernières années, passé un mauvais quart d'heure. Ainsi *la Vierge au Palmier* serait d'Alfani, qui aurait travaillé d'après un carton de Raphaël — une première pensée de cette madone, vue de profil, est, en effet, au Louvre dans la collection des dessins. Mais est-ce là une preuve? Bien que cette œuvre soit alourdie par des retouches, on y reconnaît la seconde manière de Raphaël, vers 1507, surtout dans le visage de Saint Joseph, très vigoureux de ton et d'un savant modelé ; la tête de la Vierge, au contraire, est plate, sans relief, mais c'est certainement le résultat d'un nettoyage malhabile. M. Herbert Cook est de notre avis et défend la « radieuse beauté » de cette Madone, il n'y voit pas trace d'une « coopération inférieure » ; elle est, pour lui, tout entière de la main de Raphaël. M. Berenson ne la rejette pas absolument, il y reconnaît, dans quelques parties, le faire de Sanzio.

Le même critique est moins affirmatif pour la *Bridgewater Madonna* où ce qui, d'après lui, est de l'Urbiniate est bien peu de chose. Passavant et Waagen n'avaient fait aucune objection. Pour eux, c'était la Vierge raphaélesque par excellence, à l'ovale plein, au visage placide et calme, telle qu'on la voit dans les madones du Palais Colonna et de la Maison d'Orléans. Il est de fait que si l'Enfant n'a pas une attitude naturelle et gracieuse comme à Chantilly, on n'en est pas moins séduit par l'ensemble de ce groupe charmant. Les repeints, c'est indéniable, ont fait là leur œuvre désastreuse en affadissant les tons et en les privant de lumière.

Pour un tableau qui fut donné par le duc d'Urbin à Philippe II et par celui-ci à Rodolphe II, la *Madonna del Passeggio, la famosa Vergina* de l'*Inventario* de Christine, est bien maltraitée aujourd'hui. Ni Passavant, ni Waagen, ni les nouvelles générations des Crowe et Cavalcaselle, des Dollmayr, des Berenson ne veulent l'inscrire dans le livre d'or de Sanzio. Pour tous, elle est attribuée à Francesco Penni, *il Fattore!* La défaite de cette fameuse Vierge semble bien définitive. Depuis soixante-dix ans elle a été en butte à toutes les attaques, à toutes les avanies, après avoir jadis été tant admirée, au point que Poussin en fit une copie, aujourd'hui chez le prince de Lichtenstein, à Vienne. On a vu quel enthousiasme excita cette madone en 1716 et avec quelle tendresse Poërson surveilla les réparations qu'elle subit par les soins du signor Domenico.

Des débris de la collection du Régent, le duc d'Aumale a pu reconquérir cinq tableaux dont un seul vaut tous les autres et beaucoup plus même, c'est la *Vierge dite de la Maison d'Orléans,* une des perles du *Santuario* de Chantilly. Le prince était si heureux de son achat que ce petit chef-d'œuvre ne le quittait jamais, tel le grand-duc autrefois qui, dans tous ses déplacements, emportait sa madone (aujourd'hui au Palais Pitti). Admirablement conservée, sans la moindre retouche, malgré la légende qui voudrait nous faire croire que David Teniers en repeignit le fond, cette Vierge est à l'abri de toute discussion. Elle fut sans doute exécutée vers 1507 pour le duc d'Urbin. On ressent une impression mélancolique en voyant cette merveilleuse épave, au Musée Condé, et l'on pense à toutes les richesses d'art qui ont échappé à la descendance du Régent et qui, éparses

LA VIERGE DE LA MAISON D'ORLÉANS
Tableau peint par Raphaël
(*Musée Condé. — Chantilly*)
Photo Giraudon

ce qui, d'après lui, est de l'Urbiniate est bien peu de chose. Passavant et Waagen n'avaient fait aucune objection. Pour eux, c'était la Vierge raphaélesque par excellence, à l'ovale plein, au visage placide et calme, telle qu'on la voit dans les madones du Palais Colonna et de la Maison d'Orléans. Il est de fait que si l'Enfant n'a pas une attitude naturelle et gracieuse comme à Chantilly, on n'en est pas moins séduit par l'ensemble de ce groupe charmant. Les repeints, c'est indéniable, ont fait là leur œuvre désastreuse en affadissant les tons et en les privant de lumière.

Pour un tableau qui fut donné par le duc d'Urbin à Philippe II et par celui-ci à Rodolphe II, la *Madonna del Passeggio, la famosa Vergina* de l'*Inventario* de Christine, est bien maltraitée aujourd'hui. Ni Passavant, ni Waagen, ni les nouvelles générations des Crowe et Cavalcaselle, des Dollmayr, des Berenson ne veulent l'inscrire dans le livre d'or de Sanzio. Pour tous, elle est attribuée à Francesco Penni, *il Fattore!* La défaite de cette fameuse Vierge semble bien définitive. Depuis soixante-dix ans elle a été en butte à toutes les attaques, à toutes les avanies, après avoir jadis été tant admirée, au point que Poussin en fit une copie, aujourd'hui chez le prince de Lichtenstein, à Vienne. On a vu quel enthousiasme excita cette madone en 1716 et avec quelle tendresse Poërson surveilla les réparations qu'elle subit par les soins du signor Domenico.

Des débris de la collection du Régent, le duc d'Aumale a pu reconquérir cinq tableaux dont un seul vaut tous les autres et beaucoup plus même, c'est *la Vierge dite de la Maison d'Orléans,* une des perles du *Santuario* de Chantilly. Le prince était si heureux de son achat que ce petit chef-d'œuvre ne le quittait jamais, tel le grand-duc autrefois qui, dans tous ses déplacements, emportait sa madone (aujourd'hui au Palais Pitti). Admirablement conservée, sans la moindre retouche, malgré la légende qui voudrait nous faire croire que David Teniers en repeignit le fond, cette Vierge est à l'abri de toute discussion. Elle fut sans doute exécutée vers 1507 pour le duc d'Urbin. On ressent une impression mélancolique en voyant cette merveilleuse épave, au Musée Condé, et l'on pense à toutes les richesses d'art qui ont échappé à la descendance du Régent et qui, éparses

LA VIERGE DE LA MAISON D'ORLÉANS
Tableau peint par Raphaël
(Musée Condé. — Chantilly)
Photo Giraudon

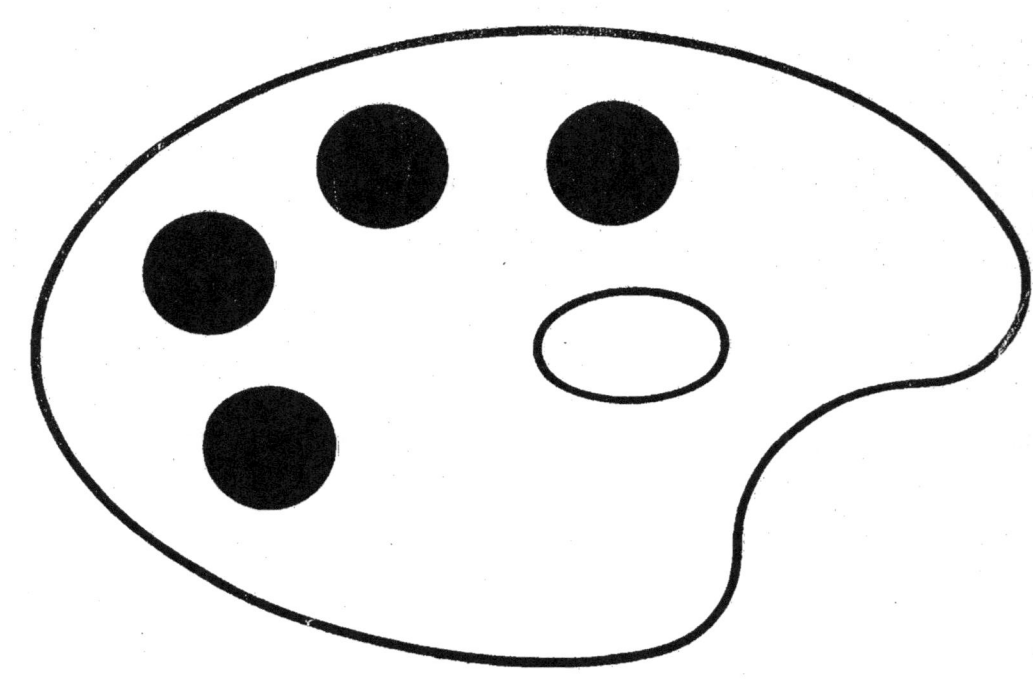

Original en couleur
NF Z 43-120-8

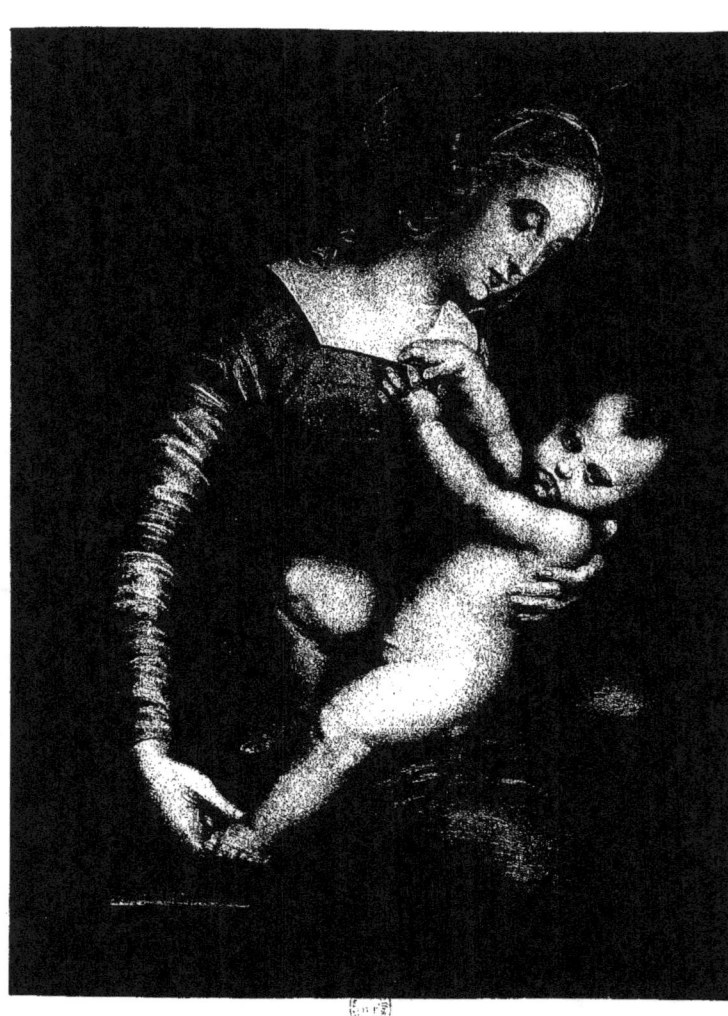

dans tous les coins du monde, de Londres à Pétersbourg, de Prague à Berlin, de New-York à Boston, témoignent du goût d'un prince français.

Les tableaux ont leur triste destinée comme les livres, comme les humains. On sait que le diptyque de Jean Fouquet, conservé jusqu'en 1775 à la cathédrale de Melun *(La Vierge* et *Étienne Chevalier)* est séparé, la Vierge est à Anvers, le donateur est à Berlin ; à Saint-Bavon de Gand on n'a plus les originaux de toutes les parties du fameux polyptyque des frères Van Eyck, et, à la Chartreuse de Pavie, un retable du Pérugin a été dispersé. Pareille aventure est arrivée à la prédelle de la Vierge, peinte par Sanzio, vers 1503, pour les religieuses de Saint-Antoine de Padoue à Pérouse. Cette prédelle à cinq compartiments avait été cédée par les nonnes à Christine de Suède, en grand mystère, grâce à l'intervention du cardinal Azzolino. De Rome, elle avait passé en son entier au Palais-Royal. Or, ces cinq compositions sont, à cette heure, dans quatre collections différentes : *le Portement de Croix* (sujet central) est chez le comte de Plymouth ; *la Prière au mont des Oliviers,* chez la baronne Burdett Coutts; *la Pietà,* chez Mrs. Gardner, à Boston, et les *Deux Saints* (saint Antoine de Padoue et saint François d'Assise), qui se trouvaient aux extrémités de la prédelle, sont dans la galerie du collège de Dulwich, près de Londres.

Deux de ces tableautins furent exposés à Manchester. On peut se fier à W. Bürger, aussi lui demanderons-nous son appréciation. Devant la *Prière au mont des Oliviers* voici ce qu'il dit : « Le Christ, à genoux et de profil, est tourné à droite ; il a de longs cheveux tombant sur ses épaules et une petite barbe très pointue ; sa robe est d'un gris violacé. Devant le Christ sont deux apôtres couchés et endormis ; derrière lui, un tronc d'arbre. Les figures ont environ cinq pouces de proportion. C'est très sévère, très mélancolique, très beau. » Puis allant à la *Pietà,* il continue : « La Vierge est assise de face, au milieu d'un fin paysage. Sur son giron est étalé en travers le Christ tout nu. La disposition de ce groupe rappelle beaucoup la Mère de douleur, de Michel-Ange. [Et aussi, dirons-nous, le groupe du Pérugin cité plus haut.] A droite, la Madeleine prosternée baise les pieds du Christ, dont saint Jean, agenouillé à gauche, soutient le torse. Deux apôtres debout, de chaque côté. Figures d'environ quatre pouces. Ce petit bijou a passé dans les collections de Christine de Suède, du duc d'Orléans, etc. » M. Berenson a écrit depuis avec plus d'émotion : « Ce petit tableau montre Raphaël à ce moment exquis où il tâtonnait encore, où il était presque un Perugino ; à vrai dire, ce panneau, n'était sa délicatesse enfantine et sa charmante timidité, pourrait être un Pérugin, tant la couleur est d'or clair, tant les arbres sont d'une légèreté de plume. Le sujet ne pouvait être traité dans un sentiment plus délicat, plus apaisé, plus profond. »

Quant au *Portement de Croix*, Waagen, qui l'a vu à Leigh Court, chez Sir Philip Miles, en vante la belle ordonnance, il remarque surtout le groupe des femmes si pathétique. Il y voit l'influence des maîtres florentins, encore qu'il reconnaisse dans le bleu sombre du ciel l'école péruginesque. D'après la belle gravure de Larmessin, d'après la photographie, on peut juger cette noble composition dans laquelle il faut voir comme un essai des grandes œuvres décoratives du Vatican.

Les *Saints* de Dulwich sont dans un tel état de restauration qu'il est impossible d'y reconnaître Sanzio.

Disons, en passant, que la Madone elle-même est en ce moment à la *National Gallery,* prêtée par M. Pierpont Morgan ; elle fut, comme la prédelle, vendue par les nonnes, mais à la famille Colonna d'où elle passa dans la collection de François Ier, roi de Naples et enfin par l'entremise de M. Ch. Sedelmeyer, dans celle du milliardaire américain.

Après la Vierge d'Orléans la plus belle, la plus séduisante, à notre humble avis — nous entendons ne parler que des Raphaël du Palais-Royal — est la *Madonna della Torre*, appelée aussi *Madonna Mackintosh*, laquelle, en 1906, est venue se réfugier à la *National Gallery ;* elle appartient à la période romaine (1513-1514). Le faire en est très vaporeux, c'est presque une esquisse. La Vierge et l'Enfant sont vus de face, sans auréoles ; la mère, de la main droite, entoure la taille de Jésus ; de la main gauche, elle tient le pied droit du bambino. Elle est vêtue d'un corsage gris perle, d'où sortent des manches rouges, et d'une jupe verte ; sa tête est

LA VIERGE ET L'ENFANT
Tableau peint par Raphaël
(Collection du comte d'Ellesmere. — Bridgewater House, Londres)
Photo Hollyer. — Londres

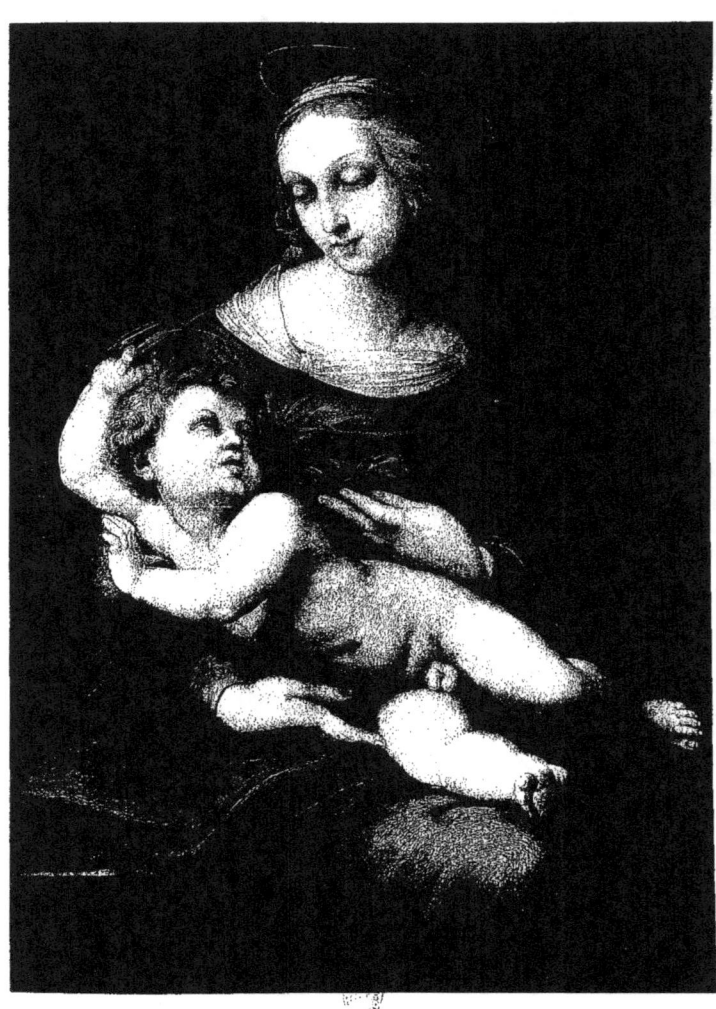

enveloppée d'un voile presque imperceptible. Rien de plus délicat que les lignes et la couleur de ce groupe qui a pour fond un léger paysage à peine indiqué. On y distingue, à droite, une tour qui se reflète dans un lac, ce qui explique la dénomination du tableau. Au xviii° siècle quelques critiques ont jugé « par l'air de la tête de la Sainte Vierge » que ce Raphaël pouvait être un Timoteo Viti; Mariette qui rapporte cette opinion ne semble guère y ajouter foi, et il a raison. Ingres s'est inspiré de cette Vierge pour son *Vœu de Louis XIII*. La *Madonna della Torre* fit partie du cabinet de Samuel Rogers avec le *Noli me tangere* du Titien ; c'est une étape qui compte dans la vie d'une œuvre d'art. Banquier et poète, ami de Lord Byron et de Macaulay, Rogers vivra plus comme connaisseur que comme auteur de poèmes déjà oubliés. Ses généreux legs à la *National Gallery* sauveront sa renommée.

Cela fait dix Raphaël sur les seize qui étaient chez le Régent. Les six qui restent étaient des copies : la *Vierge de Lorette*, le *Portrait de Jules II*, le *Saint Jean dans le Désert*, le beau saint Jean ainsi qu'on l'appelait, et la *Vision d'Ézéchiel*, ou des attributions douteuses : la *Vieille de profil* et le portrait supposé de *Bindo Allonasi* (sic) qui laissèrent rêveur le brave Passevant. Ce dernier portrait s'est retrouvé depuis, nous l'avons mentionné dans notre chapitre de l'École de Venise en parlant de Sebastiano del Piombo.

En somme le duc d'Orléans pouvait être fier de ses Raphaël ; plusieurs d'entre eux ont doublé le cap périlleux de la critique et restent indiscutables.

JULES ROMAIN

Nous ne saurions rien dire des *Trois Grâces* de Polidore de Caravage ; Dubois de Saint-Gelais nous apprend qu'elles avaient une couleur rougeâtre et la gravure d'Hubert montre que le peintre s'était inspiré d'un groupe antique. Mais voici Jules Romain. Les tableaux de chevalet de cet artiste que possédait le Régent ne sont pas dignes de sa réputation. L'*Enfance de Jupiter* (National Gallery) et la *Nourriture d'Hercule* (Bridgewater House) ne sont que des documents qui prouvent combien le décorateur du palais du

Té était mal à l'aise quand il n'avait pas un grand espace à remplir de son prolifique pinceau. Les six petites frises (quatre sont à la *National Gallery*) ont été rendues à Rinaldo Mantovano, élève de Jules Romain. Mariette les attribuait déjà à Schiavone, il disait : « C'est son goût de dessin incertain et incorrect, mais plein d'esprit. » Au nom près, Mariette avait raison, ces esquisses oblongues, fort noircies, toutes pleines d'innombrables personnages, évoquent la *Prise de Carthagène,* la *Continence de Scipion* et deux épisodes de la guerre des Sabins. Elles provenaient de Christine de Suède ainsi que cinq cartons de tapisseries peints à la détrempe, racontant les amours de Jupiter. Buchanan écrit, en 1824, que ces cartons appartiennent à « une vieille dame de Paris ». Le renseignement est vague. Les estampes de la *Galerie du Palais-Royal* nous permettent de constater l'allure fort libre de ces compositions, analogues en cela à plusieurs des fresques de Mantoue.

MAÎTRES DIVERS

Du Baroche, si apprécié autrefois, qui, suivant l'expression de Reynolds, peignait des personnages nourris de roses, rien ne saurait nous retenir, non plus que du Josépin *(il Cavaliere d'Arpino).* Domenico Feti figurait dans la collection avec une *Fileuse,* réplique de celle du Louvre. A propos de cette *Fileuse,* il est curieux de relever une supercherie du graveur (Patas), chargé par Couché de reproduire ce panneau. Il n'avait plus sous les yeux la réplique, il s'avisa que le tableau du cabinet du Roi pourrait le remplacer, sans songer à un petit détail insignifiant, c'est qu'on y voit deux lapins, au lieu et place d'un chevreuil qui distinguait la *Fileuse* du Régent. Patas se contenta d'interpréter la planche de Jean-Baptiste Scotin qu'il trouva dans le Recueil Crozat, laquelle planche reproduisait le tableau aux lapins. Il faut donc consulter la *Galerie du Palais-Royal* avec circonspection et ne pas trop s'y fier; cette publication, commencée en 1786, et parachevée en 1806, dura vingt années, se fit dans les circonstances les moins favorables, d'après des dessins souvent infidèles que les burinistes ne purent contrôler à partir de 1791, époque à laquelle Philippe-Égalité vendit ses collections.

Un *Paysage* de Pierre de Cortone, chez le duc de Devonshire, a piqué la curiosité si éveillée de Waagen qui le signale comme quelque chose de rare et de remarquable. C'est une grande étendue de pays avec une rivière coulant entre des collines, et des gens qui conduisent des charrettes. L'exécution du tableau est très soignée, dit-il, mais le ton général est plutôt froid et monochrome. Le même critique voit chez Samuel Rogers un *Portement de Croix* d'Andrea Sacchi, « admirable spécimen de ce maître, » redevenu célèbre depuis qu'on s'est avisé que le somptueux portrait du marquis del Borro (Berlin), jusqu'ici attribué à Velazquez, était probablement de lui. Soit dit en passant, c'est par l'art du portrait que les Italiens du xviie sont appelés à revivre et à se faire pardonner leurs ennuyeuses compositions.

Les peintures du Bernin sont introuvables aujourd'hui. Dubois de Saint-Gelais en note deux. Nous en avons reconnu une à Stafford House sous le nom de Benedetto Gennari, c'est une tête de *Contemplatif,* étude bien simple, en effet, et l'on se représente mal le vaniteux architecte et le pathétique sculpteur faisant œuvre aussi sage et aussi modeste. De Cerquozzi (Michel-Ange des Batailles) une petite *Mascarade* nous est connue par la gravure de J. Couché, on y devine une amusante interprétation italienne des tableautins flamands ; on sait que Cerquozzi se déracina et se mit à l'école de Peter van Laar, dit Bamboche.

Enfin Carlo Maratti est le dernier des Romains qui figure au Palais-Royal. Sa *Galatée* eut les honneurs du Recueil Crozat et du burin de Jean Audran. L'estampe nous fait entrevoir une très décorative conception qui eut certainement une influence sur notre François Boucher, lequel fréquentait la galerie d'Orléans, puisqu'on a découvert les belles copies signées qu'il y fit de deux Véronèse : *la Sagesse, compagne d'Hercule*, et *l'Homme entre le Vice et la Vertu*. Ces copies sont parties pour l'Amérique ainsi que les originaux et ornent déjà sans doute quelque fastueux palais du Nouveau Monde.

ÉCOLES FLORENTINE, LOMBARDE ET FERRARAISE

Les Florentins n'étaient pas les élus du Régent ; leur idéalisme, si souvent opposé au sensualisme de Venise, n'allait pas au cœur du prince qui pensait juste le contraire de ce que pensait un dilettante du xixe siècle. Communiquant à un ami ses impressions sur le Titien et sur Véronèse, Renan écrivait : « Il y a du caprice, de la fantaisie, fantaisie ravissante, caprice plein de charme [chez les Vénitiens] mais ce n'est pas le beau pur et sans manière..... Il me confirme dans mes vieilles préférences pour les écoles ombrienne et toscane ; ce matérialisme vénitien, ce manque de noblesse et de beauté me choquent particulièrement dans les tableaux religieux. »

LÉONARD DE VINCI

Deux grands noms florentins brillaient dans le catalogue du Palais-Royal : Léonard de Vinci et Andrea del Sarto. Malheureusement, il faut les effacer, leurs œuvres ne sont que des œuvres d'élèves, mais d'un élève du Vinci que ne doit-on attendre ? Bernardino Luini sera une sérieuse consolation puisque aussi bien c'est à ce charmeur que l'on rend au moins l'un des Léonard.

Cette *Tête de jeune femme* qui ressemble comme une sœur à l'ange (de droite) de la Vierge aux Rochers (réplique de la *National Gallery*) est une des belles choses de Bridgewater House ; si l'on ne peut vraiment y voir le peintre de la *Joconde*, on y reconnaît du moins l'un de ses modèles préférés. Pour M. Berenson, qui a bien voulu me communiquer ses notes inédites, c'est un original très restauré ou simplement une ancienne copie ; cette peinture, m'écrit-il, ne peut remonter jusqu'à Léonard, mais elle peut descendre jusqu'à Luini — pardonnons au subtil critique cette légère pointe de dédain. La facture est un peu mince, il est vrai, et, après un examen attentif, il faut baisser pavillon. Le dessin demeure exquis et rend à merveille l'angélique expression de la jeune femme.

TÊTE DE JEUNE FILLE
Tableau peint par Bernardino Luini
(Collection du comte d'Ellesmere. — Bridgewater House, Londres)
Photo Hollyer. — Londres

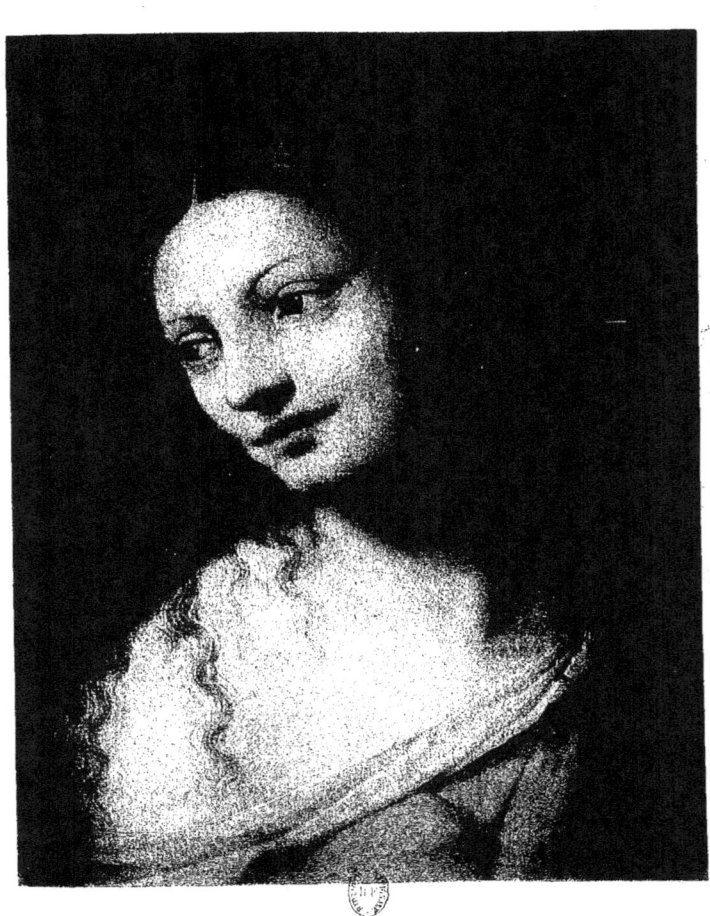

L'autre pseudo-Vinci est plus connu, il est à Pétersbourg (Ermitage) et semble très léonardesque au premier abord. C'est la *Colombine,* ainsi appelée parce qu'elle tient une ancolie, nom savant de la Colombine ou fleur du parfait amour. Paul Mantz se demandait : « Pourquoi l'appelle-t-on la Colombine, cette jeune femme qui, somptueusement vêtue d'une robe blanche brodée de jaune et, le sein à demi découvert, sourit en regardant une fleur? Nul ne l'a jamais dit, et sans doute on l'ignorera toujours. » Il suffisait pourtant d'ouvrir le bon Littré pour avoir la savoureuse explication de cette petite enigme. « Mais cette inconnue, ajoute Mantz, a bien l'air de venir de Milan : elle a les lèvres et les yeux des enchanteresses de Léonard et naturellement elle lui est attribuée. »

Waagen, avant Mantz, interrogea la mystérieuse et captivante personne. Il risque deux noms : Luini ou Andrea Solario. Depuis, Morelli a soulevé un autre problème bien plus délicat que celui du titre traditionnel de ce tableau, il a assimilé le peintre de la Colombine au peintre de *Vertumne et Pomone,* du Musée de Berlin, créant pour la Renaissance ces dénominations réservées jusqu'ici aux primitifs qu'on a été obligé de désigner sous les noms de *Peintre de la mort de la Vierge, Peintre des demi-figures,* etc.

Or, quand *Vertumne et Pomone* étaient à Paris, au commencement du xviiie siècle, chez le duc de Saint-Simon, le tableau portait une inscription en lettres grecques : *Francesco Melzi, gentilhomme milanais;* il était donc attribué à cet ami, élève et héritier de Léonard. On sait fort peu de chose de Francesco, il est célèbre surtout pour avoir accompagné le Vinci à Rome et en France ; le grand artiste expira dans les bras de ce jeune homme au château de Cloux, près d'Amboise. L'œuvre cependant fut débaptisée, elle fut vendue à Frédéric II et cataloguée à Sans-Souci comme un Vinci. En 1830 on revint au nom de Melzi.

Les mérites de ces tableaux de Berlin et de Pétersbourg sont incontestés, mais l'on se demande comment un peintre de ce talent ne nous ait laissé que deux œuvres, un peintre qui a vécu au moins soixante-quatorze ans! On peut répondre que Melzi, riche et patricien, n'a travaillé que par boutades, nullement en professionnel. Mais là encore un point d'interrogation : comment un amateur a-t-il pu arriver à cette maîtrise? C'est la même main qui a exécuté les deux tableaux, cela reste acquis et rien d'autre..... en attendant qu'on trouve d'autres points de comparaison.

Du troisième tableau nous n'avons que deux courtes descriptions, l'une dans l'*Inventario* de Christine : « *Ritratto con berretta nera,* » l'autre dans Dubois de Saint-Gelais : « Un portrait, peint sur bois, haut d'un pied un pouce, large de dix pouces. Figure de petite nature. C'est une jeune fille dont la coiffure est bizarre et qui a une collerette. Le fond du tableau est brun. » Ce portrait avait déjà disparu en 1788.

Ajoutons que, dans la *Galerie du Palais-Royal,* figure comme du Vinci, une *Hérodiade en pied* que Dubois de Saint-Gelais avait décrite sous le nom d'Andrea Solario. C'est là une des nombreuses négligences de Couché qui se plait ainsi à égarer les recherches.

ANDREA DEL SARTO

M. Corrado Ricci a reconnu dans la *Léda* du Musée de Bruxelles, qui, dans les collections Aufrey, Lucien Bonaparte, Niewenhuys et Romzée, passait pour être d'Andrea del Sarto, la marque d'un des bons élèves du maître : Domenico Puligo. La composition est gracieuse et ressemble à celle de la Léda léonardesque de la Villa Borghèse ; dans les deux œuvres la femme est debout, toute nue, embrassant le cygne d'un geste devenu chaste. Au bas du tableau de Bruxelles sont groupés les quatre enfants nés de Léda : Castor, Pollux, Hélène et Clytemnestre, au milieu des coquilles d'où ils sont sortis. Ce n'est pas là une idée très heureuse, elle veut être poétique et ne l'est guère.

Qu'est devenue la *Lucrèce* se poignardant, du même Andrea del Sarto? (L'estampe de N. Le Mire nous fait à peine regretter sa disparition.) Elle a passé dans la vente Edward Solly à Londres, en 1847. Cette grande figure nue, contorsionnée ne saurait être d'un peintre de Florence.

ALLORI

Après ces pseudo-Vinci et ces pseudo-Andrea del Sarto on ne trouve chez le Régent que cinq autres Florentins qui aient affronté le voisinage de l'exubérance vénitienne. Quatre d'entre eux : Rosso, Daniel de Volterre, G. Vasari et Orazio Lomi de' Gentileschi nous échappent. Mais une œuvre importante d'Alessandro Allori, neveu du Bronzino, a survécu, elle est au Musée de Montpellier depuis 1887, la municipalité l'a payée dix mille francs à M. Cros, de Paris. C'est *Vénus et l'Amour*. Dubois de Saint-Gelais a fort agréablement décrit ce tableau : « La déesse est couchée de côté sur sa draperie qui est verte, elle a désarmé l'Amour qui la regarde tendrement et semble vouloir faire effort pour reprendre son arc..... On voit deux colombes sur des roses qui se baisent amoureusement et au bas la pomme d'or. Le fond représente une roche percée en arcade avec de grands arbres fort touffus, au haut à gauche est un bout de paysage dans le lointain. » M. Louis Gonse juge *Vénus et l'Amour* en critique très averti. « C'est un morceau de belle tournure, dit-il, et capital dans l'histoire de l'école italienne, à la fin du xvie siècle ; je me demande même si ce nu remarquable, d'une saveur si harmonieuse sur son fond de draperie verte, — je dis remarquable, en me plaçant, bien entendu, au point de vue de l'art florentin décadent, — n'est pas le plus agréable tableau sorti de la main du neveu du Bronzino, et peut-être le meilleur qu'on puisse citer de cette époque. » Cette acquisition fait honneur à la ville de Montpellier qui, grâce à des dons généreux et des sacrifices d'argent, a su former l'un des plus sérieux de nos musées provinciaux.

LE CORRÈGE

Avec l'école lombarde nous avons d'autres noms célèbres et d'autres problèmes intéressants. Au milieu des fluctuations de la mode — impérieuse en matière d'art comme ailleurs — le Corrège a toujours gardé son prestige, soit que ses tableaux fussent rares, soit que vraiment les amateurs aient toujours senti la beauté de ses *créations*. Car c'est bien le mot qui convient aux œuvres de celui qui, pour nous servir des expressions d'Annibal Carrache, est original entre tous. Une des preuves que nous ayons de l'attrait qu'exerçait le Corrège au xviiie siècle, tout comme à l'heure actuelle, c'est la demande que fit un jour à Louis XV le marquis de La Enseñada. On avait besoin à la Cour de Versailles de l'appui de ce ministre espagnol, et le marquis de Duras, ambassadeur de France à Madrid, lui proposa un cadeau. Le marquis eut l'audace de demander un tapis de la Savonnerie et quelques tableaux du Corrège! Le roi fit répondre qu'il accordait volontiers le tapis, mais que pour les Corrège, comme il n'en avait que « deux ou trois qui sont très grands et très beaux, » il ne voulait pas s'en défaire parce qu'on ne pouvait les remplacer. Il est fort heureux, pour notre Salon carré, surtout aujourd'hui, que ni l'*Antiope,* ni le *Mariage mystique de sainte Catherine* ne soient partis pour l'Espagne en 1753.

Trois des tableaux corrégiens du Palais-Royal sont justement fameux; ils ont eu des malheurs, aussi ont-ils une assez longue histoire.

Le fils du Régent fut un dévot personnage; veuf de bonne heure, il chercha dans la piété les consolations religieuses et se réfugia, loin du monde, loin de ses palais, chez les Génovéfains de la Montagne de Sainte-Geneviève, dans une maison assez simple qui existe encore rue Descartes et sert de presbytère aux ecclésiastiques de Saint-Étienne-du-Mont. C'est là qu'il mourut en 1752 laissant le souvenir d'un chrétien exemplaire et d'un homme à scrupules, « chaste fils d'un père qui ne l'était pas ». Il pensait ainsi expier les égarements paternels. Louis d'Orléans ne se contenta pas de prier, il fut iconoclaste mais pas au point que le veut une légende fort accréditée par les compilateurs, tels que Vatout et consorts. Des uns aux autres les tableaux détruits par le prince augmentent en nombre et l'on en arrive au chiffre de quarante. Ce que l'on ne dit pas, c'est que la pruderie du Génovéfain se manifesta aussi d'autre façon. L'inventaire dressé après sa mort nous fait voir qu'il relégua certaines toiles dans un petit corridor du Palais-Royal. Les Danaé, les Vénus, les Léda y voisinaient avec les chastes Suzanne, les trois Grâces et les Salmacis. Cependant on trouve dans la seconde pièce « en suite du Salon » (petit appartement) les *Danaé* du Corrège et de Rottenhammer et la *Léda* de Véronèse.

Mais documents d'archives en main, la vengeance du prince s'exerça sur deux tableaux seulement : l'*Io* et la *Léda* du Corrège.

On connaît Io et ses divines amours : Jupiter, afin d'éviter les querelles de Junon, s'enveloppe d'un nuage et séduit, sous cette forme, la jeune beauté dont il est épris. Dans la composition du Corrège Io assise est vue de dos, elle se dégage peu à peu de la nuée olympienne et de l'étreinte d'une main ; l'expression de son visage, tourné de profil, dit l'extase et l'enivrement. Le fils du Régent ne pouvait supporter la vue de ce poème païen, malgré la beauté esthétique dont le génie de l'artiste l'avait paré ; il lacéra la tête d'Io.

L'aventure de Léda est aussi navrante, la déesse n'échappa point à la fureur du prince : même profanation, mais plus grave, puisque la toile représentant plusieurs personnages, compagnes de Léda, aussi nues qu'elle-même, fut coupée en trois ou quatre morceaux.

Charles-Antoine Coypel qui était directeur de la Galerie d'Orléans s'empara de ces épaves, pansa les blessures des deux victimes et garda chez lui ces tableaux qui furent vendus, en 1753, quelques mois après sa mort. L'*Io* fut acquise par M. Calabre l'aîné, la *Léda* par M. Pasquier, député du commerce de Rouen. La première fut réparée encore une fois par Deslyens, de l'Académie royale de peinture, la seconde par Collins, chargé de l'entretien des tableaux du roi.

Le duc d'Orléans n'étant plus de ce monde, les gazettes, bavardes comme toujours, révélèrent ces incidents. *Le Nouvelliste économique et littéraire* d'octobre 1754, publié à la Haye, nous montre « tous les savans et les curieux en peinture » allant « en foule contempler le chef-d'œuvre *(Léda)* chez M. Pasquier, rue de Richelieu, près la rue Villedo ». Aussi la réputation européenne de ces Corrège doubla-t-elle d'intérêt : l'esthétique avait sa part, mais aussi la curiosité ; quand ils furent à vendre les limiers de Frédéric II étaient à l'affût. Le 10 mars 1755 (vente Pasquier) la *Léda* fut adjugée 21.060 livres au comte d'Epmaille, mandataire du roi de Prusse. Peu après l'*Io* passa également dans les collections de Sans-Souci.

Ils n'étaient pas finis les déboires des deux beautés. La tête de Léda fut repeinte encore une fois, vers 1830, par Schlesinger, artiste berlinois. L'*Io* fut plus heureuse dans sa détresse, elle revint à Paris en 1808 comme butin de guerre; elle fut aussi retouchée, mais le peintre chargé de cette besogne n'était-il pas digne de collaborer avec le Corrège, puisque c'était Prud'hon? En 1815, l'*Io* fut rendue à la Prusse, elle est aujourd'hui, avec la *Léda,* au Musée de Berlin, où l'on s'aperçut enfin que c'était une copie, excellente du reste et ancienne, dont l'original, moins bien conservé, est à Vienne. Mais la valeur de cette copie, toute copie qu'elle soit, n'est-elle pas singulièrement augmentée par la caresse du pinceau de Prud'hon, le seul artiste qui, vraiment sans profanation, pouvait refaire le travail du maître de Parme dont il descendait en ligne directe?

L'*Io* et la *Léda* ne doivent pas nous faire oublier la *Danaé* qui par miracle échappa aux mauvais traitements que subirent ses sœurs, mais qui eut aussi ses déboires et connut les dédains. C'est, suivant Burckhardt, une des plus belles créations de tous les temps. M. Berenson en admire la lumière et voit, sur ce corps nu, passer un frisson de vie comparable au frisson qui fait rider la surface des eaux dormantes, lorsque passe la brise; et de cette impression il déduit une théorie des plus justes : « La maîtrise de la lumière explique la couleur du Corrège. La lumière est l'ennemie de la couleur bigarrée et trop nette, et là où elle triomphe elle tend à dissoudre les tons en une sorte de monochromie. Aussi les vrais peintres de la lumière n'ont-ils jamais été jolis et séduisants *(pretty and attractive)* quoique, en vertu de cette loi, ils aient été des coloristes. Cependant, tout en n'hésitant pas, à cet égard, à placer le Corrège au-dessus de Raphaël, on doit le placer au-dessous du Titien. »

Cette *Danaé* fut commandée au peintre, en même temps que la *Léda,* par le duc Frédéric II de Mantoue. Les deux tableaux furent offerts à Charles-Quint, peut-être à l'époque de son couronnement à San Petronio de Bologne (1532). L'empereur, sans doute lors de sa pieuse retraite et de

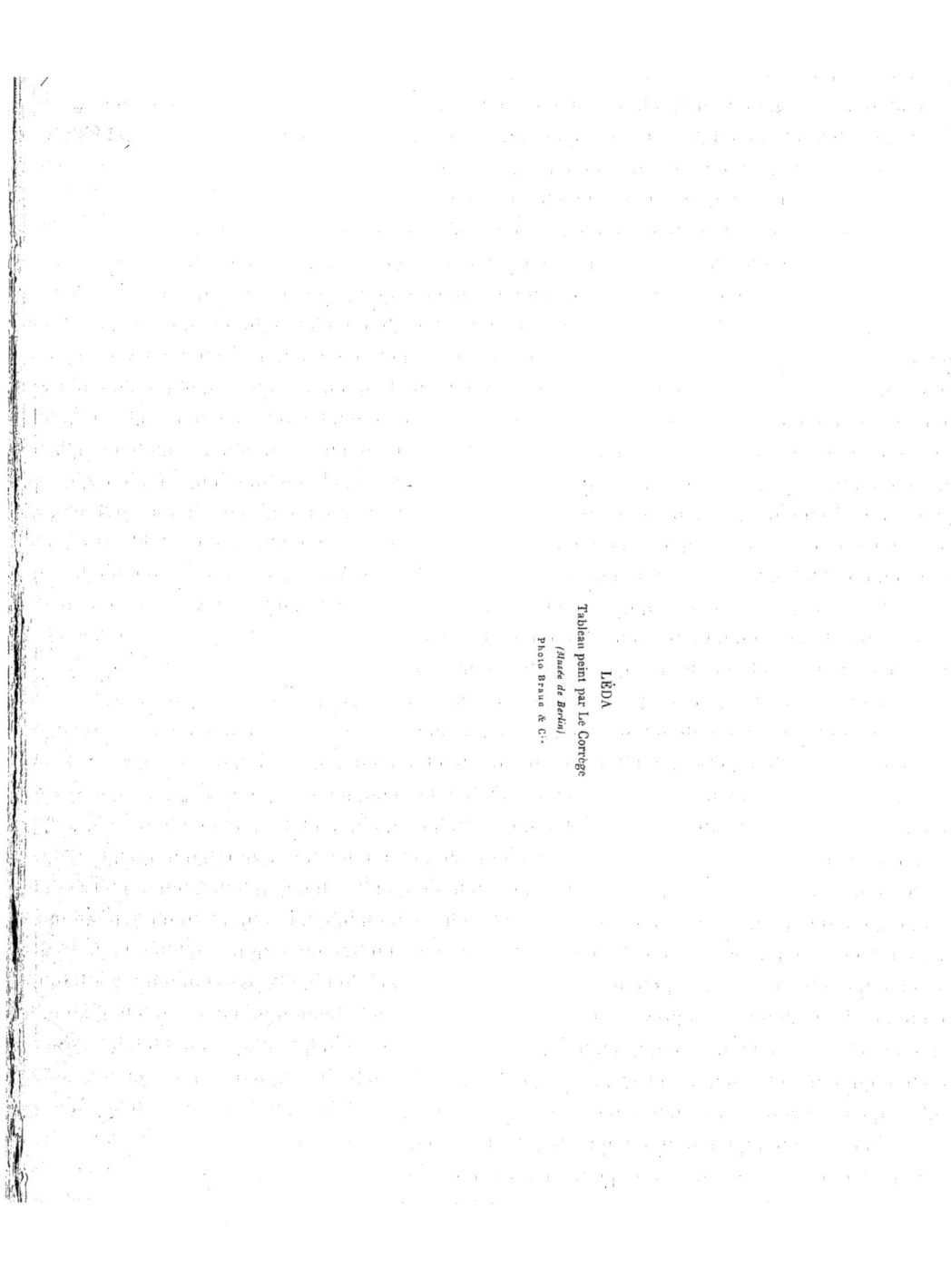

LÊDA
Tableau peint par Le Corrège
(Musée de Berlin).
Photo Braun & Cⁱᵉ.

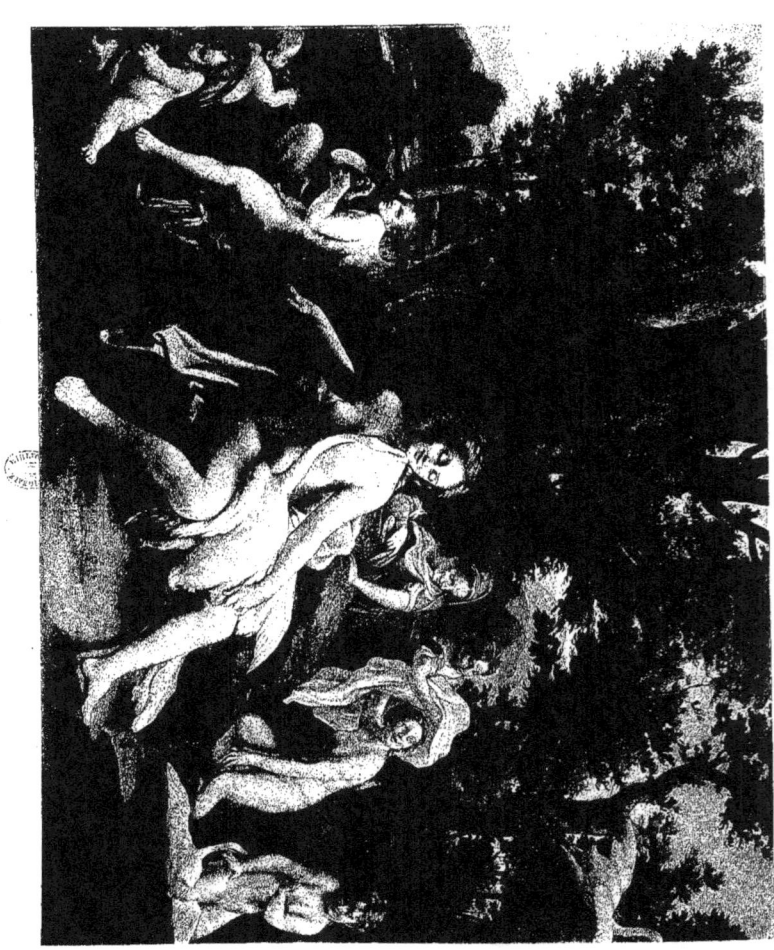

son grand renoncement, en fit cadeau à son sculpteur, Leone Leoni. C'est chez cet artiste que Lomazzo les voit, vers 1590. De là les déesses vont à Prague, chez Rodolphe II, dans le palais du Hradschin. On sait qu'elles devinrent la propriété de Christine de Suède et qu'avec cette reine, après un séjour à Stockholm, elles retrouvent une seconde fois le ciel d'Italie pour être enfin vendues au Régent. Mais tandis que *Léda,* grâce à ses mutilations, s'en va en Prusse, *Danaé* reste à Paris et, vers 1791, passe le détroit. Elle ne trouve pas d'acquéreur en Angleterre avant 1800. Sur une estimation de mille guinées (26.250 fr.) elle est adjugée six cent cinquante guinées (17.062 fr. 50) à Henry Hope. A la vente de ce dernier (1816) elle ne dépasse pas l'enchère de deux cent cinquante livres sterling (6.250 fr.), et revient à Paris. C'est là que le prince Borghèse, sans doute bien conseillé, l'achète et, pour la troisième fois, la rend à sa terre natale où tous les pèlerins d'art vont lui rendre hommage. En ces dernières années, un de nos prix de Rome, M. L. Pénat, s'est attaqué à ce morceau entre tous difficile et, après plusieurs mois de travail devant le chef-d'œuvre lui-même, nous a donné une eau-forte burinée d'un rendu merveilleux qui respecte toutes les délicatesses des valeurs et toute la beauté du dessin.

Jamais, croyons-nous, aucune toile n'a vu et revu tant de climats différents, pas même la *Bella Schiavona* du Titien. C'est un exemple extraordinaire des migrations auxquelles trop de tableaux sont exposés. La pauvre Danaé a voyagé dans toute l'Europe, par terre, par eau, sous le soleil, sous la pluie, en des temps où les dangers nous semblent extrêmes, mais n'étaient pas plus fréquents que de nos jours, et deux fois elle a été témoin de circonstances tragiques : le sac de Prague et la Révolution.

A propos de l'*Éducation de l'Amour* se pose une question assez complexe. Le tableau du Palais-Royal se trouvait à Paris, en 1830, chez le chevalier Sébastien Erard, il est aujourd'hui au château de la Muette, chez le comte de Franqueville où nous avons pu le voir. Il représente un groupe, presque de grandeur naturelle, de trois personnages : Mercure, qui n'a pour tout vêtement qu'une légère draperie, son pétase et ses sandales, est assis et montre à lire à Cupidon, debout près de lui, tandis que Vénus — une Vénus ailée — tient l'arc de l'Amour et apparaît souriante, semblant attendre que la leçon soit finie. Le tableau a pris, avec le temps, une couleur dorée et chaude. Mais doit-on tout dire, l'inventaire dressé, en 1785, après la mort du duc d'Orléans, père de Philippe-Égalité, nous révèle que le tableau ne fut prisé que trois mille six cents livres, « comme tout repeint ». Ce « tout repeint » ne se voit plus. Est-ce la patine qui a rendu homogène cette réfection complète? Il est difficile de répondre. Une chose certaine c'est que l'œuvre est saisissante et d'une grande beauté.

La *National Gallery* possède une *Éducation de l'Amour,* dont l'aspect général diffère du tout au tout (quoique la composition soit identique) par la couleur restée fraîche et claire. La toile du comte de Franqueville a fait partie de la collection de Christine de Suède, celle de la *National Gallery* peut être non moins fière d'avoir appartenu au duc de Mantoue et à Charles Ier depuis 1630. A la vente du malheureux roi, elle fut achetée par le duc d'Albe, puis devint la propriété successive du prince de la Paix, de Murat, de sa veuve et du marquis de Londonderry. Celui-ci vendit l'*Éducation de l'Amour* (1831) au Musée de Londres. A peine serait-il besoin de ces brevets de noblesse à contenter tous les d'Hozier du monde pour décider de l'authenticité de l'œuvre — à la première vue, on se sent en présence de l'original même.

Mais comment expliquer la maîtrise incomparable du tableau de la Muette ? Est-ce une réplique ? C'est mieux que cela. Ici les documents d'archives emportent la palme, ils nous permettent de voir renaître de ses cendres un tableau que l'on croyait perdu, dont tour à tour ont parlé Armand Baschet, Max Rooses, Émile Michel sans être parvenus à l'identifier, tout en fournissant de précieuses pistes.

Le 30 septembre 1605, le duc de Mantoue (Vincent de Gonzague) annonce à Aderbale Manerbio, son envoyé auprès de l'Empereur (Rodolphe II) à Prague, qu'il lui adresse deux copies du Corrège, *fatte tutte due di mano del Fiamingo* (toutes deux faites par le Flamand) le priant de les remettre de sa part à Sa Majesté Impériale.

Manerbio répond de Prague, le 24 octobre, par l'intermédiaire du ministre de Mantoue (Annibale Cherpio) : « *Sono finalemente arrivate le copie delle pitture del Corregio... le ho mandate a S. M^{tà} le quale le ha trovato carissime e ringratia S. A......* (les copies des tableaux du Corrège sont enfin arrivées...... je les ai envoyées à Sa Majesté qui les a trouvées très charmantes et remercie Son Altesse [le duc de Mantoue].)»

Ce Flamand? C'est Rubens qui, sur le désir de Rodolphe II, s'était mis au service de Vincent de Gonzague en cette année 1605, expressément pour exécuter ces copies. Les sujets ne sont pas indiqués, mais en consultant l'inventaire des tableaux du duc de Mantoue en 1627, publié par le comte d'Arco, nous notons trois Corrège, dont notre *Mercure, Cupidon et Vénus*. Cette composition fut-elle copiée par Rubens ? Il n'y a pas de doute. Les inventaires sont là, malheureusement sans noms de peintres : celui de Prague porte *Mercuriuss* (sic) *Venus und Cupido* (n° 253) et l'*Inventaire des raritez qui sont dans le cabinet des antiquitez de la Sérénissime Reyne de Suède*, rédigé en 1652, à Stockholm, par le marquis du Fresne, sur l'ordre de Christine, nous indique comme venant de Prague : « 87, Mercure, Vénus et un Cupidon. » La preuve n'est-elle pas faite ?

Le Corrège de M. de Franqueville est donc un superbe Rubens. L'érudit collectionneur peut se consoler d'avoir en partage une aussi brillante interprétation d'un chef-d'œuvre due à un pareil maître. On s'explique ainsi l'impression que produit cette copie, même quand on n'est pas prévenu, comme cela nous est arrivé, nos recherches n'ayant été faites qu'après notre visite à la Muette. En somme, Guibert, en 1720, avait vu juste, nous avons cité son opinion : il mentionne les retouches qui déguisent l'œuvre, mais, comme nous, il est d'avis que c'est « un très beau morceau ».

Une *Sainte Famille,* peinte sur bois, « figures de dix-huit pouces », a passé chez Samuel Rogers. Au moment de la vente du poète, en décembre 1855, l'Athenæum disait de ce tableau : « Extraordinaire Sainte Famille du Corrège, remarquable par sa puissance de facture et son dessin incorrect, probablement une œuvre authentique de sa jeunesse. » Tout ce que nous savons de plus c'est que ce panneau fut alors adjugé 250 livres sterling (6.300 fr.) à Stuart et qu'il avait coûté 53 liv. sterl. 11 sh. à Rogers (1.336 fr. 25).

Quant au portrait de César Borgia, l'attribution est invraisemblable, le prince étant mort en 1507 et le Corrège étant né en 1494. Charles Yriarte vit encore ce tableau à Deep Deen, chez H. Thomas Hope, en 1899. Depuis, cette collection a été dispersée. D'après le costume, le personnage représenté est de 1530 ou de 1540. C'est un des nombreux pseudo-César Borgia qui courent le monde.

Ni une *Madeleine repentante*, ni le *Rougeaud* n'ont survécu. Le *Mulet*, au contraire, se voit à Stafford House; ce serait, paraît-il, une enseigne peinte par le Corrège encore très jeune pour payer son écot. Ces historiettes ont quelque crédit en Angleterre, on les propage volontiers. Le tableau est franchement mauvais ; on s'étonne de voir Waagen affirmer qu'il est traité avec une grande maîtrise.

Les autres Corrège ne sont plus du Corrège, à savoir : *la Vierge au Panier*, de Bridgewater House, qu'on croit être de Schidone (le vrai tableau est, malgré sa petitesse, un des joyaux de la *National Gallery*), le *Noli me tangere* dont l'original, offrant de grandes variantes, est à Madrid, et les *Études de têtes*, esquisses d'atelier pour une fresque plafonnante *(National Gallery)*.

LE PARMESAN

On attribuait aussi au maître de Parme *l'Amour qui travaille son arc*, il fut restitué au Parmesan (Francesco Mazzola); c'est sous ce nom qu'il est catalogué à Bridgewater House, mais il est reconnu que l'original du Parmesan est au musée de Vienne *(der Bogenschnitzer)* et qu'il était déjà dans cette ville, lors du sac de Prague, point de repère qui met fin à toute discussion. Le tableau de Christine est donc encore une copie, et, s'il faut en croire le baron de Bild, ce ne serait même pas une copie italienne, mais une copie allemande due à Joseph Heinz, peintre favori de Rodolphe II — on voit de Heinz une *Vénus couchée*, assez gauche et laide, à la Galerie impériale de Vienne. Tout cela est très vraisemblable, l'Empereur avait l'habitude de faire reproduire même les tableaux de sa collection. Toutefois l'exemplaire de Christine et du Régent, encore que terne de couleur, avec ses ombres salies, mais d'un bon et vigoureux dessin, est mieux conservé que l'original. Que de complications réservait l'Empereur aux historiens d'art avec sa manie de répliques!

Waagen parle de deux autres Parmesan du Palais-Royal : *Lo Sposalizio,* « un des plus charmants tableaux de ce maître, la tête de l'Enfant est d'une rare beauté..... le dessin est délicat, la couleur éclatante » (collection du comte de Normanton), et l'*Éducation du Sauveur,* panneau de forme ronde, « d'un sentiment incomparable, plus naturel que d'habitude ». (Collection H. A. J. Munro.)

NICCOLO DEL' ABBATE

Les œuvres de chevalet de Niccolo del' Abbate se comptent, cet artiste ayant peint surtout à fresque à Fontainebleau ou dans les environs, sous la conduite de son maître, le Primatice. L'*Enlèvement de Proserpine* (Stafford House) est fort intéressant. Dans un paysage azuré et diaphane, baigné par une rivière sinueuse, on voit, à gauche, six nymphes à demi dévêtues qui, effarées, regardent Proserpine soulevée de terre par Pluton. Les draperies bleues de la déesse et les draperies rouges de son ravisseur s'agitent et se mêlent aux tons des chairs très harmonieusement. Les deux personnages forment un groupe plein d'élégance et d'envolée, copié sans nul doute d'après quelque bas-relief antique avec les retouches de l'art particulier de Fontainebleau, qui cherche l'attrait dans la gracilité des formes. S'inspirant des primitifs qui, dans le même tableau, aimaient à représenter les différentes scènes successives, comme cela se voit, par exemple, dans les Adorations des mages de tant de peintres florentins, Niccolo del' Abbate nous montre, au-dessus d'un rocher, le chariot attelé de quatre chevaux qui emporte Pluton et Proserpine.

PEINTRES DIVERS

De cet art raffiné, un peu précieux, nous arrivons, chronologiquement, au réalisme de Caravage; seules les estampes du Crozat et de la *Galerie du Palais-Royal* peuvent ici nous renseigner. Le portrait du peintre par lui-même, désigné dans l'*Inventario* comme *Il uomo che si specchia, penitente filosofo,* a bien l'aspect caractéristique du Caravage ; le sujet, du moins, dont on peut juger, nous permet de le dire. Cet homme vêtu de haillons que l'on voit de profil — mais aussi de face dans le miroir carré qu'il tient devant lui — nous rappelle cet art à idées concrètes ; le philosophe s'observe, il se scrute et va comparer son visage avec cette tête de mort posée sur un parchemin, sous le miroir, puis il écrira quelque phrase sonore sur la vanité des choses humaines et sur la nécessité de la pénitence.....

Un imitateur assez habile du Corrège, Bartolomeo Schidone, figure à Bridgewater House : sa *Vierge enseignant à lire à l'Enfant-Jésus* est un petit panneau d'un joli effet. Lanfranc ne saurait nous arrêter, rien ne nous reste de ses trois tableaux, pas même une gravure.

Il en est de même de Garofalo qui représentait l'École de Ferrare chez le Régent avec Scarsellino. L'unique toile de celui-ci, artiste beaucoup moins connu que son compatriote, est à Bridgewater House ; ses *Pèlerins d'Emmaüs* se font remarquer par la bizarrerie de la composition, mais aussi par des qualités de couleur vénitienne. Le Christ, coiffé d'un grand chapeau auréolé d'or, se révèle aux pèlerins qui se sont levés de table et expriment ainsi leur admiration. Les costumes, l'ameublement sont de la fin du xvie siècle ; quelques détails comme un essuie-mains tournant et une cuvette sur le plancher indiquent les recherches naturalistes de ce peintre. A travers une fenêtre ouverte se voit un paysage. Rien de banal ni de poncif dans ce tableau.

Tel est le bilan des écoles de l'Italie centrale : des Léonard inauthentiques mais non négligeables, un Allori qui a sa beauté, le plus célèbre Corrège du monde, et deux artistes absents du Louvre, Niccolo del' Abbate et Scarsellino.

ÉCOLES BOLONAISE, GÉNOISE ET NAPOLITAINE

De tout temps les moutons ont suivi, tête basse, l'exemple de leur chef de file ; l'apologie de Panurge et de son troupeau immortalise cette habitude.

SAINT JEAN PRÊCHANT
Tableau peint par P.-F. Mola
(Collection du duc de Sutherland. — Stafford House, Londres)

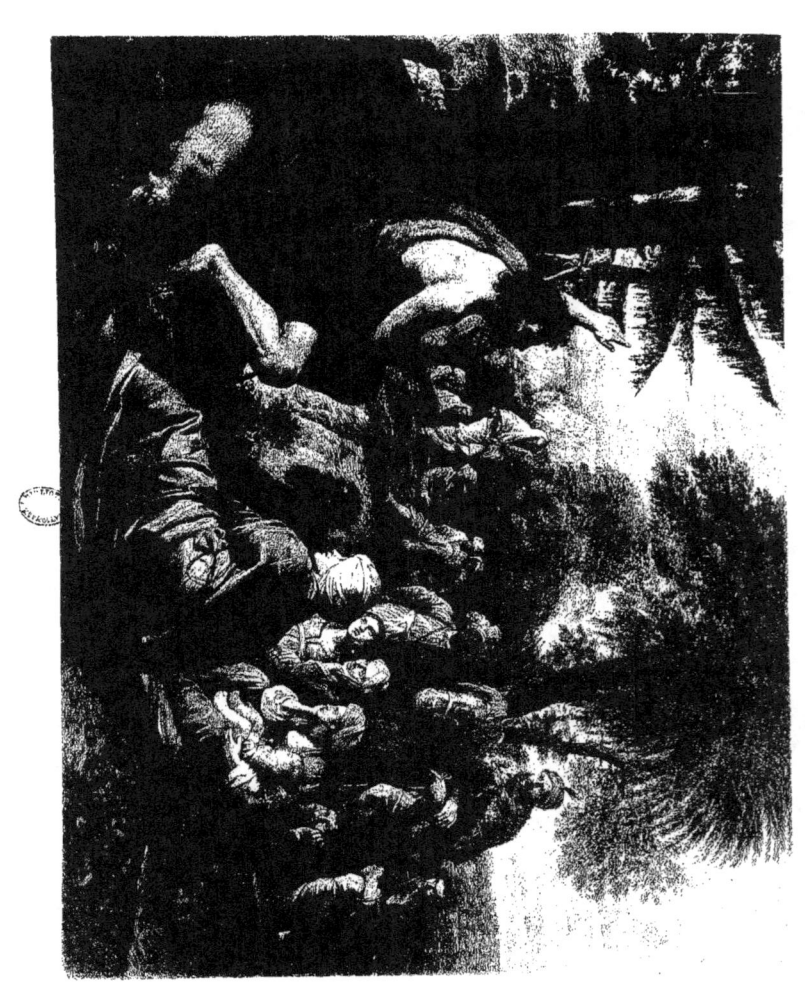

On a éprouvé le besoin de la désigner sous un vocable anglais, le snobisme, mais le mal n'est pas nouveau. Le succès des Bolonais est dû au plus pur snobisme.

Sans rechercher les causes de la fortune si longtemps durable des Carrache, on peut rappeler quelques jugements fameux portés sur leurs œuvres. « Louis Carrache, écrit le président de Brosses à son ami Quintin (1739), est assurément un peintre du plus grand mérite. Si on en excepte Raphaël et le Corrège, je ne connais point de grands maîtres supérieurs à lui, ni qui aient réuni à un même degré plus de parties de son art, soit que l'on considère son dessin et son coloris, soit que l'on fasse attention à la quantité de ses ouvrages et à la variété de leur composition. Il a, de plus, le mérite d'avoir formé l'école de Bologne, la plus agréable de toutes à mon gré, et celle qui a produit le plus grand nombre de fameux artistes : Annibal et Augustin Carrache, les deux Guido (Reni et Canlassi), le Dominiquin, le Caravage, le Guerchin, etc. » Cet enthousiasme dura plus de cent ans, enrôlant tous les amateurs d'art, Stendhal, entre autres, qui, lorsqu'il parle peinture, dit les choses les plus étranges du monde, puisées sans discernement dans tous les traités du *beau idéal*. Il n'entendait rien à la question et prenait plaisir à se l'expliquer à lui-même. Delaroche, ayant dans son hémicycle à réunir les chefs d'école, ne fait aucune place aux Carrache, seul des Bolonais le Dominiquin a grâce devant lui, la défaite est ainsi consommée au milieu du xix° siècle, mais précédée de quelle gloire !

Ces Carrache, techniciens exercés, pédagogues du pinceau, rhéteurs de l'esthétique, se disent capables d'égaler à *volonté* le Giorgione, le Titien, Véronèse, Michel-Ange, Raphaël et le Corrège ; ils trouvent sans peine des adeptes, et d'admirateur en admirateur, réunissent bientôt tous les suffrages européens. Les galeries se peuplent de leurs œuvres et ne comptent que par la quantité de Carrache qu'elles possèdent.

M. Marcel Reymond s'est fait courageusement l'historien et l'exégète de cette école, il a démontré que, par son sérieux, elle correspondait à la contre-réforme, à la renaissance religieuse provoquée par le Concile de

Trente, mais il est bien obligé, n'oubliant pas à quelles besognes libertines Annibal prêta son talent, de constater que les Carrache furent appelés à fonder un art chrétien à une époque peu propice malgré tout, et que leur tâche ils l'accomplirent avec leur raison plus qu'avec leur cœur. M. Marcel Reymond en arrive à une conclusion qui nous fait entrer dans le pire atelier, propagateur des pires semences, où se fabriquent les imageries pieuses inspirées, vivifiées encore de nos jours par des modèles bolonais. « Les dilettanti leur préféreront d'autres maîtres, mais eux ils conservent les secrètes faveurs de l'Église, et cela se comprend. L'école de Giotto, celle de Fra Angelico, aujourd'hui si justement admirées, sont d'un art encore inachevé et renferment en elles un principe d'archaïsme qui les rend incompréhensibles à la foule des fidèles. D'autre part, les peintures de la Renaissance, malgré leur beauté, peuvent déplaire parce qu'elles ne sont pas assez chrétiennes. C'est pour ces raisons que l'école bolonaise, plus savante que l'école de Giotto et plus chrétienne que l'école du xvie siècle, a conservé la faveur du monde chrétien. Il n'est, pour ainsi dire, pas un presbytère, pas un couvent, où l'on ne trouve quelque gravure d'une de leurs œuvres. Le nom de Carrache est encore populaire à l'égal de celui de Raphaël. » Cette page, publiée dans la *Revue des Deux Mondes*, en 1910, date un peu. Depuis presque dix ans, ne s'est-il pas créé une réaction, une nouvelle renaissance religieuse ? Et ne voit-on pas de jeunes artistes exprimer leurs pieux sentiments à la moderne et même des ecclésiastiques renier enfin la beauté factice des Bolonais ?

Le dernier triomphe des éclectiques fut l'Exhibition de Manchester, en 1857. *Les Trois Marie,* d'Annibal Carrache, eurent une vogue prodigieuse; était-ce parce qu'on savait que le comte de Carlisle avait payé ce tableau plus de cent mille francs, le plus haut prix qu'ait jamais atteint un tableau jusque-là ? C'est un apport sérieux pour expliquer l'ébahissement des snobs, mais le *sujet,* dramatisé avec adresse, était aussi coupable. Au xviiie siècle, Gérard Antoine de Halem, jeune Oldenbourgeois, notait dans son journal, après une visite à la galerie d'Orléans : cette *Descente de Croix* « est la plus grande parure de la collection..... La scène est touchante, elle arrache des larmes,

UNE SIBYLLE
Tableau peint par Le Dominiquin
(Collection Wallace. — Londres)
Photo Mansell. — Londres

Trente, mais il est bien obligé, n'oubliant pas à quelles besognes libertines Annibal prêta son talent, de constater que les Carrache furent appelés à fonder un art chrétien à une époque peu propice malgré tout, et que leur tâche ils l'accomplirent avec leur raison plus qu'avec leur cœur. M. Marcel Reymond en arrive à une conclusion qui nous fait entrer dans le pire atelier, propagateur des pires semences, où se fabriquent les imageries pieuses inspirées, vivifiées encore de nos jours par des modèles bolonais. « Les dilettanti leur préféreront d'autres maîtres, mais eux ils conservent les secrètes faveurs de l'Église, et cela se comprend. L'école de Giotto, celle de Fra Angelico, aujourd'hui si justement admirées, sont d'un art encore inachevé et renferment en elles un principe d'archaïsme qui les rend incompréhensibles à la foule des fidèles. D'autre part, les peintures de la Renaissance, malgré leur beauté, peuvent déplaire parce qu'elles ne sont pas assez chrétiennes. C'est pour ces raisons que l'école bolonaise, plus savante que l'école de Giotto et plus chrétienne que l'école du xvie siècle, a conservé la faveur du monde chrétien. Il n'est, pour ainsi dire, pas un presbytère, pas un couvent, où l'on ne trouve quelque gravure d'une de leurs œuvres. Le nom de Carrache est encore populaire à l'égal de celui de Raphaël. » Cette page, publiée dans la *Revue des Deux Mondes*, en 1910, date un peu. Depuis presque dix ans, ne s'est-il pas créé une réaction, une nouvelle renaissance religieuse ? Et ne voit-on pas de jeunes artistes exprimer leurs pieux sentiments à la moderne et même des ecclésiastiques renier enfin la beauté factice des Bolonais ?

Le dernier triomphe des éclectiques fut l'Exhibition de Manchester, en 1857. *Les Trois Marie*, d'Annibal Carrache, eurent une vogue prodigieuse; était-ce parce qu'on savait que le comte de Carlisle avait payé ce tableau plus de cent mille francs, le plus haut prix qu'ait jamais atteint un tableau jusquelà ? C'est un apport sérieux pour expliquer l'ébahissement des snobs, mais le *sujet*, dramatisé avec adresse, était aussi coupable. Au xviiie siècle, Gérard Antoine de Halem, jeune Oldenbourgeois, notait dans son journal, après une visite à la galerie d'Orléans : cette *Descente de Croix* « est la plus grande parure de la collection..... La scène est touchante, elle arrache des larmes,

UNE SIBYLLE
Tableau peint par Le Dominiquin
(Collection Wallace. — Londres)
Photo Mansell. — Londres

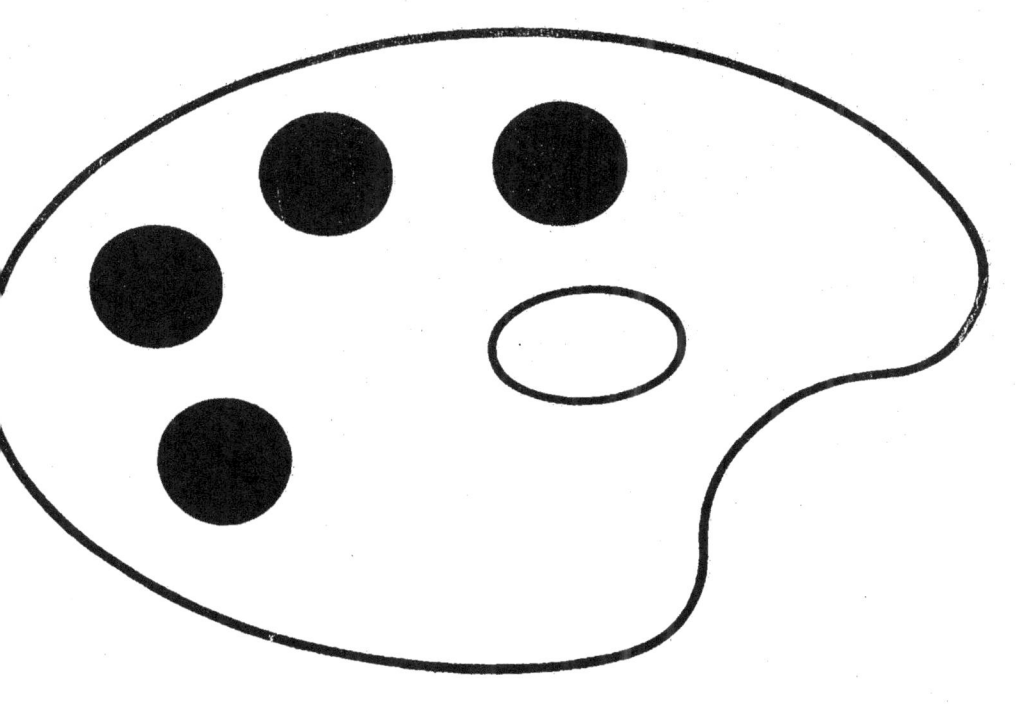

Original en couleur
NF Z 43-120-8

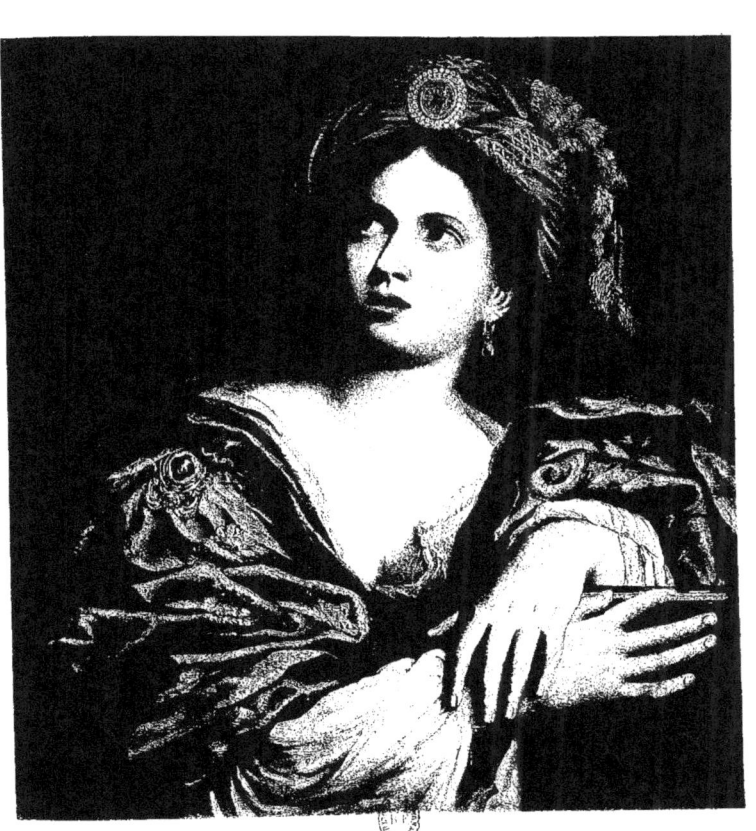

comme le plus bel endroit du *Stabat,* de Pergolèse. » Le *Journal de Paris* du 2 floréal an VIII (22 avril 1800) citait ce tableau comme la plus triste perte que la France ait faite, avec les Poussin et *la Résurrection de Lazare,* ajoutant qu'on n'aurait pas la douleur de voir mettre ces chefs-d'œuvre « à l'encan dans une ville étrangère, s'ils eussent appartenu à tout autre qu'à d'Orléans ».

A Manchester on en était encore là. Bürger a écrit là-dessus une page, non pas irréprochable, mais vraiment significative ; elles sont curieuses, ces impressions d'un spectateur de « l'emballement » de 1857 : « De tous les tableaux exposés à Manchester, celui qui a incontestablement le plus universel succès est un tableau d'Annibal Carrache..... Il représente les Trois Marie entourant le Christ mort. Tous ces dramatiques personnages ont les mains en fourchette, jetées à l'aventure çà et là, et les doigts frénétiquement écartés, dans le style des *Enfants terribles*, de maître Daumier, tous ont les yeux écarquillés, les sourcils en l'air et la bouche ouverte..... La douleur ne s'exprime pas uniformément par ces désordres exagérés de la figure humaine..... Oh ! la belle caricature à faire de ce tableau ! On ne voit que des mains à cinq branches, toutes en lumière..... tous les yeux pareils, vitreux et bordés de rouge ; toutes les têtes pareilles, comme des têtes de bois, sculptées au couteau par un berger des montagnes. C'est un des chefs-d'œuvre les plus célèbres d'Annibal Carrache..... Sérieusement, c'est un tableau de première force : d'une science accomplie dans le corps du Christ, qui est étendu en travers sur le sol ; d'un dessin correct et irréprochable ; d'un ajustement de draperies on ne peut plus habile ; d'un ménagement du clair-obscur supérieurement compris ; d'une brosse exercée et qui touche où il faut, sans hésitation. De tout cela, je suppose bien que la foule ne se rend aucun compte. Mais elle est saisie par ces mains égarées qui lui sautent aux yeux, partout..... et comment n'être pas attendri par ces yeux sanguinolents ! Hélas ! c'est cette funeste école bolonaise qui a tué l'école italienne..... Quand un art commence, c'est la nature qui l'inspire ; quand un art finit, il ne s'inspire plus de la vie ; il pastiche les morts. »

La contre-réforme était fort indifférente au Régent, les questions d'éclectisme ne lui étaient pas familières, mais le prince suivait le courant. Sa galerie comprenait un grand nombre d'œuvres bolonaises, un nombre cependant inférieur à celui des tableaux vénitiens qui dépassent la centaine.

Deux maîtres précèdent les Carrache, Francia et Innocenzio de Imola, mais nous n'avons même pas une gravure reproduisant *la Sainte Famille* de l'un, où l'on voit, d'après la description de Dubois de Saint-Gelais, l'Enfant-Jésus donnant une clef à saint Pierre, et *la Nativité* de l'autre qui pourtant est datée de 1518 et signée : *Innocentius Franchusius Imolensius*.

LES CARRACHE

Regrettant cette lacune, nous abordons l'aîné des Carrache, Louis. Son *Ecce homo* (Stafford House) est l'un des types de « tableaux » popularisés par l'imagerie ; sa *Vision de sainte Catherine* (Bridgewater House) est laborieuse et touffue, d'un dessin maladroit, d'où l'on peut détacher un très gracieux Jésus qui descend en ligne directe des bambini du Corrège. Le comte d'Ellesmere possède encore une *Descente de Croix* d'un coloris vénitien. La *Suzanne entre deux vieillards* (National Gallery) indique aussi une influence de Giorgione, les formes de la jeune femme sont trop rondes, le modelé trop uniforme, pourtant le ton des carnations dans la lumière a quelque puissance.

Des cousins de Louis, Augustin fut le moins prolifique comme peintre, il s'est surtout adonné à la gravure. Les deux tableaux de lui qui étaient au Palais-Royal se trouvent en Angleterre : *le Martyre de saint Barthélemy,* chez le duc de Sutherland ; *le Christ apparaissant à la Madeleine,* au Fitzwilliam Museum, à Cambridge. *Le Martyre* est une petite toile noircie, enfumée, dans laquelle on aperçoit des bras et des jambes qui surgissent d'un opaque brouillard. *Le Christ* est un immense tableau que l'on donne aussi comme étant d'un autre Carrache ; mais qu'il soit de Louis, d'Augustin ou d'Annibal, l'œuvre est plus que médiocre, c'est une molle imitation du Corrège.

Les Annibal Carrache étaient nombreux (vingt-six) dont plusieurs, comme *les Trois Marie,* passaient pour des chefs-d'œuvre. La *Danaé* qui, chez le

Régent, avait conservé son cadre aux armes des Pamfili, avait été donnée à la reine Christine, en février 1656, lors de sa première visite à la villa de Don Camillo Pamfili. Le tableau est à Bridgewater House, il est le résultat d'un grand effort, d'une particulière application; la pensée d'égaler le Titien est évidente, le paysage même, encadré dans les lignes rigides d'une maçonnerie, révèle cette préoccupation. On voit là toute la force et toute la faiblesse de l'artiste, la dextérité du dessinateur et l'échec désastreux du coloriste.

Voulez-vous du Corrège? Voici *la Vision de saint François* (Bridgewater House) du faire soigné, précis et froid de la *Danaé*. Du Ribera? Voici les demi-figures de *Saint Roch et l'Ange* (Fitzwilliam Museum). Du Michel-Ange? Allez à Chantilly, devant cette petite *Lapidation de saint Étienne* que le duc d'Aumale acheta par pitié et par piété, en souvenir de son ancêtre. Par contre, le *Saint Jean dans le désert* (National Gallery) est une élégante académie, trop élégante, dominée par un ciel brumeux et de belles frondaisons rousses. Mais ce *Crucifix* que l'*Inventario* de Christine nous décrit comme *un volto inarrivabile di belezza di un Christo coronato di spine, con lagrime* a l'air d'être peint avec du chocolat. Le *Saint Jean qui dort* (Bridgewater House), gros et dodu, est de nul intérêt; le *Saint Jean montrant le Messie* (Bridgewater House), rougeâtre et balourd, est pitoyable; le *Saint Étienne avec une gloire* (Stafford House) a des aspects chromolithographiques; et l'*Hercule enfant* (Louvre) est sans valeur, mais c'est une touchante épave oubliée au Palais-Royal et séquestrée par ordre du Tribunal révolutionnaire.

Annibal nous offre toute une série de beaux paysages qui servent de sites à des scènes païennes ou religieuses, tels sont *les Bateliers* et *les Chasseurs* (Castle Howard), *la Toilette de Vénus* (Cobham Hall), *le Bain de Diane* (Bridgewater House), un *Repos en Égypte* (Stafford House), une *Procession du Saint Sacrement* (Bowood, collection du marquis de Lansdowne). Les sujets sont très inégalement traités, mais ces larges horizons montagneux coupés par de grands arbres, baignés d'étangs ou de rivières, font plaisir à voir, on y sent l'atmosphère et l'espace. Seulement c'est peut-être à Paul Bril que va notre admiration, ce peintre hollandais ayant souvent collaboré avec Annibal, ainsi que cela se faisait d'habitude au xvii° siècle : Rubens demandait à son ami Snyders de peindre les parties nature morte de ses compositions, et les paysagistes s'adressaient à Teniers pour animer leurs toiles de personnages bien campés.

Quoi qu'il en soit, c'est après Rome et Bologne l'Angleterre qui permet d'étudier le mieux les Carrache ; au Louvre ils sont fort mal représentés, presque exclusivement par des tableaux d'église très inférieurs. Les Carrache méritent d'être examinés, dit avec juste raison M. Henry Lemonnier, « sinon pour eux-mêmes, au moins pour comprendre notre école du xvii° siècle et, en général, notre école académique, car elle procède d'eux en grande partie, de leurs doctrines et aussi de leurs défauts..... On s'aperçoit facilement que Poussin a connu ces œuvres ou regardé la nature du même œil que leurs auteurs. » Et, soit dit en passant, Poussin est également incomplet dans notre musée national, un voyage chez nos voisins d'Outre-Manche le prouve ; à la galerie du collège de Dulwich, par exemple, *le Triomphe de David* et *l'Anacréon* sont de merveilleuses scènes, et l'on verra ce qu'il faut penser des *Sept Sacrements,* qui sont chez le comte d'Ellesmere.

PEINTRES DIVERS

Les dix-huit Guido Reni se sont dispersés de telle façon que quatre d'entre eux seulement peuvent être signalés : un *Enfant-Jésus couché sur la Croix* (Bridgewater House), une *Madeleine* (National Gallery), une *Chaste Suzanne* (Uffizi), une *Sibylle* (collection de Lady Wantage).

L'*Enfant-Jésus* est d'intérêt très mince ; la *Madeleine,* vous la voyez pour l'avoir rencontrée maintes fois avec sa grosse tête bouffie, inspirée des Niobides, et ses yeux levés au ciel ; la *Suzanne* est d'un assez bel effet et tente encore de nombreux copistes, nous écrit l'aimable comte Charles Gamba, directeur des Galeries florentines, mais l'exemplaire ne vaut pas celui de la *National Gallery,* c'est une réplique faite probablement avec la collaboration d'élèves ; la *Sibylle* est toute vêtue de blanc avec un turban de même couleur, où brille un bijou, elle est peinte dans les « tons clairs et argentés

LA CHASTE SUZANNE
Tableau peint par Guido Reni
(*Galerie des Offices. — Florence*)
Photo Brogi. — Florence

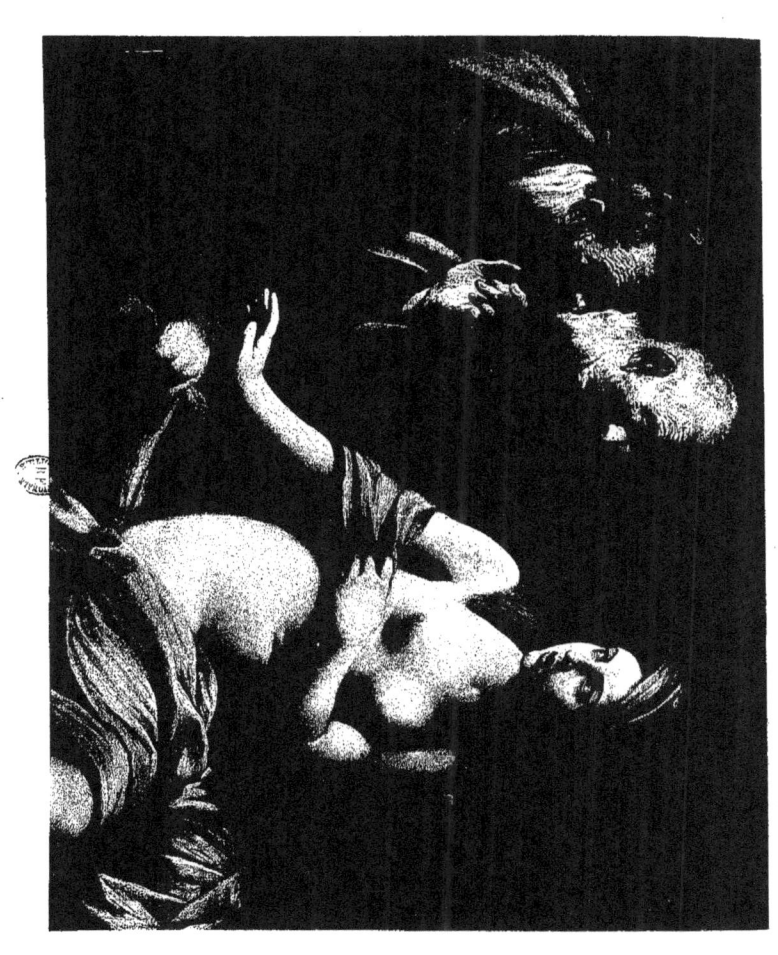

qui marquent la troisième manière de l'artiste », nous dit le catalogue de la collection Wantage. Les Carrache, le Guide sont fort mal en point dans les entassements factices des musées, car ils furent surtout des décorateurs. Si l'on veut leur rendre quelque justice, il faut s'en tenir à leurs fresques romaines du Palais Farnèse et du Palais Rospigliosi où, dans un cadre somptueux, leurs œuvres excitent l'intérêt sinon l'admiration.

L'Albane, pas plus que le Guide, n'a grand succès de nos jours. Pour comble de malheur, le sujet, considéré comme trop libre, de *Salmacis et Hermaphrodite* (Bridgewater House) fait que ce tableau n'est pas montré au public. Waagen, pourtant, l'a vu, il en loue l'exécution soignée et solide, mais il reproche à Hermaphrodite ses formes disgracieuses et au paysage son aspect sombre. Un *Saint Jean prêchant dans le désert* (Bowood) est, d'après le même critique, d'une couleur chaude et transparente.

Le Dominiquin, grâce à sa *Communion de saint Jérôme* dont Taine parle encore avec tant d'enthousiasme, a gardé un peu de renom. Certes, *le Portement de Croix* (Bridgewater House) est un excellent tableau de chevalet. Le Christ gît à terre, écrasé sous le poids de son fardeau, avec une face trop exsangue ; autour de lui se dressent ses robustes bourreaux aux muscles saillants, l'un d'eux le frappe encore. On a critiqué le manque d'ordonnance de cette composition, mais c'est, au contraire, un mérite ici ; le Dominiquin a voulu sortir du convenu et, par son réalisme, éveiller en nous des sentiments humains ; il a sacrifié, cette fois, le décor et l'architectonie, l'équilibre et le parallélisme, il a fait abandon des recettes de l'école afin de nous mieux toucher et de nous émouvoir.

On n'en saurait dire autant de sa *Sibylle* enturbannée, comme celle du Guide : c'est le type du poncif. Cette demi-figure retint encore, vers 1856, l'attention admirative de Waagen : « Les traits, dit-il, sont ceux d'un modèle qui a souvent posé pour le maître. L'expression inspirée, la couleur chaude et puissante, le dessin délicat et la solide exécution rendent ce tableau très attrayant. » Nous avons un autre point visuel aujourd'hui. Du reste, les archives de la *Wallace Collection*, où se trouve cette Sibylle, nous apprennent que le marquis de Hertford acheta le tableau..... pour son cadre — un beau cadre vénitien — ce grand seigneur, cet amateur éclairé, éprouvait le besoin de s'excuser.

Le *Saint François en prière* et *les Mariniers*, tous deux à Bridgewater House, sont des paysages que le temps a peu épargnés, ils sont placés très haut, sans doute à dessein.

L'un des plus importants tableaux du Guerchin, *David et Abigaïl*, est aussi chez le comte d'Ellesmere. C'est le résultat de l'éclectisme impuissant ; synthèse de l'art académique des Carrache, de la couleur des Vénitiens et du clair-obscur du Caravage, l'œuvre est morne et sans vie; elle fut pourtant célèbre et célébrée depuis le jour où, en 1636, l'artiste la livra au cardinal Barberini ; on la cite plus tard comme un des joyaux appartenant au cardinal Mazarin, dans l'inventaire de qui elle est prisée trois mille livres tournois. Maintenant, quoique de plus anoblie par son passage au Palais-Royal, elle est pour nous la négation même de l'art, et n'a pas la moindre parcelle d'émotion créative.

La France a gardé deux tableaux bolonais du Régent : un Guido Canlassi *(Jeune martyre*, au musée de Montpellier); un Pietro Francesco Mola *(Agar et Ismaël*, au Louvre). Ce dernier est un petit paysage à figurines, très soigné d'exécution, mais très insignifiant. Du même peintre se trouve, à la National Gallery, un *Repos en Égypte* qui faisait pendant à l'*Agar*, mais qui est beaucoup moins bien conservé. A Stafford House on voit enfin un tableau important de Mola : *Saint Jean prêchant dans le désert* qui fait penser aux Vénitiens plus qu'aux Carrache. Les figures se détachent en clair sur un paysage devenu sombre, le saint Jean drapé de rouge est d'un dessin vigoureux et, au premier plan, un des auditeurs, au costume oriental, rompt la monotonie des groupes par son attitude pittoresque et par ses dimensions.

Que dire du *Noli me tangere*, de Carlo Cignani (Bridgewater House)? La décadence s'accentue dans cette redite ennuyeuse d'un sujet si souvent présenté. Avec ce pauvre peintre, meurt l'école de Bologne.

Rien n'a subsisté des peintres génois et des peintres napolitains du Palais-Royal; l'unique *Martyre de saint Pierre*, de Mattia Preti (il Calabrese), est revenu d'Angleterre. La commission du musée de Grenoble en fit l'acquisition (1828) à un prix dérisoire. C'est la grande « machine » destinée à décorer une église — nous ne savons rien de plus piteux que ce genre de tableau emprisonné dans un musée ; au milieu des petits cadres, cette immense toile prend des proportions gigantesques. On ne distingue plus très bien le sujet : d'une sorte de monochromie fuligineuse émergent quelques lueurs de chairs d'un vigoureux coloris — on distingue aussi un personnage vu de profil, il a une calotte rouge sur la tête et un ample manteau jaune.

Quelle leçon se dégage de cette étude des éclectiques ! Mais le snobisme se renouvelle, et l'*Olympia* a franchi les barrières du Louvre.

ÉCOLE ESPAGNOLE

Le goût pour la peinture espagnole ne s'est développé que tardivement. Il a fallu que cet art subît l'influence italienne pour avoir le don de plaire aux amateurs d'autrefois ; les dilettanti du XIX° siècle peu à peu ont compris Velazquez, après avoir goûté Murillo. En outre, les Pyrénées, encore qu'on les eût supprimées bien des fois sur le papier, semblaient plus infranchissables que les Alpes. Et pour tout dire, les Espagnols n'étaient pas d'humeur à se priver de leurs trésors d'art et à en faire commerce à l'exemple des Italiens. Aussi bien dans la magnifique collection de Charles Ier n'y a-t-il pas un seul tableau de cette école et, dans celle de Louis XIV, se trouve-t-il tout juste un portrait de famille, l'*Infante Marguerite* — apporté sans doute par la reine, mais ne figurant pas dans l'inventaire de Bailly et n'étant pas compris dans les richesses du roi.

Dubois de Saint-Gelais donne un tableau à Louis de Vargas, sept à Ribera et deux à Velazquez. Il en faut rabattre.

Le *Saint Jean* de Louis de Vargas a été retiré de Bridgewater House comme *irréparable*. C'était une œuvre fort contestée, qui passait pour être une copie d'un Raphaël dont l'original se trouve à Munich, or, à Munich, cet original est lui-même débaptisé, ce ne serait que l'œuvre d'un imitateur hollandais, peut-être Frans Floris de Vriendt. Ceux qui virent le tableau de Bridgewater House vantèrent le charme raphaélesque de Vargas, élève sévillan de Perino del Vaga.

Le Christ au milieu des docteurs (Bridgewater House) est un Ribera clair. Les docteurs n'ont rien de l'attitude compassée qu'on leur donne parfois ; tout en écoutant le jeune Christ (demi-figure de profil, le bras droit levé, vêtement rouge), ils compulsent livres et parchemins, l'un tient une loupe pour mieux distinguer le grimoire qu'on lui présente — ce sont des moines et des savants que le peintre a vus à l'œuvre et dont il a étudié les attitudes ; il les reproduit et tombe dans les anachronismes communs aux plus grands maîtres. Il y a une réplique de ce *Christ* à Vienne qui provient de l'archiduc Léopold-Guillaume et qui figure au-dessus d'une porte dans le tableau de Teniers représentant la galerie de ce prince, à Bruxelles (pinacothèque de Munich).

Jadis on voyait à Cobham Hall, chez le comte de Darnley, le *Démocrite* et l'*Héraclite,* en pied, de Ribera, mais ils ont été vendus.

Quant à Velazquez, ses deux tableaux sont apocryphes : le *Moïse sauvé des eaux,* de Castle Howard, a été reconnu pour être de Honthorst, la chute est grande. *Loth et ses filles,* toile payée cinq cents guinées en 1798, par H. Hope, est, à en juger d'après la gravure de Trière, une œuvre de l'école bolonaise, pas une ligne n'en pourrait être de Velazquez. Cela est si vrai que, dans les inventaires après décès des ducs d'Orléans, ce tableau n'est jamais attribué à Velazquez, mais à Guido Canlassi (1752) ou au Caravage (1785). Ce dernier inventaire se fit sous la direction d'Hubert Robert et de Le Brun, l'expert marchand de tableaux, mari de Madame Vigée. Il est curieux toutefois de transcrire la notice de la *Galerie du Palais-Royal* qui accompagne l'estampe de Loth : « On a dit que Monseigneur le duc d'Orléans ne possédait qu'un tableau de ce maître. Le catalogue des tableaux du Palais-Royal ne fait mention que de celui de Moïse, mais il est vraisemblable que celui dont il s'agit ici avait été oublié ou bien qu'il avait été acquis depuis... Ce tableau est d'un bon style et peut passer pour un des meilleurs de ce maître. Les figures sont d'un dessin correct et gracieux et d'un ton de couleur frais et harmonieux. Les draperies sont bien rendues et une exécution facile répand sur toutes les parties un grand intérêt. Le plus grand nombre des ouvrages de Velazquez est répandu en

LA TOUR
Tableau peint par B. Breenberg
(Fitzwilliam Museum. — Cambridge)

Espagne et se trouve surtout à Madrid. Cependant la France en possède quelques-uns. On voit en Franche-Comté quelques portraits que cet artiste avait laissés imparfaits et qui furent achevés par le Bourguignon. A Paris on voit de lui, dans la salle des Bains du Louvre, plusieurs portraits des princes de la Maison d'Autriche. » D'après ce spécimen d'informations, on peut juger quelle foi il faut ajouter aux renseignements fournis par les éditeurs de la *Galerie du Palais-Royal,* qu'il s'agisse de simple critique ou d'attribution.

La moisson est peu abondante, mais, en 1876, il n'y avait, au Louvre, qu'une vingtaine de tableaux de l'école espagnole, plus authentiques, il est vrai, que ceux du Régent.

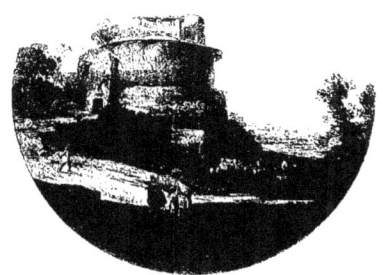

MASSACRE DES INNOCENTS
Tableau peint par Le Brun
(Galerie du Collège de Dulwich)

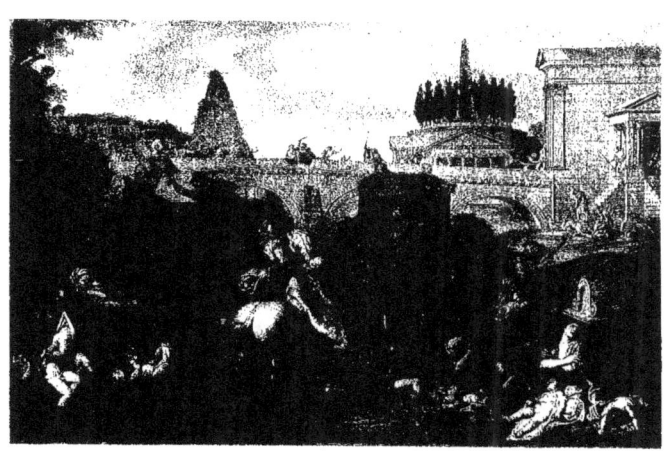

III

ÉCOLE FRANÇAISE

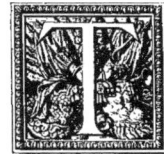rouver seulement quinze de nos peintres dans la galerie d'un prince français, c'est peu, et encore dans ce nombre, plusieurs artistes tels que Philippe de Champaigne, Sébastien Bourdon, Santerre et Rigaud ne figurent-ils que comme portraitistes et la plupart comme portraitistes de famille. Ces tableaux ornaient les chambres particulières et non pas la galerie proprement dite.

LES PRIMITIFS

Voici, par exemple, un Henri IV en son jeune âge que les inventaires attribuent à François Clouet et qui, d'après M. Dimier, semble tout simplement être de François Bunel; il est donc postérieur à la date de 1557 indiquée sur la toile. Le futur roi est debout, emprisonné dans un justaucorps de cuir clair, il s'appuie d'une main à une table et de l'autre tient une épée. Ce portrait, trouvé au Palais-Royal en 1794 par la « Commission temporaire des arts », fut envoyé au Muséum d'où il passa à Versailles, sous le règne de Louis-Philippe. La peinture est fruste et sans fraîcheur. C'est un travail de seconde main. L'on reconnaît dans ce document iconographique l'attitude même de la statuette de Henri IV enfant par Bosio, exécutée sous la Restauration, à l'époque où, faute de mieux, on faisait revivre la populaire figure du bon roi.

Au Salon de 1822, il n'y avait pas moins de dix tableaux consacrés à ce monarque et, quelques années après, des peintres comme Ingres, Bonington et Devéria cherchaient dans la vie du prince des scènes pittoresques ou anecdotiques ; telle la visite de l'Ambassadeur d'Espagne fondée sur ce dialogue fameux : « Avez-vous des enfants, Monsieur l'Ambassadeur ? — Oui, Sire. — En ce cas, je puis achever le tour de la chambre. » Et l'on voyait Henri IV faisant le cheval et portant le Dauphin sur son dos. Cela était moins ennuyeux que les tableaux officiels qui suivirent : les inaugurations, toujours les mêmes, les visites aux malades, aux inondés, et cela en sculpture, en peinture et même sur des verrières, comme à Saint-Denis.

C'est le duc d'Aumale qui hérita d'un autre primitif français. La *Gabrielle d'Estrées au bain* fait penser à l'école de Fontainebleau, on l'a même inventoriée sous le nom du Primatice, lequel, mort en 1570, n'avait pu peindre Gabrielle, née en 1571. La présence des enfants dans cette composition intime, — l'un César, duc de Vendôme, âgé de trois ou quatre ans, l'autre, Alexandre de Vendôme, encore au sein de sa vieille nourrice, — permet de fixer la date approximative de l'œuvre, vers 1597. Elle n'est pas sans défauts, comme toute imitation ; nos peintres, remarque Gruyer, avaient beaucoup perdu sous l'influence des Italiens dégénérés dont ils se faisaient les disciples. Ce tableau est signalé seulement dans l'inventaire du duc d'Orléans, père de Philippe-Égalité (1785), il ne fut prisé alors que vingt-quatre livres. Il resta ignoré au Palais-Royal jusqu'à la venue du roi des Français et fut octroyé au prince de la famille qui aimait le mieux les arts. Les portraits de Richelieu et de Mazarin, assis, figurent au Musée Condé, grâce au même oubli, mais nous ne les citons que *pour mémoire,* car nous n'en avons trouvé aucune trace dans les archives. Ils sont attribués à Mignard et ne sauraient être confondus avec les portraits de la Galerie des Hommes illustres, lesquels représentaient les deux ministres debout.

SIMON VOUET

A cette série appartenait un *Gaucher de Chastillon,* peint par Simon Vouet ; ce grand panneau était, paraît-il, très faible et peu digne de cet artiste, un de nos premiers italianisés. Vouet, prince de l'Académie de Saint-Luc, était une manière de Carrache parisien, très apprécié, on le voit au nombre des monuments et palais qu'il fut chargé de décorer, aussi bien à Gênes, chez les Doria, qu'à Paris, au Louvre, au Luxembourg, chez le duc d'Aumont ou chez le maréchal d'Effiat. Mais son Gaucher de Chastillon fut jugé sévèrement. La tâche n'était pas facile de peindre ce héros du XIIe siècle, ce connétable de France sous six rois ; le peintre dut créer l'effigie de toute pièce et se rendit ridicule en imaginant une sorte de calembour parlant : il fait tenir à ce Gaucher sa pique de la main gauche... Sauval nous apprend que Vouet fit ce portrait « de caprice et tâcha simplement » de lui donner une tête et une attitude qui répondissent à la grandeur de son âme. La recette est étrange.

NICOLAS POUSSIN

Mais le prince tint à honneur de posséder plusieurs beaux Poussin ; nous avons vu quel prix il attachait aux *Sept Sacrements* et comment il les fit acheter en Hollande afin de n'en pas priver la France. Il y avait deux séries des Sacrements, et dire qu'elles appartiennent maintenant à nos voisins ! L'une est chez le duc de Rutland, à Belvoir Castle; l'autre, chez le comte d'Ellesmere, à Bridgewater House. Cette dernière est celle du Régent; elle avait été peinte à Rome pour M. de Chantelou. Pages capitales dans l'œuvre de l'artiste, elles devront être étudiées de près lorsqu'un critique d'art se décidera à nous donner un livre qui manque encore : une monographie de Poussin. Le Louvre possède, du moins, onze « recherches » pour les Sacrements, seul le *Mariage* n'est pas représenté dans ces dessins.

La gravure a rendu populaires ces sept tableaux, qui n'ont pas un mérite égal, mais qui sont pleins de noblesse et de grandeur. Poussin, autant que possible, a choisi des scènes bibliques : le *Baptême,* c'est le baptême du Christ par saint Jean ; la *Pénitence,* c'est la venue de Madeleine chez Simon le Pharisien, la pécheresse verse des parfums sur les pieds du Maître, et les arrose de ses larmes — l'artiste, à l'encontre de tous ses prédécesseurs, a risqué un repas à l'antique, avec une table où sont couchés les convives, l'effet n'est pas heureux, mais le groupe de Jésus et de la pénitente est particulièrement beau ; l'*Eucharistie* est naturellement la Cène, avec une table disposée comme dans la *Pénitence,* et, cette fois, on est vraiment choqué de voir les disciples dans ces attitudes païennes ; l'*Ordre,* c'est la remise à saint Pierre du pouvoir de lier et de délier ; le *Mariage* est celui de la Vierge. La *Confirmation* et l'*Extrême-Onction* sont imaginaires.

La *Cène* et l'*Extrême-Onction* sont des effets de nuit, la difficulté ne semble pas avoir été vaincue. Poussin n'était pas aussi à l'aise dans cette atmosphère factice que dans le plein jour. Le paysage, qu'il comprenait si bien, lui était familier et il en savait tirer un admirable parti. L'*Ordre,* par exemple, où figurent la ville de Césarée, avec au fond la silhouette du Liban, et le *Baptême,* qui se déroule sur les riantes rives du Jourdain, sont d'une ligne très harmonieuse. De ces sept tableaux le plus caractéristique est la *Confirmation*. L'arrangement des vingt-deux personnages est d'un maître, pas une place vide, pas une attitude semblable ; le décor est rigide, mais son parallélisme est rompu : l'intérêt

LE FRAPPEMENT DU ROCHER
Tableau peint par Poussin

(Collection du comte d'Ellesmere. — *Bridgewater House, Londres*)
Photo Hollyer. — Londres

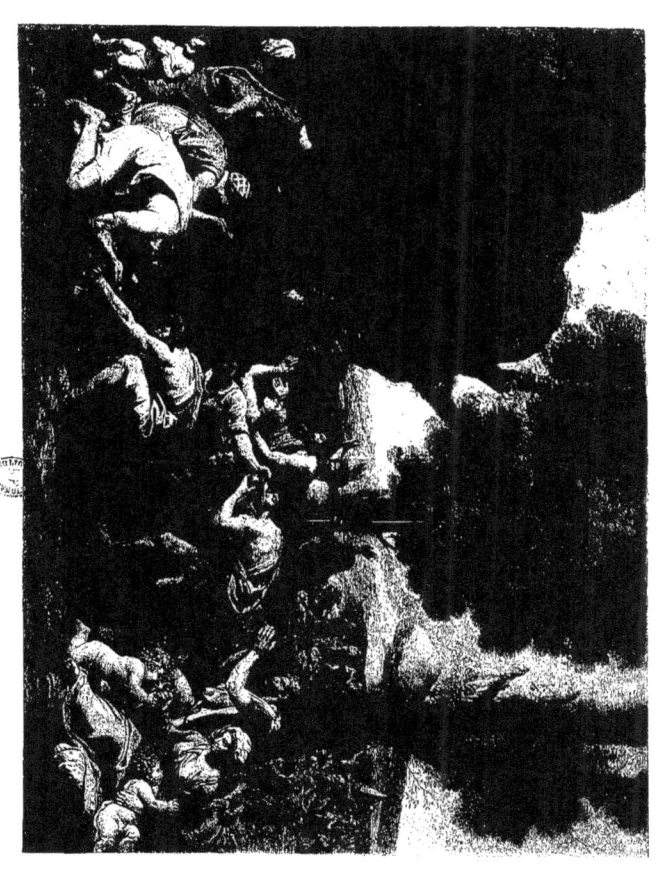

s'attache surtout à ce qui se passe entre ces quatre murs ornés de colonnes et de pilastres symétriques.

Pourtant nous savons par Félibien que l'*Extrême-Onction* était celui de ces sept tableaux qui plaisait le plus à Poussin. Ce dernier écrivait, le 25 avril 1644, à M. de Chantelou : « Je travaille gaillardement à l'*Extrême-Onction* qui est en vérité un sujet digne d'un Apelle, car il se plaisait fort à représenter des mourants. Je ne le quitterai point, pendant que je me trouve bien disposé, que je ne l'aie mis en bon terme pour une ébauche. Il contiendra dix-sept figures d'hommes, de femmes, et d'enfants, jeunes et vieux [il y en a seize], dont une partie se consume en pleurs, tandis que les autres prient pour le moribond. Je ne veux pas vous le décrire avec plus de détail, car ce serait l'office non d'une plume mal taillée comme la mienne, mais d'un pinceau doré et bien emmanché. » Poussin avait tort de préférer cette *Extrême-Onction* — il est juste de dire que nous voyons un tableau très injurié par le temps.

Ce n'est point le cas du *Frappement du Rocher* (Bridgewater House), peint à Rome pour M. de Chantelou. Ce tableau est d'une conservation aussi parfaite que le magnifique *Triomphe de David* de Dulwich ou que l'*Inspiration du Poète* que vient d'acquérir le Louvre. Le paysage éclairé par les derniers rayons du soleil, cette foule de gens qui se désaltèrent groupés avec un admirable sentiment de l'espace, tout cela forme une des belles compositions du maître. C'est l'un des plus merveilleux Poussin dont peuvent se glorifier les collections anglaises où, du reste, notre grand artiste du xviie siècle, si apprécié par Reynolds, est vénéré comme il doit l'être. Le Louvre possède une puissante esquisse à la sépia du *Frappement du Rocher*.

Victor Cousin a écrit quelques pages, dans les appendices de son livre : *Du Beau, du Vrai et du Bien,* sur les Poussin qu'il vit en Angleterre ; sa critique a vieilli, son style même nous semble caduc, mais un enthousiasme sincère garde toujours sa valeur. « Quelle puissante unité dans cette vaste composition ! dit-il à propos du *Frappement du Rocher,* et aussi quelle variété dans les actions, les poses, les traits de tous les personnages ! Il y a là vingt tableaux différents et pourtant il n'y a qu'un seul tableau, et l'on n'ôterait pas un de ces épisodes sans nuire considérablement à l'ensemble. En même temps que excellent coloris ! L'empâtement est à la fois solide et léger, et toutes les couleurs sont liées le plus heureusement du monde. Assurément elles pourraient avoir un plus grand éclat; mais l'austérité du sujet admet fort bien ce ton modéré. » N'est-ce pas là en raccourci tout l'éclectisme du philosophe jadis si célèbre?

Le Régent possédait encore quatre autres Poussin : la *Naissance de Bacchus* (on la suit, à travers les ventes, jusqu'en 1849); *Moïse marchant sur la couronne de Pharaon*, à Woburn Abbey, chez le duc de Bedford, *Moïse sauvé* et le *Ravissement de saint Paul* dont toute trace est perdue.

Des répliques de ces trois derniers tableaux sont au Louvre. Le *Moïse marchant sur la couronne de Pharaon* de Woburn Abbey offre peu de différence avec celui de notre musée. Le *Moïse sauvé*, d'après la gravure de Lambert (dans la *Galerie du Palais-Royal*) ne se rapproche nullement des deux exemplaires de Paris, déjà si dissemblables; le tableau du Régent ne comporte que six personnages, si l'on néglige les figurines du dernier plan, le paysage tient une grande place : à droite et à gauche deux arbres, à travers lesquels on aperçoit toute une ville bâtie en terrasses, accentuent la perspective. Quant au *Ravissement de saint Paul* il forme un groupe très distinct de celui du Louvre. La tête et les bras de l'apôtre se détachent complètement sur le ciel, les deux anges sont presque au même niveau et ils sont accompagnés de deux enfants nus ; il n'y a pas d'architecture, l'horizon très bas est fermé par de légers vallonnements. Ce tableau est antérieur à l'autre, il fut exécuté à Rome en 1643, pour M. de Chantelou, et devait faire pendant à la *Vision d'Ézéchiel* de Sanzio. Poussin hésitait beaucoup à se mettre en pareille rivalité. « Je crains, écrivait-il à son ami, le 2 juillet 1643, que ma main tremblante ne me manque en un ouvrage qui doit accompagner celui de Raphaël, j'aurai de la peine à me résoudre à y travailler vous ne me promettez que mon tableau ne servira que de couverture celui de Raphaël. » Et lorsque, à la fin de l'année, Poussin envoyait son œuvre, il disait encore : « Je vous supplie, tant pour éviter la calomnie que pour la honte que j'aurais qu'on vît mon tableau en parangon de celui de Raphaël, de le tenir séparé et éloigné de ce qui pourrait le ruiner, et lui faire perdre si peu qu'il a de beauté. »

C'est à la prière de M. de Chantelou que l'artiste traite une seconde fois le même sujet, en 1649, « pour faire la curiosité de M. Scarron », malgré toute la répugnance qu'il éprouve à travailler pour l'auteur du *Virgile travesti*, lequel du reste céda l'œuvre à Jabach, d'où elle passa chez le duc de Richelieu et ensuite dans la collection de Louis XIV.

CLAUDE LORRAIN

Il nous a été bien difficile d'identifier le Claude Lorrain de la galerie du Palais-Royal. Le catalogue de Dubois de Saint-Gelais en fait la description sommaire que voici : « Un *Soleil couchant*, peint sur cuivre, haut d'un pied deux pouces, large d'un pied huit pouces. Un beau soleil éclaire ce paysage. On voit dans le milieu une île couverte d'arbres et à gauche deux hautes colonnes avec leurs entablements. Plus sur le devant deux soldats emmènent le curé *(sic)* et le conduisent [dans] une barque. » Si l'on se reporte à la gravure de J. Couché on ne distingue ni colonnes, ni soldats, ni curé, ni barque, mais c'est « un riche paysage où l'on voit quelques figures et des animaux ; le site est montagneux et agréablement varié et l'heure du jour est le coucher du soleil. A droite, au-dessus d'un escarpement, un berger attise un feu qui fait bouillir la marmite. » Aucune correspondance n'existe donc — le titre seul est le même. Nous sommes en présence d'une des supercheries trop nombreuses de ce recueil. Mais le *Liber veritatis* est venu à notre secours, nous y avons retrouvé ce *Soleil couchant* sous le numéro 132 et appris que ce paysage fut peint en 1655 pour Il Signor Cardello. Lady Dilke (Mrs. Mark Pattison), dans son ouvrage sur Claude, a rapproché ce numéro 132 du tableau de Bowood (marquis de Lansdowne), encore que le cata-

logue de cette collection indique un effet de matin *(Morning Sun)*. Cett[e]
contradiction n'est pas très troublante, on peut avoir confiance en Lad[y]
Dilke qui nous a laissé tant de travaux excellents sur l'art de notr[e]
pays.

VALENTIN

Notre Caravage français, Valentin, est presque toujours semblable [à] lui-même. La *Musique* (Bridgewater House) est une toile solide e[t] vigoureuse dans la formule ordinaire — cinq personnages à mi-corps son[t] assis autour d'une table, les uns jouent de divers instruments, les autre[s] écoutent. Nous avons au Louvre deux *Concerts* qui, sans rappeler la com[-] position de cette *Musique*, en révèlent la facture et la couleur.

PHILIPPE DE CHAMPAIGNE

Parmi les tableaux restés à Paris au Palais-Égalité (comme on appela[it] sous la Révolution la demeure des ducs d'Orléans) et « réservés par [la] Commission temporaire des arts », se trouvaient plusieurs Philippe d[e] Champaigne que, par scrupule, on n'avait pas expédiés en Angleterre[:] un portrait ovale de Louis XIII; un autre Louis XIII, en pied ; u[n] Richelieu et un Gaston de Foix, ce dernier provenant de la Galerie de[s] Hommes illustres, unique spécimen connu de ces portraits d'apparat.

Le *Gaston de Foix*, aujourd'hui à Versailles, porte encore le distiqu[e] latin qui accompagnait chacune des toiles de cette série. On lit, en effe[t,] au bas du tableau l'inscription que voici peinte en lettres d'or :

Morte tua egregium corrumpis, Gasto, triumphum;
Gallia sic victrix se superasse dolet.

Allusion à la mort prématurée du héros. Philippe de Champaigne s'e[st] inspiré d'une estampe du retable d'autel de Castelfranco, où le Giorgio[n] a représenté Gaston de Foix sous les traits de Saint Libéral, sa peintu[re] est froide, il lui manquait un modèle pour donner au jeune capitaine

MUSIQUE
Tableau peint par Valentin
(Collection du comte d'Ellesmere. — *Bridgewater House, Londres*)
Photo Hollyer. — Londres

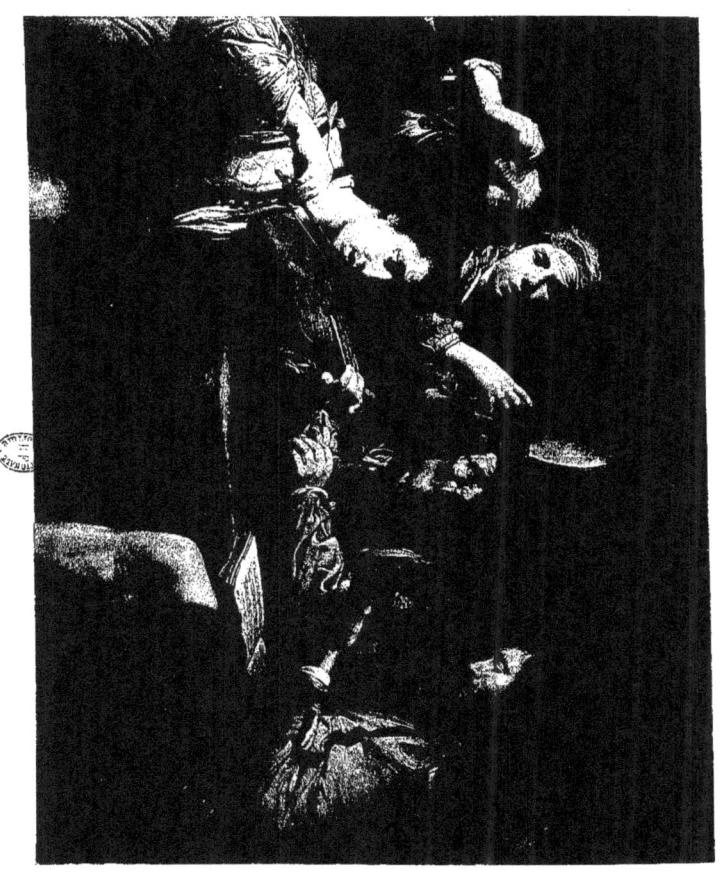

beauté morale empreinte sur le Saint-Cyran du musée de Grenoble, par exemple.

Deux superbes portraits en pied du cardinal de Richelieu existent, l'un au Louvre, l'autre à la *National Gallery*, offrant de légères variantes dans la position du bras gauche, mais le masque est le même. Si l'on consulte la gravure de Zac. Heince *(Les portraits des Hommes illustres qui sont peints dans la Galerie du Palais Cardinal de Richelieu)* (in-folio, Paris, 1650), on voit qu'elle se rapporte directement au tableau de Londres. Le bras gauche relève les plis de la robe cardinalice, tandis que dans le tableau du Louvre, ce bras est replié. Mais il n'est pas facile d'aller plus loin dans les constatations et surtout d'identifier le Richelieu de la *National Gallery* avec le Richelieu de la Galerie des Hommes illustres; il n'y a pas trace du distique obligé.

L'*État général* de 1788, lequel est un catalogue destiné aux négociateurs anglais, cite encore le *Mariage de la Vierge* et l'*Annonciation* de Philippe de Champaigne qui ornaient la chapelle du Palais-Royal; nous ne les rencontrons pas dans les catalogues des ventes de Londres, ce sont peut-être ceux de la Collection Wallace, toutefois nous ne pouvons en parler sciemment, ne les connaissant que par leurs titres inscrits dans ledit *État général*.

Nous savons bien que Philippe de Champaigne appartient à l'école flamande, mais il est plus qu'à moitié français, et la nature de ses tableaux rentrait directement dans cette partie de notre sujet.

BOURDON

Nous ne savons rien non plus des portraits dus à Sébastien Bourdon et nous les passerions sous silence s'il n'y avait une erreur à rectifier : le portrait gravé par Alexandre Tardieu *(Galerie du Palais-Royal)*, sous le nom de *Christine de Suède*, ne représente pas la reine, mais une de ses dames d'honneur, la comtesse Ebba Sparre. Le tableau fut débaptisé à son arrivée à Paris et, par une ironie du hasard, il est devenu le plus populaire et le plus accrédité des portraits de la fille de Gustave-Adolphe. Nous devons ce précieux renseignement au baron de Bildt.

LE SUEUR ET LE BRUN

Jusqu'en ces dernières années *Alexandre et son médecin* d'Eustache Le Sueur, connu par une gravure de Dagoty, se trouvait chez Lord Lucas, il a depuis lors été vendu pour une somme minime. En revanche, le *Massacre des Innocents,* de Le Brun, à la galerie du collège de Dulwich, est un tableau de chevalet qui résume bien l'artiste. La composition est mouvementée, le dessin est inspiré de la statuaire plus que de la nature, la couleur est lourde. Le fond de la scène ressemble un peu à un décor de théâtre, il en a la platitude : Le Brun y a réuni, derrière un pont, le mausolée de l'empereur Auguste reconstitué et la pyramide de Cestius. Hérode passe dans un quadrige, écrasant tout ce qu'il rencontre, et un guerrier, monté sur une cavale à la croupe blanche, arrache un enfant à sa mère; vers la gauche, une femme copiée d'après la Niobide, qui a tant servi à Guido Reni, se lamente devant les cadavres de sa famille. L'intérêt est dispersé et va de l'un à l'autre de ces épisodes, nous sommes loin de Poussin qui sait si habilement coordonner les ensembles.

Le Régent avait un autre tableau de Le Brun : *Hercule assommant les chevaux de Diomède,* l'une des premières œuvres du peintre, laquelle excita grand enthousiasme et fit prévoir la fortune du collaborateur de Louis XIV. Sauval en parle dans sa description du Palais Cardinal, où il remarque quantité de « bonnes choses », entre autres « cet Hercule de Le Brun, exécuté devant qu'il allât en Italie, qui rappelle toutes ses forces et sa colère pour achever d'assommer ses ennemis, où la mort, le courage, la furie et la vigueur sont si bien exprimés que Poussin, lui-même, dit au cardinal Richelieu que Le Brun était un jeune homme de grande espérance et tel que, si jamais il passait les monts quelque jour, ce serait un excellent peintre ; et de fait ce tableau tira Le Brun de l'obscurité où la jeunesse le tenait caché ».

SANTERRE, RIGAUD

Versailles a hérité de différents autres portraits jadis au Palais-Royal. C'est là qu'on retrouve *le Régent et Minerve,* par Santerre; *Philippe d'Orléans,* à l'époque de ses premières armes, charmante peinture exécutée vers 1692 par Hyacinthe Rigaud; *Élisabeth-Charlotte de Bavière, duchesse douairière d'Orléans (princesse palatine)* par le même Rigaud, ou plutôt par un des élèves de son atelier, car c'est le musée de Genève qui possède l'original. La princesse, en 1718, donna ce magnifique portrait au maître de son fils, à Antoine Arlaud, lequel le légua à sa ville natale, ainsi qu'en fait foi une inscription écrite de la main du peintre au dos de la toile. Cette réplique est d'une authenticité absolue, d'une conservation parfaite et d'une beauté opulente.

Le Régent offrit à Arlaud une petite esquisse du Titien : *Un des miracles de saint Antoine de Padoue,* que le peintre laissa également à Genève (Musée, N° 362). L'intérêt secondaire de ce minuscule tableau c'est qu'il a encore son cadre de bois doré et sculpté aux armes des ducs d'Orléans. Au dos de l'esquisse on lit ces lignes tracées par Arlaud : « *Hanc tabulam, a celeberrimo Titiano depictam, Serenissimus Princeps Philippus, Dux Aurelianensium, Jacobo Antonio Arlaud Genevensi propria manu dono dedit, Parisiis die sixta mensi Maii anno 1713.* »

WATTEAU

D'après Dubois de Saint-Gelais, le Régent n'avait qu'un Watteau : *les Singes peintres,* sur cuivre, haut de deux pouces dix lignes, large de trois pouces huit lignes; il faisait pendant à une *Musique de Chats,* de Breughel le vieux. « Un gros singe, vêtu de vert, dit le catalogue, peint un tableau sur chevalet, mais on n'en voit que la toile par derrière; tout proche est la table aux couleurs sur laquelle il y a une figure en plâtre. A côté de ce singe, un peu derrière, sont quatre petits singes, dont un tient une palette, et celui qui est plus sur le devant dessine une figure. » Goncourt, pas plus que nous, n'a pu dénicher ce tableau dont il n'existe même pas une estampe, du moins dans notre cabinet de la rue Richelieu. Goncourt signale toutefois un dessin du *Singe peintre* à la vente Saint (1846). Ajoutons qu'au musée d'Orléans se voit un *Singe sculpteur,* attribué à Watteau.

D'après le recueil Couché et l'inventaire de 1785, on sait que les descendants du Régent avaient acquis un *Bal champêtre*. La gravure nous montre un homme, castagnettes en main, et une femme, dansant en plein air, dans un parc; à gauche, trois musiciens jouent du violon, de la musette et du flageolet; à droite, neuf personnages assis ou debout figurent le public. Goncourt note que ce *Bal champêtre* est la répétition, avec fond de paysage différent, de *la Musette,* connue par la seule gravure de Moyreau.

En visitant la belle collection Ferdinand Bischoffsheim, nous avons eu la bonne fortune de retrouver ce tableau que Goncourt croyait perdu. C'est un morceau fort intéressant. Dans le groupe des neuf personnages, au second plan, il y a des touches lumineuses qui disent l'authenticité de cette toile. De-ci, de-là, quelques repeints maladroits, des tons clairs posés au hasard, où ils ne sont pas à leur place, déparent un peu cette composition, mais ce sont des bagatelles. Ce *Bal champêtre* reste charmant.

En somme, Poussin, Claude et Watteau mis à part, les ducs d'Orléans ne possédaient pas d'œuvres françaises de grande valeur, du moins parmi celles qui sont parvenues jusqu'à nous et qu'il nous a été donné de voir. Le goût trop exclusif allait aux écoles étrangères et si Poussin, à cette époque, avait du succès, n'était-ce point parce que l'Italie avait été sa terre d'élection? Claude Gelée dut ses premiers admirateurs à pareilles circonstances.

ÉCOLES HOLLANDAISE ET FLAMANDE

On a mis en doute la remarque de Louis XIV sur les « magots », elle est pourtant vraisemblable. Qu'il y avait loin de la majesté royale, telle que ce monarque la concevait, à ces tableautins, vulgaires pour lui, ne reflétant

BAL CHAMPÊTRE
Tableau peint par Watteau
(Collection F. Bischoffsheim. — Paris)

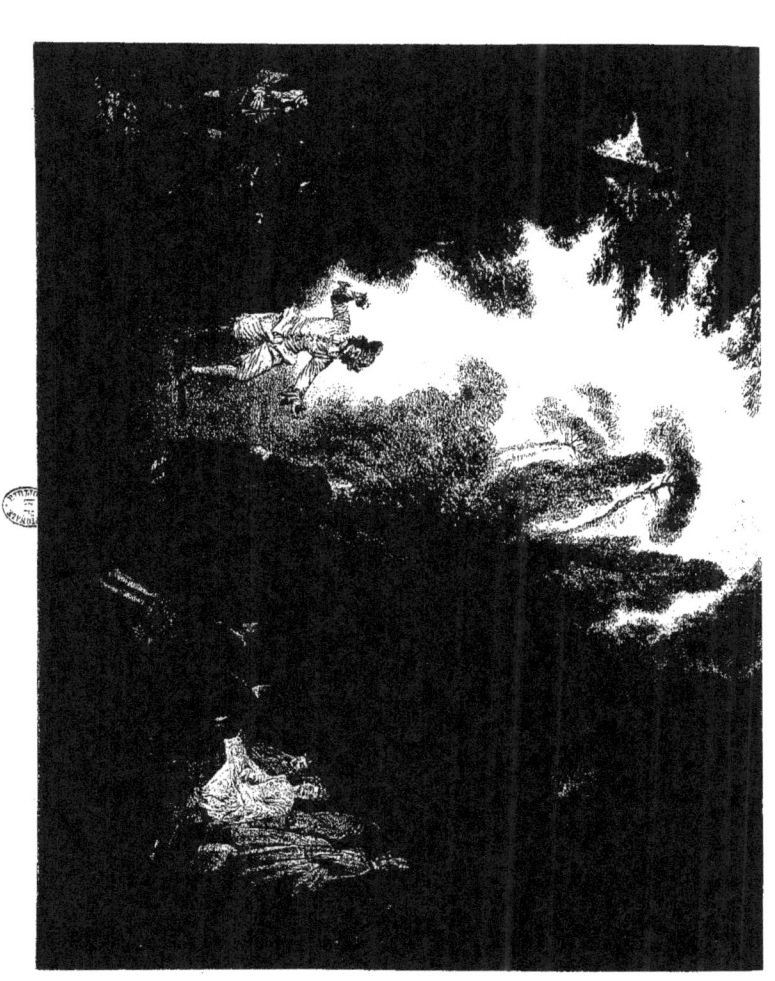

rien de la pompe qu'il recherchait dans les œuvres d'art! Versailles a son éloquence; sa conception si noble et si grandiose excluait, pour ainsi dire, ces intimités des Terburg et des Pieter de Hoogh. Et les faits sont là, on ne signale, dans le cabinet du roi-soleil, que deux Teniers et un Gérard Dou — c'est sous Louis XVI que furent acquises les principales œuvres néerlandaises du Louvre, y compris *les Pèlerins d'Emmaüs* et *le Ménage du menuisier*.

Le Régent, au contraire de son oncle, prit plaisir à collectionner ces peintres dédaignés; on a vu qu'au temps de son pouvoir, à partir de 1715, Philippe eut maintes fois l'occasion d'envoyer Dubois de l'autre côté du Rhin et que le futur cardinal, tout en préparant les alliances, flattait la passion de son prince. La politique le servit fort bien, et, à consulter le catalogue des maîtres hollandais du Palais-Royal, on se rend compte que la chasse aux chefs-d'œuvre ne lui fut pas moins favorable, sans qu'il soit possible, comme nous l'avons dit, de désigner ce qui fut acheté par le diplomate.

Mais les amateurs anglais, à la fin du xviiie siècle, avaient déjà beaucoup de ces petits tableaux, là-bas fort à la mode, et, dans les ventes londoniennes de la galerie d'Orléans, ce furent surtout les toiles italiennes, bien plus rares sur le marché, que se disputèrent les grands seigneurs d'Outre-Manche. Un fait certain, c'est que l'on rencontre, chez nos voisins, un petit nombre seulement des tableaux hollandais ayant appartenu au Régent, lesquels furent achetés, pour la plupart, par des marchands et se dispersèrent à la suite de trafics dont la trace ne peut être suivie aisément.

GÉRARD DOU

Ni les Antoine Mor, ni les Bloemaert, ni les Poelenburg, ni les Honthorst, n'ont subsisté, il faut arriver à Gérard Dou pour conter l'histoire du *Joueur de viole* qui, après bien des pérégrinations, a trouvé un peu de tranquillité chez le baron Alphonse de Rothschild, à Paris, non loin d'un autre violoniste, plus célèbre encore, celui de Sebastiano del Piombo, si longtemps attribué, chez les Sciarra, à Raphaël.

Ce *Joueur de viole* avait appartenu à Christine de Suède qui l'avait acheté à l'artiste lui-même, mais elle le fit rendre à Gérard Dou. C'est par une autre voie qu'il entra dans la galerie du Régent. Estimé dix mille livres dans l'inventaire de 1785, il trouva acquéreur à Londres pour trois cents guinées (7,895 francs). Ce prix se maintient dans les encans successifs pour atteindre onze mille deux cent vingt-huit francs à la vente de la duchesse de Berry (1837). Sa valeur marchande a certainement quadruplé depuis.

Ce panneau, d'une belle tonalité brune et rougeâtre, d'une tenue impeccable, a un certain moelleux que n'ont pas toujours les Gérard Dou, mais on y sent la peine plus que l'émotion. C'est une vraie miniature par le faire et par la petite dimension, sans la naïveté médiévale, sans l'excuse pieuse du moine, qui peine du moins pour son salut, et offre à quelque sanctuaire ou à la bibliothèque de son couvent le produit de ses longues journées de labeur. Le religieux anonyme n'avait pas l'état d'âme de Gérard Dou qui, croyant s'excuser de ses minuties, disait travailler pour l'immortalité.....

La Femme sur son stoeb (balcon) a quitté aussi l'Angleterre pour le continent, on la signale dans la collection Koucheleff et chez le prince de Lichtenstein lequel, en 1899, en fit don au Rudolphinium de Prague. La jeune femme est blonde, elle se présente de profil, vêtue d'un manteau vert, fourré d'hermine, elle prend le frais, accoudée sur un balcon drapé d'un tapis de Perse multicolore, et rêve devant un canal dont on aperçoit les eaux tranquilles.

B. BREENBERG

C'est encore un miniaturiste que Bartholomeus Breenberg. *La Tour* et *les Rochers,* deux minuscules paysages ronds, se trouvent au *Fitzwilliam museum* de Cambridge ; ils sont peints sur cuivre et ressemblent à des dessus de boîtes, gentillets et proprets, avec leurs ciels délicats.

REMBRANDT

Mais nous arrivons au grand peintre hollandais, à Rembrandt; ses six tableaux répondent tous à notre appel et nous prouvent que le duc d'Orléans fut un précurseur en accueillant le merveilleux artiste, discuté assez fâcheusement au xviii° siècle. Dubois de Saint-Gelais écrit : « On ne trouve dans ses ouvrages ni la correction du dessin, ni le goût de l'antique, de quoi il semble convenir, disant que son but n'était que l'imitation de la nature vivante..... Il n'a pas laissé de faire quantité de portraits d'une force, d'une *suavité* et d'une vérité surprenantes. Sa manière est particulière et bien différente de celle qui est si finie dans les ouvrages des Flamands. » Et ne sent-on pas que l'abbé de Fontenay cherche à se faire pardonner de louer Rembrandt? « Il possédait, écrit-il, à un degré éminent, cette portion de génie pittoresque, si essentielle surtout dans le genre du paysage, où la nature dicte elle-même l'ordonnance de la scène, en détermine les plans, les masses et pose des bornes que le feu de l'enthousiasme ne peut franchir sans risquer de la défigurer. Rembrandt savait s'arrêter à propos : il sentait qu'au delà du *beau vrai,* toute illusion est vicieuse, et que le *beau idéal,* quelque séduisant qu'il soit, n'est que le résultat d'un goût licencieux qui, en peinture, mène d'erreur en erreur, à une dépravation pernicieuse. » N'était-ce pas disserter de travers et bien mal comprendre l'art de celui qui, dans *les Pèlerins d'Emmaüs,* a rendu la poésie divine de la souffrance et qui, même dans ses paysages, a fait dire à la nature des secrets inconnus jusqu'à lui?

Parlons d'abord du *Moulin,* dont la vente, en 1911, fut un événement mondial. De l'avis de ceux qui l'ont vue autrefois, c'est une des œuvres maîtresses de Rembrandt. « Ce paysage, note Waagen, mérite sa réputation, c'est le plus frappant exemple de la puissance que la facture peut donner au plus simple sujet; un moulin et une maison, une élévation de terrain avec, au bas, de l'eau et quelques figures sont, en eux-mêmes, de très vulgaires éléments, mais Rembrandt les a enveloppés d'un attrait enchanteur. Le contraste entre les chauds rayons du soleil qui se couche et les tons dorés, diaphanes du premier plan, entre le lumineux ciel du soir et les sombres nuées, est aussi noblement conçu que noblement exécuté. » Mrs. Jameson n'est pas moins lyrique, la bonne dame pille Waagen avec un sans-gêne inouï ; elle se résume en disant : « Il y a, dans cet humble paysage, une beauté calme, solennelle, qu'on ne saurait exprimer. » Le dernier exégète de Rembrandt, le Dr Bode, directeur du Musée royal de Berlin, place *le Moulin* très haut dans l'œuvre de l'artiste et en fixe la date à l'année 1650.

La critique était encourageante. Aussi M. Widener, de Philadelphie, a-t-il offert au marquis de Lansdowne cent mille livres sterling (deux millions et demi) pour *le Moulin*. On a beau être richissime, posséder une des plus belles fortunes d'Angleterre, on n'est pas insensible à un pareil coup de bourse. Il faut avouer, en effet, que l'acquisition de ce tableau, il y a plus d'un siècle, était un vrai placement de *grand-père de famille* de la part de l'aïeul du marquis — il l'avait payé huit cents guinées (21,000 francs).

La psychologie du collectionneur richissime est facile à noter. Trop nouveau, la plupart du temps, pour avoir eu le loisir de récolter autre chose qu'une fortune colossale, il ne saurait se piquer d'être ce que l'on appelle un connaisseur. Il se fie à des conseillers, à des courtiers plutôt, pour ses achats, mais comme il lui faut cependant des assurances concrètes, il convoite les tableaux qui peuvent prouver, par toute une série de parchemins, qu'ils ont appartenu à des collections fameuses. C'est un point de vue comme un autre et, en général, une garantie. On s'explique ainsi que la caisse la mieux garnie se soit ouverte aussi largement pour payer la note du *Moulin;* seule *la Madone de Saint Antoine*, de Raphaël, avait été achetée ce prix-là, croyons-nous.

Le paysage de Rembrandt était une proie toute désignée par sa provenance et par sa célébrité. Si l'on fait le compte des deux millions et demi, tel est le résultat du calcul : un million en souvenir du Régent, un million pour avoir fait sortir le tableau d'une collection patrimoniale, aristocratique, et enfin cinq cent mille francs pour la peinture.

Une fois le marché conclu, malgré Waagen et Bode, on discutait dans le monde des arts et des marchands. On disait que *le Moulin* ne valait pas

PORTRAIT D'ELEAZAR SWALMIUS
Tableau peint par Rembrandt
(Musée Royal. — Anvers)
Photo Braun & Cie

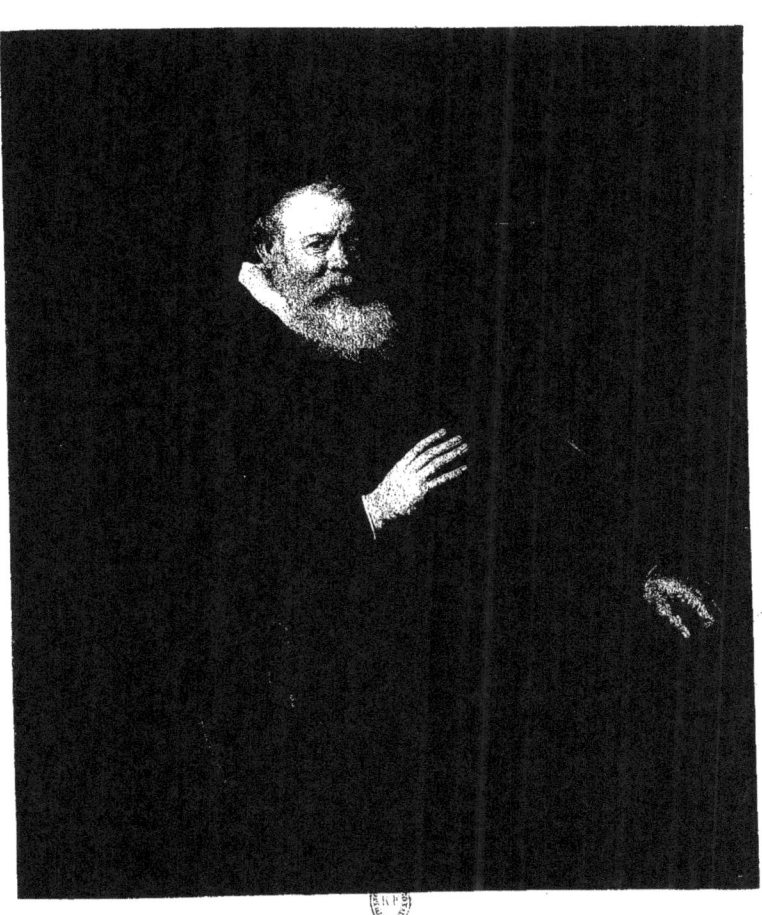

sa réputation, que sa couleur chocolat n'était pas très rembranesque, que son exécution ne dénotait pas une grande maîtrise. Le prix énorme de l'achat ne semblait point proportionné à ce tableau mis tout à coup au pinacle, à l'égal des chefs-d'œuvre consacrés. La suite de l'histoire montre que l'on n'avait pas tort. N'a-t-on pas découvert que *le Moulin* portait une signature, celle d'Hercule Seghers, connu plutôt comme graveur que comme peintre? La chose en est là. Si le nom de Rembrandt a disparu, l'authenticité première n'est pas douteuse, c'est bien le tableau de la galerie du Régent. Cette consolation est-elle suffisante?

Quoi qu'il en soit, cette toile unique fut payée, en 1911, le double du prix que récolta Philippe-Égalité pour toute sa galerie. Il y a de quoi faire rêver les spéculateurs.

Le *Saint François* agenouillé, tenant un crucifix des deux mains, ne nous retiendra pas aussi longtemps. D'Angleterre il est revenu à Paris, chez M. Charles Sedelmeyer, il est aujourd'hui la propriété d'un collectionneur hongrois, M. Marcel de Nemès, de Budapest. On en connaît une réplique chez M. Alfred Beit, de Londres. Les deux amateurs discutent pour savoir qui possède l'original. Nous n'avons pas malheureusement qualité pour intervenir dans le débat. Ce petit panneau est signé et daté de 1637.

Ce fut certes une joie, pour le Musée d'Anvers, d'acquérir, en 1886, pour la somme raisonnable de deux cent mille francs, le beau *Portrait de bourgmestre,* signé et daté de 1637. Il a passé dans les collections anglaises de Morland, de Woodburne, du duc de Buckingham, de Lord Dudley. Ce bourgmestre, qu'on dit être le prédicateur Eleazar Swalmius, est de noir vêtu, il a un col blanc; les cheveux sont grisonnants, le teint est clair et frais. Tout l'intérêt est dans le visage et dans ce bras levé comme pour souligner quelque noble sentence. « On a le sentiment, dit M. Gustave Geoffroy, de l'évocation toute-puissante d'un être qui a vécu. Ce personnage, jailli pour nous de la mort, comme doucement ramené à la lumière après des siècles de sommeil, est purifié de la sottise et de l'égoïsme humains. » M. Hymans, moins lyrique et moins littérateur, voit tout simplement dans Swalmius l'une des œuvres les plus saisissantes comme expression que

Rembrandt nous ait données, et il la compare avec le *Vieillard,* de Bridgewater House, qui est de la même époque et qui est aussi beau.

Deux autres portraits, l'un celui de Rembrandt, signé et daté de 1632, l'autre celui de sa sœur aux cheveux roux, appartiennent à Lord Leconfield et sont à Petworth Castle. Au xviiie siècle, on les avait catalogués sous le titre de *Flamand et Flamande.* C'est dire combien peu familière était la figure de l'artiste.

On attribue à l'année 1644 *la Veillée hollandaise* ou *le Berceau* (collection de M. C.-A. Boughton Knight, Downton Castle) qui est le sixième et dernier des tableaux de Rembrandt cités dans le catalogue de Dubois de Saint-Gelais. On a reconnu aussi dans cette scène une Sainte Famille. Une jeune femme (Marie), vue de dos, lit à côté d'une vieille (Anne) ; entre elles une lampe invisible éclaire vivement la seconde dont l'ombre gigantesque se projette contre le mur. Sur le devant, un berceau où dort un enfantelet (Jésus). A gauche, un escalier sous lequel on distingue vaguement dans la pénombre la figure d'un homme (Joseph). L'hypothèse est gratuite, comme elle l'était pour le tableau du Louvre *(Ménage du menuisier).* D'après Bode, l'œuvre est de la bonne époque du grand artiste.

On verra, dans notre *Catalogue raisonné,* la liste assez longue des maîtres hollandais, cette liste pour nous est maintenant presque un désert. Nous en avons donné quelques raisons, en voici encore d'autres. Ces tableaux, qui sont pour la plupart des acquisitions postérieures à 1723, ne figurent pas dans Dubois de Saint-Gelais ; il est malaisé de rechercher un *Buveur* de Brauwer ou des *Paysages* de Herman Saftleven, sans avoir d'autre point de repère qu'un simple titre. Aussi, peu nombreuses sont les œuvres secondaires dont nous avons pu découvrir la retraite actuelle.

PH. WOUWERMAN

Les quatre Philippe Wouwerman du Régent ont été gravés, malgré cela, le seul *Départ pour la chasse* est parvenu jusqu'à nous. Il a fait partie des trois cents tableaux de maîtres de M. Ch. Sedelmeyer et a passé dans la collection de M. Henri Heugel. C'est, comme la plupart des Wouwerman, une scène très bien composée, pleine de mouvement et tout illuminée d'une atmosphère diaphane. A gauche, sous le porche d'un château à l'aspect chenu, un couple galant s'avance vers le spectateur, les chevaux attendent impatients qu'ils soient montés, des valets ont peine à retenir leur ardeur fringante ; à droite, se détachant sur un bel horizon, un avant-coureur part au grand trot. Le peintre a souvent chanté ce même refrain, variant à l'infini ses groupes et ses fonds de paysages, mais n'évitant pas toujours la monotonie ; toutefois, ce tableau de chevalet, isolé, donne une note agréable, c'est l'œuvre d'un artiste sûr de son métier.

WEENIX

En voyant l'*Orgie* ou *Gaieté bachique* de Jean-Baptiste Weenix, chez Madame Adolphe Schloss, on jurerait avoir devant les yeux un des achats du Régent lui-même. On se tromperait fort. Ce n'est certes pas son fils qui fit l'acquisition de cette *Orgie,* laquelle semble synthétiser, à première vue, un des petits soupers du Palais-Royal, mais bien son petit-fils, l'ami de Madame de Montesson. Sur la table désertée sont juchés deux convives au milieu des reliefs du festin ; vautré sur un lit, un homme tient encore une flûte de champagne, il lutine une femme aux seins découverts, tandis qu'une autre beauté, couchée près de lui, le lutine à son tour. Au premier plan un cavalier, complètement ivre et étendu sur une banquette, essaie de tirer son sabre, mais il va enfin s'endormir au son d'un refrain que lui chante une guitariste. La facture de ce panneau en double la licence ; l'intention du peintre est augmentée par le rendu qui ne fait grâce ni d'un geste, ni du moindre détail ; tout s'étale en pleine lumière, sans le plus léger sacrifice. La couleur même, où domine le rouge que n'atténue pas sa complémentaire, ne révèle pas un coloriste. Ce libertinage est trop lourdement conçu pour ceux qui se plaisent aux charmants caprices de Watteau ou de Fragonard. Notre xviiie siècle est tout aussi libre, mais nos peintres sont plus spirituels ; ils glissent sans appuyer, et leur palette magique sauve tout.

ZUSTRIS

Il est arrivé à Zustris une glorieuse aventure. Son *Enlèvement de Proserpine*, gravé dans la *Galerie du Palais-Royal* sous son nom, fut exposé à Manchester, sous le nom du Titien, et reconnu comme une œuvre authentique du maître de Venise par W. Bürger et par Charles Blanc. Celui-ci nous dira les mérites de cette composition du Hollandais italianisé : « Le tableau est petit, mais le style est grand, de cette grandeur que le Titien savait imprimer à toute chose. Proserpine est emportée aux enfers sur un char traîné par quatre chevaux noirs qui traversent l'Achéron..... En vain une blonde nymphe s'est jetée dans le fleuve et veut saisir la roue du char ; le dieu des sombres royaumes serre dans ses bras la fille de Cérès, furieux d'amour et aussi farouche que ses chevaux couleur de la nuit. » Qu'est devenu ce tableau ?

PIERRE POTTER

Une *Chasse au cerf*, attribuée jadis à Paul Potter, est rendue à Pierre, son frère *(National Gallery)*. C'est un paysage assez insignifiant.

MIÉRIS

Le Miéris, gras et moelleux, représentant *Une jeune femme qui mange des huîtres*, se trouve au *Fitzwilliam museum* où sont réunis huit des tableaux du Régent. Le titre de la scène a été heureusement modifié, c'est maintenant *a Dutch Courtship*, galanterie hollandaise. En effet, le plat d'huîtres est un simple accessoire, la dame n'est occupée qu'à écouter les propos d'un Don Juan, à la face épanouie, qui joue les jeunes premiers et n'arrive pas sans doute à ses fins. Les étoffes, les fourrures, les tapis sont peints à merveille, c'est un gentil bibelot, un peu dépaysé et comme étouffé sur les murs d'une grande galerie. On en voit une réplique à la pinacothèque de Munich.

G. SCHALCKEN

Une scène du même genre, mais suivant la manie de Schalcken, éclairée par une chandelle, est à la *National Gallery* : un officier offre, en minaudant, une bague à une plantureuse personne.

G. NETSCHER

La Maîtresse d'école ou *l'Instruction maternelle,* de Netscher, est aussi à la *National Gallery;* ce gracieux petit tableau a passé dans la collection de Robert Peel avant d'être acheté par le musée de Londres.

A. VAN DER WERFF

De quelle renommée jouit le chevalier Adriaan Van der Werff, peintre attitré de l'Électeur Palatin, comblé d'argent et d'honneur par son mécène princier ! Et dans quelle mince estime nous tenons maintenant celui qui fut le plus *cher* de tous les peintres, bien plus cher que Rembrandt ou Van Ostade ! Le Régent ne pouvait échapper à l'engouement qu'on avait pour cet artiste, son contemporain. Aussi est-ce à Van der Werff lui-même qu'en 1718 il acheta, au prix de cinq mille florins, *le Jugement de Pâris* (galerie du collège de Dulwich). On a tellement reproché à ce Hollandais de la décadence ses chairs éburnéennes, qu'on est tout étonné de voir un peu de sang couler sous l'épiderme du beau berger et des trois déesses, mais on a quelque peine à déclarer esthétiques le groupement de ces personnages, le geste arachnéen de Vénus, l'expression terne de Pâris et la fausse élégance de ces nudités échassières. Il est curieux cependant de voir un tableau commandé par le Régent. Nous croyons que le prince ne fut pas dupe de la mode ; ses Titien et ses Véronèse laissent supposer que son goût était meilleur. Ainsi que le fait remarquer Bürger, à propos de Van der Werff, les mauvais peintres ont, généralement, plus de succès que les bons..... pendant un certain temps.

L'école flamande se réduit, en somme, à trois artistes : Rubens, Van Dyck et Teniers.

Les autres maîtres n'ont probablement pas résisté au temps. Un triptyque de Van Eyck (*l'Adoration des rois, Saint Jacques,* avec son bourdon, *Saint Sébastien,* tenant un arc et des flèches) est introuvable, il se cache sous quelque obscure dénomination. Aucun des historiens, même les plus modernes, des Van Eyck ne le connaît. Il en est de même pour Breughel le vieux, dont on cite, au Palais-Royal, la fameuse *Transmigration de Babylone,* « paysage où l'on voit une tour très haute, bâtie sur une roche, avec une multitude innombrable d'hommes, de femmes et d'enfants ». L'original est à Vienne et n'a jamais séjourné dans une galerie française. Force nous est de nous contenter des peintres qui ont brillé au xviie siècle.

RUBENS

Rubens devait charmer le Régent par son exubérance et sa couleur, et il ne faut pas oublier non plus qu'il avait droit de cité à Paris où, au Luxembourg, depuis Louis XIII, son œuvre était splendidement représentée — Rubens était consacré comme peintre royal.

Dubois de Saint-Gelais note que *le Jugement de Pâris* provient de Richelieu; c'est une erreur, on ne retrouve pas trace, dans les inventaires du ministre, de ce tableau, œuvre magnifique, quoique de moyenne dimension, pièce de musée par excellence; tout le talent du peintre d'Anvers y triomphe, depuis la souplesse et le fluide du modelé, jusqu'à la fraîcheur et l'éclat des tons, depuis l'heureuse ordonnance des personnages jusqu'à la beauté du site choisi. Le tableau est des environs de 1636. La *National Gallery* l'acheta en 1844, à la vente Penrice. Le sujet fut traité plusieurs fois par Rubens, la version de Dresde se rapproche beaucoup de celle de Londres, la version de Madrid est très différente et se complique d'accessoires inutiles.

Des deux immenses compositions qui se faisaient pendant au Palazzo Riaro, chez Christine de Suède, *la Continence de Scipion* et *Thomyris,* la première fut détruite par un incendie, en 1836, à Londres, — mais elle

LE JUGEMENT DE PARIS
Tableau peint par Rubens
(National Gallery. — Londres)
Photo Braun & Cie

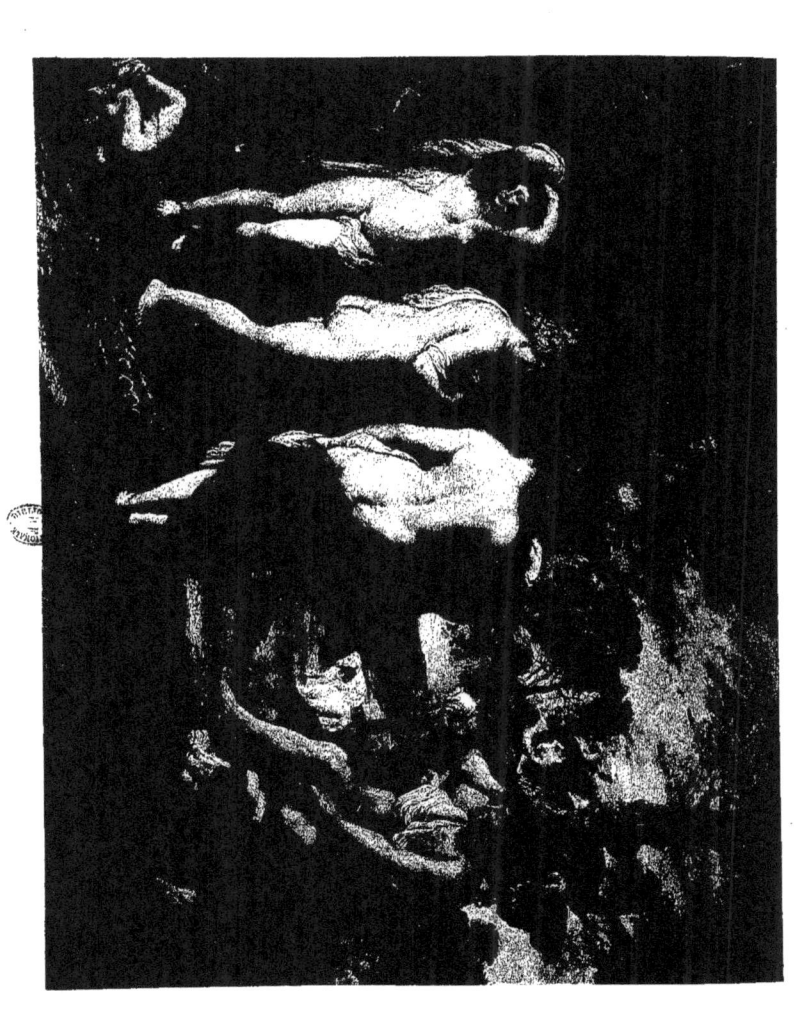

subsiste en copie réduite chez M. Philéas Vassal, à Paris, — et la seconde, exposée à Bruxelles en 1910, est à Cobham Hall, chez le comte de Darnley. Il n'y a aucun rapport entre la *Thomyris* du Louvre et celle-ci.

La légende est tragique de cette reine des Massagètes qui, ayant vaincu Cyrus, le condamna à la peine capitale et, devant elle, fit plonger sa tête dans un bassin rempli de sang. « *Satia te sanguine quem sitisti,* étanche la soif que tu as eue de sang humain, » aurait-elle dit, d'après Justin. La mise en scène de ce cinquième acte convenait merveilleusement à Rubens. Réunir des gens en grand apparat, nous montrer une princesse suivie de sa cour et tout un groupe de spectateurs qui regardent un jeune esclave exécuter l'ordre de Thomyris, c'était aisé à réaliser pour l'imagination du peintre, et, par un anachronisme habituel, non moins aisé à cet amateur de riches étoffes de répandre sur toute cette assemblée le chatoiement des brocarts et des ors.

Les types orientaux à longues barbes tels qu'on en voyait descendre, au bord de l'Escaut, des lointains voiliers, servirent à Rubens en cette vaste composition, comme ils lui servirent tant de fois, entre autres dans cette *Adoration des Mages,* un peu plus tapageuse, du musée d'Anvers. Ce sont *les comparses admirables,* selon l'expression de Fromentin. Mais ici la palette s'est assagie, des gris argentés viennent rompre les violences, l'œil n'est pas trop ébloui. M. Max Rooses est arrivé à fixer la date de cette œuvre d'après les pages qui portent la robe de la reine et qui sont les enfants de Rubens : Albert, né en 1614, peut avoir neuf ans ; Nicolas, né en 1618, peut en avoir cinq, la date probable est donc 1623. Le même critique d'art affirme que la *Thomyris* du Louvre est postérieure et qu'elle fut exécutée par Rubens lui-même, tandis que celle de Cobham Hall ne serait qu'une préparation d'élèves, simplement retouchée par le maître. Mais ces retouches sont tout, et puis il semble bien difficile de faire la preuve d'une pareille assertion. Toujours est-il que ce tableau, bien mis en valeur dans la galerie du comte de Darnley, est pour nous comme pour Bürger, un des Rubens « historiques » comparable aux meilleurs. Une petite esquisse très intéressante est placée auprès de la grande toile.

On sait quelle admiration les connaisseurs ont pour les paysages de

Rubens. Le *Saint Georges,* de Windsor Castle, est bien fait, par sa noblesse, pour justifier cette admiration. Dans cette importante composition, le maître raconte la « légende dorée » de Cléodelinde. Il a fait choix du moment où le monstre vient d'être tué et où le vaillant chevalier rend à la fille du roi de Lydie la ceinture qu'elle lui avait confiée pour enchaîner le dragon. La princesse, c'est Henriette, et Saint Georges, Charles Ier, hommage dû au monarque qui avait comblé l'artiste de bienfaits. Une autre allusion flatteuse, c'est que l'on aperçoit dans le lointain la Tamise et la silhouette de Windsor, où Édouard III, en 1345, avait fondé l'ordre de la Jarretière sous les auspices de Saint Georges, particulièrement vénéré en Angleterre.

Ce tableau faisait partie de la collection du malheureux roi-martyr et le voilà rentré au pays où il avait été composé, dans le palais des successeurs de Charles Ier. Cela fait dire à Mrs. Jameson — elle pensait tout à la fois à la vente à l'encan de 1650 et à la débâcle de Philippe-Égalité — une révolution fit sortir le *Saint Georges* de chez nous, une autre révolution nous le rendit. C'est fort heureux pour les Anglais, mais que de chefs-d'œuvre seraient à Chantilly si un prince ne les avait follement sacrifiés !

On a du moins revu à Paris, chez M. Charles Sedelmeyer, deux des douze esquisses de l'*Histoire de Constantin* : la *Croix miraculeuse* et le *Baptême,* l'une est à Philadelphie chez M. John G. Johnson, l'autre dans la collection Ferdinand Bischoffsheim. Une troisième esquisse est à Londres *(Wallace Collection),* c'est la *Défaite de Maxence,* achetée par le marquis de Hertford à la vente Rogers (1856). Ces panneaux sont d'un intérêt très inégal, mais le *Baptême* et la *Défaite* sont superbes de composition et de couleur, c'est un vrai régal pour les yeux que ces notations brillantes où le maître, d'une touche habile et sûre, fixe l'harmonie de sonores orchestrations. C'est sa pensée vivante qu'il traduit au moyen du pinceau, sans aucune réticence, et pour ainsi dire d'un seul jet.

Nous avons une lettre de Peiresc à Rubens, datée du 1er décembre 1622, au sujet de quatre de ces compositions qui venaient d'arriver à Paris pour être soumises à l'abbé de Saint-Ambroise. Le carton de la bataille, dit

LE BAPTÊME DE CONSTANTIN
Tableau peint par Rubens
(Collection F. Bischoffsheim. — Paris)

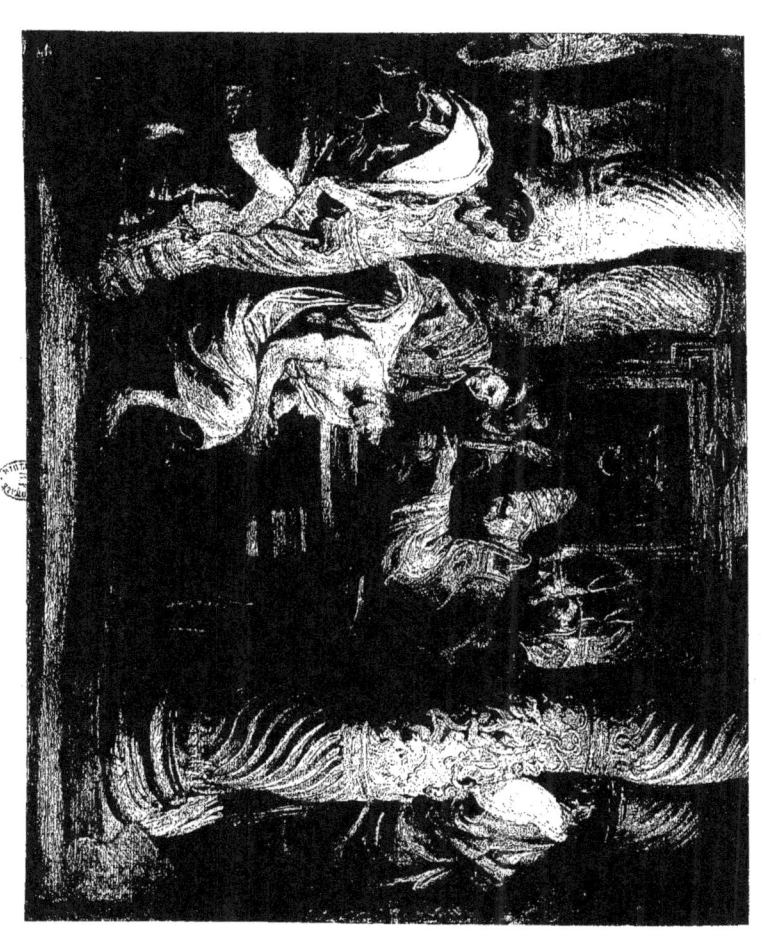

Peiresc, « a été mis au premier rang ». Il s'agit de la *Défaite de Maxence* qui rappelle la *Bataille des Amazones,* aujourd'hui à Munich. Dans l'une et dans l'autre, Rubens a rendu en un simple épisode l'intensité dramatique d'un combat ; de même Stendhal nous donne l'impression de Waterloo en nous faisant assister aux coulisses de la bataille. Notons encore que dans la *Défaite* le motif des hommes suspendus par les mains au pont est emprunté à l'*Incendie du Bourg* de Raphaël.

Ces cartons avaient été commandés par Louis XIII pour servir de modèles de tapisseries qui furent exécutées en France. Le Garde-meuble en possède plusieurs exemplaires dans ses réserves.

L'*Aventure de Philopœmen* dont la partie nature morte, très importante, est de Snyders, a disparu ; c'était, paraît-il, une copie. La Caze avait eu le bon goût d'acheter la première pensée de ce tableau, et nous l'avons au Louvre. Cette pochade entièrement de la main de Rubens est très précieuse pour les artistes, ils savent y surprendre des secrets qui échappent au vulgaire.

VAN DYCK

Les Van Dyck du Palais-Royal ne le cédaient guère aux Rubens. Le Régent possédait sans conteste le chef-d'œuvre de l'artiste, ce *Portrait de Snyders* qui a traversé l'Atlantique, après avoir séjourné pendant un siècle à Castle Howard, chez les Carlisle. Il fait aujourd'hui les délices d'un collectionneur de New-York, M. Henry Frick. « Le plus beau Van Dyck que j'ai jamais vu, écrivait Bürger, c'est le portrait de son ami Snyders. Si l'on imaginait un jour de faire une exhibition des plus célèbres portraits des grands maîtres de tous les pays, en n'y mettant qu'un seul portrait de chaque maître, par exemple la *Joconde* pour Léonard ; le *Joueur de violon* de la Galerie de Florence pour Raphaël [Bürger veut désigner le tableau de la *Collection Sciarra,* reconnu pour être de Sebastiano del Piombo, aujourd'hui dans la Collection Alphonse de Rothschild] ; un *Charles-Quint* pour le Titien ; un *Philippe IV* pour Velazquez ; le *Chapeau de paille* pour Rubens ; le *Bourgmestre Six* pour Rembrandt, etc., — et que je fusse chargé des intérêts de Van Dyck, je mettrais, de préférence à toutes ses images de rois, de princes, de gentilshommes et de ladies, son portrait de Snyders, entre le Velazquez et le Titien...... Snyders est vu jusqu'aux genoux, presque de face, la tête nue, un peu inclinée, les deux mains appuyées très naturellement sur le dossier d'une chaise ; il est tout en noir, avec seulement un col simple et des manchettes dentelées..... Van Dyck a, d'ordinaire, plus d'éclat et de grâce que de sentiment et de profondeur. Souvent il montre l'habit plus que l'homme, mais ici, sans doute, il a été ému par cette belle tête empreinte d'une sensibilité très poétique. Les yeux surtout, le regard, sont prodigieux. On communique avec l'homme qui est là... Les mains aussi peuvent compter parmi les plus belles qu'ait faites la peinture. »

Cette page brillante est pour ce portrait un *vade-mecum* inséparable, une consécration définitive que tous ceux qui ont vu ce chef-d'œuvre approuvent sans restriction. On ne sait pas le prix payé par M. Frick, mais il est certainement bien supérieur à la somme versée par le comte de Carlisle de 1793 qui donne quatre cents guinées (10.500 fr.) aux négociateurs anglais.

Cette migration des tableaux vers les rives de l'Atlantique a eu du moins un heureux résultat. Depuis la fin du xviii° siècle la femme de Snyders, peinte également par Van Dyck et à la même époque, était séparée de son mari, elle se trouvait, loin de Castle Howard, chez le comte de Warwick. On les avait réunis temporairement à Manchester en 1857. « Le peintre flamand et sa femme, disait Bürger, semblent condamnés à une séparation perpétuelle, sauf cette rencontre fortuite qui, sans doute, ne se renouvellera plus. » Elle s'est renouvelée, les époux sont tous deux maintenant chez M. Frick. Le portrait de la femme de Snyders est, paraît-il, d'une belle composition. Waagen y voit les tons clairs de Rubens, Bürger y découvre, dans une draperie d'un gris lilacé, les tons de Velazquez. « C'est excellent, dit le critique français, mais pas si introuvable néanmoins que Maître Snyders. » Espérons que, comme Philippe le Roy et sa femme, à la Collection Wallace, cet autre couple,

PORTRAIT DE FRANZ SNYDERS
Tableau peint par Van Dyck
(Collection de Mr. H.-C. Frick. — New-York)

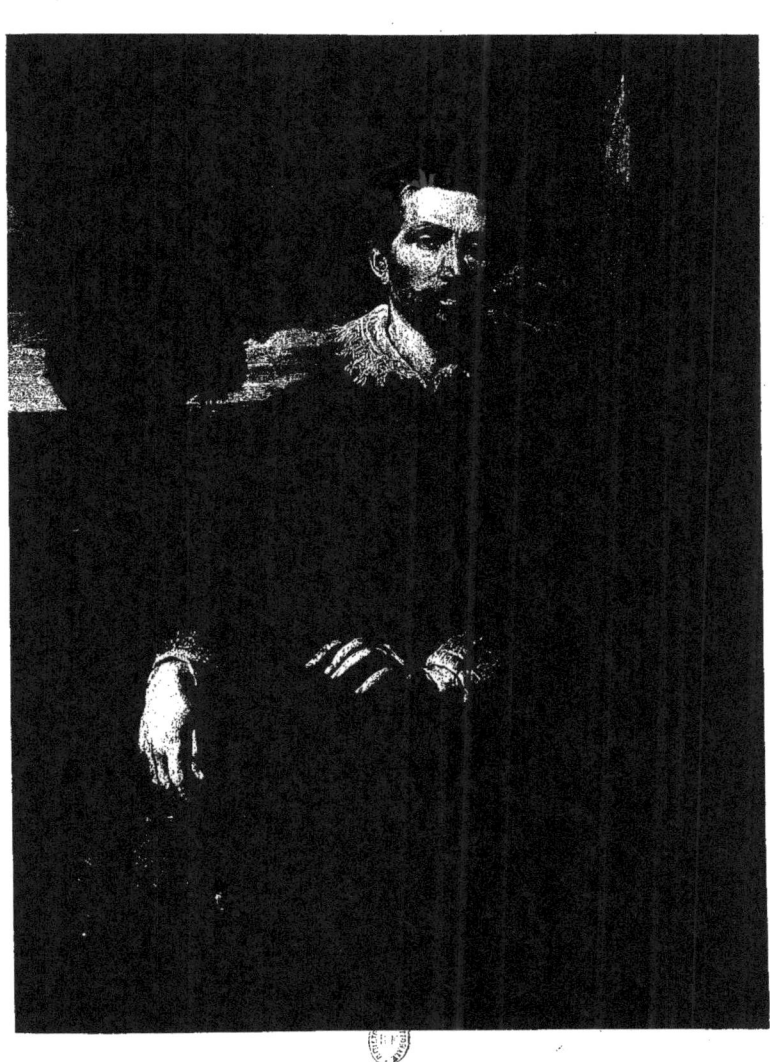

immortalisé par Van Dyck, entrera un jour dans un musée, fût-ce en Amérique, et y sera conservé pieusement.

Bürger a remarqué que les portraits d'artistes par Van Dyck sont en général ses plus belles œuvres, il y cherchait autre chose et plus que dans les effigies de personnages aristocratiques, il peignait l'âme plus que l'enveloppe humaine. Pourtant le *Portrait du comte d'Arundel,* naguère encore à Stafford House, chez le duc de Sutherland, et maintenant au pays des milliards, est remarquable aussi. L'homme n'était pas ordinaire. Thomas Howard, comte d'Arundel, ami de Charles Ier, auquel il donna le goût des belles choses, fut un mécène célèbre et l'un des grands collectionneurs d'Angleterre. Le premier il avait réuni des marbres antiques et des monuments d'épigraphie; ses pierres gravées, ses tableaux et ses dessins de Holbein et de Dürer avaient une grande valeur.

Van Dyck représente le comte à mi-genoux, assis dans un fauteuil garni d'étoffe rouge, un rideau violacé et un coin de paysage servent de fond. Le modèle est vêtu de noir, il a dans sa main gauche un papier; sa main droite tient une médaille suspendue à son cou par un cordon bleu. Le dessin de la tête est superbe, l'expression mélancolique et résignée est rendue à merveille. Le doré des lumières et le rouge des ombres indiquent une influence vénitienne; Van Dyck peignit ce portrait vers 1635, dès les premières années de son séjour à Londres. Nous empruntons ces détails techniques à Waagen, n'ayant pu voir l'original, déjà envolé lors de notre visite à Stafford House.

Parmi les tableaux que possédait Monsieur se trouvaient naturellement des portraits de Charles Ier, de son fils cadet, le duc d'York, et aussi une grande toile : *Charles Ier et Henriette de France,* avec deux de leurs enfants, que nous avons signalée comme figurant dans l'inventaire de Madame (1671). Philippe-Egalité n'eut aucun scrupule et laissa cataloguer ces *souvenirs* qui reprirent le chemin de l'Angleterre, d'où ils étaient venus.

On connaît deux répliques de ce beau groupe familial, l'une à Windsor, l'autre à Goodwood, chez le duc de Richmond et Gordon. Cette dernière provient du Palais-Royal, le duc a bien voulu confirmer le fait et nous dire : « Mon tableau est un peu plus grand que celui de Windsor, le paysage représenté dans le mien est une vue de Westminster ou de Whitehall. » Dans l'exemplaire des collections royales, c'est une vue de la Tour de Londres. Mais l'ordonnance est la même, à part ce détail. Charles Ier et Henriette sont assis à côté l'un de l'autre, le roi a près de lui le prince de Galles, debout, la reine tient le duc d'York dans ses bras.

Tableau d'apparat, cette page est bien faite pour décorer une salle de palais ou de demeure princière, encore qu'elle n'ait pas l'intérêt des esquisses des *Enfants de Charles Ier* qui sont au Louvre, à Berlin, à Dresde et ailleurs, sans parler de l'œuvre achevée que l'on admire à Turin.

Le Régent possédait encore les cinq Van Dyck provenant de Mazarin ; nous en avons cherché la trace dans l'inventaire du cardinal, ce qui n'était pas inutile, à cause des fausses identifications qui suivirent. Trois de ces portraits se sont retrouvés. C'est d'abord la princesse de Phalsbourg, Henriette de Lorraine ; « habillée de noir, nous dit l'inventaire, elle appuie sa main droite sur un Maure..... prisé 800 livres tournois ». Le tableau figurait primitivement dans la galerie de Charles Ier, dont le catalogue nous fournit cette note : « Peint sur le continent ; apporté de Bruxelles par Endymion Porter, » l'un des courtiers du roi. Il est aujourd'hui chez lord Rosebery qui l'acheta à la vente du duc de Hamilton (1882) pour deux mille cent livres sterling (52.500 fr.). La peinture n'est par sans défauts, Waagen la trouvait lourde de ton, et un critique du *Times* écrivait au moment de la vente Hamilton : « La princesse de Phalsbourg, sœur du duc de Lorraine, qui fut sans nul doute l'un des tableaux de la galerie du Palais-Royal provenant de la collection de Charles Ier, est un très noble portrait, mais la dame n'était pas assez belle et le peintre, en manière de repoussoir, mit un petit nègre à ses côtés. » Waagen s'en prend aux défauts techniques, le journaliste au manque d'attrait de la princesse ; les souvenirs qui s'attachent à ce tableau sont plus précieux que l'œuvre elle-même, c'est ce qu'il faut conclure.

Quant à l'homme en pied « qui a une chevelure rousse et est vêtu comme on l'était en France dans le xvie siècle » (Dubois de Saint-Gelais), c'est, d'après l'inventaire de Mazarin, « le marquis d'Entragues, figure grande, debout près une colonne, habillé de noir, appuyé sur une canne..... prisé 500 livres tournois ». Ce portrait appartient au duc de Bedford, il est à Woburn Abbey où l'on ne compte pas moins de dix-neuf Van Dyck. Grâce aux recherches faites par M. F. Bennett Goldney, le personnage a pu être identifié, c'est, non pas le marquis d'Entragues, mais Guillaume Cavendish, comte de Newcastle, assez étrange figure du xviie siècle anglais. Courtisan dans l'âme et grand seigneur accompli, Guillaume Cavendish voue un culte à Charles Ier qu'il reçoit somptueusement dans son domaine de Welbeck, en Écosse, et il obtient la charge de gouverneur du prince de Galles (le futur Charles II). Plus tard il est mêlé aux guerres civiles, mais, d'un caractère ombrageux, Guillaume quitte l'Angleterre, en 1644, après la bataille de Marston Moor. Il ne rentre chez lui qu'à la Restauration après seize ans passés en Hollande, à Anvers, à Paris, et ne trouve plus qu'un Welbeck dévasté, c'est la ruine. Son ancien élève vient à son secours, le comble d'honneurs, le crée duc et le fait chevalier de la Jarretière. Il reste de Cavendish deux traités d'équitation, des pièces de théâtre, une traduction de *l'Étourdi* de Molière, dont Dryden profita. Son esprit était toujours en éveil. On compte au nombre de ses amis Hobbes, Descartes, Gassendi, Ben Jonson, Shirley, Shadwell, Mac Flecknoe. Marié deux fois, il a dans sa seconde femme un biographe indulgent et il peut lire de son vivant l'éloge de ses hauts faits et de ses œuvres. Le caustique Pepys, un Saint-Simon au petit pied, le tourne en ridicule et traite ses comédies de folles et ennuyeuses inventions. Le beau portrait de Van Dyck nous révèle un élégant seigneur, mais aussi un homme d'une intelligence plus vive que ferme — c'est le type de l'insouciant et du glorieux.

A Woburn Abbey l'on voit encore la femme « en pied, coiffée en cheveux ». C'est la duchesse d'Orléans, Marguerite de Lorraine, épouse de Gaston, « habillée de noir avec une jupe de brocart, tenant un éventail de la main gauche..... prisé 600 livres tournois ». (Inventaire de Mazarin.) La peinture est d'une qualité moindre dans cette toile, le modèle n'offrait pas l'originalité du comte de Newcastle.

Le personnage que Dubois de Saint-Gelais désigne comme « ayant l'habit de pair par-dessus une armure, » est, nous dit l'inventaire du cardinal, « l'Électeur Palatin [Frédéric, roi de Bohême, beau-frère de Charles I*er*], armé et botté, couvert d'un manteau électoral...... prisé 450 livres tournois ». D'après la gravure de Macret, c'est bien là le portrait de Frédéric, d'autant qu'on le met en regard d'une princesse, qui ne peut être qu'Élisabeth Stuart, sa femme, portant encore assez jeune le costume de veuve ; or, l'on sait qu'elle perdit son mari en 1632. L'inventaire est très explicite à cet égard : « La Reyne de Bohême, droite, habillée de noir, avec une garniture de perles, tenant un baston à la main et de l'autre un mouchoir..... prisé 500 livres tournois. » Le mouchoir, note Dubois de Saint-Gelais, est marqué de trois lettres : F. R. L. ce qui est sans doute une mauvaise lecture pour E. R. B. *Elizabeta Regina Bohemiæ*.

TENIERS

Rien n'est plus difficile que d'identifier des Teniers. Pour les peintres hollandais ou flamands le sujet était secondaire, ils fuyaient la fâcheuse anecdote qui a sévi plus tard. Les scènes qu'ils représentent, souvent semblables à elles-mêmes, ne peuvent se désigner que par des titres vagues qui changent en passant de collection en collection, si bien qu'au milieu des *Buveurs*, des *Joueurs*, des *Fumeurs*, des *Cabarets*, des *Estaminets*, etc., on a grand'peine à se retrouver. Aussi, malgré les estampes de la *Galerie du Palais-Royal* qui reproduisent neuf Teniers sur les onze que possédait le Régent, malgré le *Catalogue raisonné* de Smith, n'avons-nous pu en reconnaître que trois.

C'est d'abord l'*Alchimiste* que nous avons vu chez le comte d'Ellesmere, joli spécimen, peint dans les gris argentés, de ce sujet répété non moins de dix-sept fois par l'artiste. Le catalogue de Bridgewater House dit expressément : *From the Orleans collection* et précise qu'un jeune homme regarde l'alchimiste souffler dans son four ; or, la gravure de Michon et Lorieux a supprimé ledit jeune homme, si bien que nous hésitons entre

PORTRAIT DE LA FEMME DE FRANZ SNYDERS
Tableau peint par Van Dyck
(Collection de Mr. H.-C. Frick. — New-York)

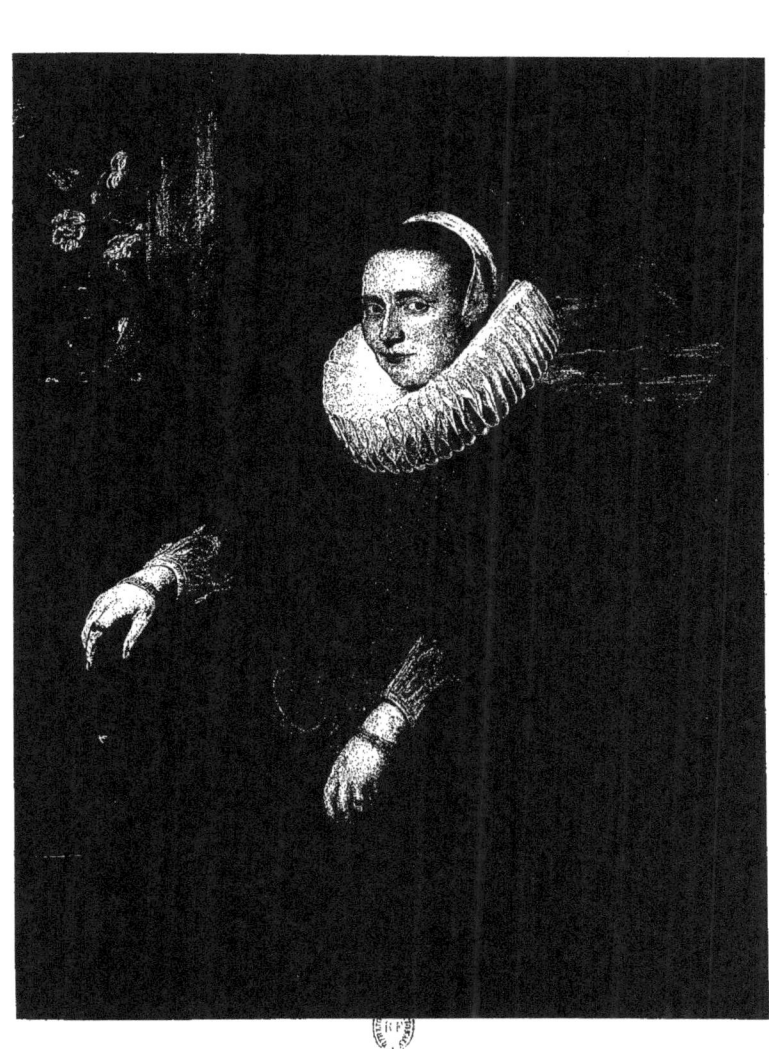

une erreur de provenance ou une nouvelle supercherie du recueil de J. Couché. Dubois de Saint-Gelais ne peut ici nous venir en aide, sa description est trop sommaire.

Le *Vieillard* nous a été signalé par M. Ch. Sedelmeyer. Le décor est un estaminet, au centre cinq hommes dont un vieillard sont autour d'une table. A droite, trois personnages se chauffent au coin du feu, à gauche, dans la porte apparaît une servante qui tient un pot et un plat. Cette toile est signée et datée de 1649. La *Fumeuse*, enfin, se trouvait au Musée de Caen, elle a été détruite par l'incendie de 1905.

ÉCOLE ALLEMANDE

Deux noms fameux sont inscrits dans le catalogue : Albert Dürer et Hans Holbein.

DÜRER

De Dürer : un portrait, « peint sur bois, haut d'un pied huit pouces, large d'un pied trois pouces. Figure de grandeur naturelle. C'est un homme à mi-corps qui a les mains l'une sur l'autre, tenant un papier et qui paraît méditer. Le fond du tableau est brun, laissant voir à droite en haut un bout de paysage dans le lointain. » Il avait été cédé au Régent par son ami, le duc de Gramont. Dans l'inventaire de 1785, il est estimé six livres! Ce tableau passa en Angleterre où il fut vendu en 1793. Et c'est tout ce que nous savons. Aucune gravure ne vient à notre secours.

Du même Dürer, un triptyque *(Nativité, Adoration des Rois, Fuite en Égypte)* vu par Waagen à Dunmore Park, chez le comte de Dunmore, est attribué à Walther van Assen, peintre hollandais assez mystérieux ; Waagen déclare que c'est un excellent ouvrage, encore que la *Nativité* ne soit pas très bien conservée. Ce triptyque avait été prisé seize cents livres en 1724, et seulement quatre-vingts en 1785.

Que sont devenus ces Dürer ?

HOLBEIN

Holbein seul a surgi de l'ombre, deux de ses tableaux ont échappé aux dangers des migrations.

Parmi les surprises qui nous étaient réservées en chassant à travers les galeries d'Europe, la plus agréable fut de découvrir le Georg Gisze, de Berlin. Personne ne se doutait que ce somptueux portrait avait séjourné au Palais-Royal, pas même Waagen qui pourtant avait dressé une liste des tableaux de la galerie d'Orléans ; dans cette liste (de 1835), il note, au nom de Holbein, le *Portrait de George Gissel* (sic) qu'il fait suivre d'un point d'interrogation comme pour insister sur son étonnement; ce savant qui avait, en sa qualité de directeur du Musée de Berlin, la garde de ce chef-d'œuvre ne le reconnaît pas. L'inscription bien apparente qu'on lit sur la porte de l'armoire aurait dû l'éclairer, car ce Gisze se trouvait dans les collections royales de Prusse depuis 1821 ; il y était entré avec tous les autres tableaux de la collection Solly..... Mais, à quoi bon insister sur cette bévue? Il faut être indulgent envers ce directeur distrait à qui nous devons ce très précieux répertoire des *Trésors d'art de la Grande-Bretagne* et à qui il a manqué, comme à tant d'autres, de connaître le petit livre de Dubois de Saint-Gelais.

Voici, en effet, ce qu'on lit à la page 235 du volume : « Portrait de Georges Gysein, peint sur bois, haut de trois pieds, large de deux pieds huit pouces. Demi-figure. C'est un négociant à son bureau ; il a une espèce de toque, et par-dessus son habit qui est rouge, une robe noire à manches pendantes ouvertes d'où sortent ses bras. On voit sur sa table une fiole avec de l'eau et des fleurs dedans. Le fond du tableau représente un cabinet rempli de tout ce qui sert à un négociant; sur la porte de son armoire on lit ce distique : *Sine mœrore voluptas,* et au-dessous G. GISSE. Il vivait en 1512 [il faut lire 1532], comme il paraît dans une inscription qui est au haut du portrait. » C'était, à n'en pas douter, dans toute son exactitude (sauf la date) la description même du Holbein de Berlin. Le dernier catalogue illustré, rédigé par le Dr Bode, nous prouvait que l'on ignorait le *pedigree* du tableau et nous faisait entrevoir tout l'intérêt de la découverte, qui, nous pouvons le dire, fit quelque sensation dans le monde des arts.

L'inventaire de 1785 estimait le Gisze cent cinquante livres ! Mais le catalogue de la vente de 1793, que nous avons consulté au British Museum, contient quelques rares annotations manuscrites et, au n° 104, qui est notre Holbein, on a inscrit le mot : *fine*. Il fut acquis par le graveur Christian de Mechel au prix de deux cents guinées (5,250 fr.). Celui-ci essaya en vain de le faire acheter par la bibliothèque de Bâle. Il s'en fut à Berlin, vers 1812, où il le vendit à Solly.

Un second portrait, celui de *Sir Thomas More,* lequel était compris dans l'*Inventario* de la reine Christine de Suède, s'est retrouvé aussi. Le célèbre chancelier d'Angleterre, sacrifié à la haine de Henry VIII et décapité en 1535, est vu de trois quarts, il a une robe noire fourrée de petit-gris à manches courtes qui laissent apercevoir les manches de velours rouge du pourpoint. Il porte un collier formé de plusieurs S d'or, d'où pend une rose de même. A l'index de la main gauche se voit une bague; de la main droite, le chancelier tient une lettre. Le fond du tableau est un « pavillon » vert. Ces détails correspondent exactement avec le portrait de Thomas More appartenant à Edward Huth Esq., de Wykehurst Park.

Grâce à la complaisance de cet aimable collectionneur, nous avons recueilli au sujet de cette belle œuvre quelques curieuses informations. C'est le père du possesseur actuel qui, vers 1860, l'acheta à Farrer, marchand alors fort connu à Londres. Celui-ci l'avait acquise en Irlande en des circonstances particulières : il avait été appelé dans ce pays pour restaurer quelques tableaux chez un gentleman dont on ne sait pas le nom, lequel, pour prix du travail, lui avait permis de choisir l'un des tableaux de sa galerie. D'autre part, comme les documents nous prouvent que le Thomas More fut vendu à Londres en 1793, il n'est pas trop audacieux de penser qu'il s'agit ici de l'exemplaire du Palais-Royal. Mais l'histoire se complique un peu ; il existe une petite copie sur émail de ce Thomas More exécutée par un artiste anglais, Henry Bone, portant au dos une inscription assez déconcertante : cette copie aurait été faite en 1811, d'après un original qui se trouvait à Todi, chez Angiolo Bonelli et qui, depuis le xvie siècle, aurait appartenu aux familles Crescenzi et Bonelli. Sur quoi vient se greffer une anecdote des plus romanesques relatée par Baldinucci dans ses *Vies de peintres*.

Quelque temps après la mort du chancelier, Anne Boleyn aperçoit le portrait de son ennemi dans la « salle des célébrités » de Whitehall. « Comment, s'écrie-t-elle, cet homme vit encore ici ! Et, décrochant le tableau, elle le jette par la fenêtre. » On bénit, ajoute Baldinucci, la Providence qui avait sauvegardé ce précieux trésor. Quoique fort endommagé, le panneau avait été ramassé, mis en lieu sûr, restauré habilement et transporté à Rome au palais Crescenzi.

Selon une autre version, celle de Roger North, le méfait aurait été commis par Henry VIII lui-même, le bois se serait cassé en trois morceaux et eût été rajusté sans trace apparente de dégât par un nommé Pomerantius (Nicolo Circignani), peintre médiocre de Grégoire XIII, alors en mission à Londres, qui se serait trouvé à point nommé, sous les fenêtres de Whitehall.....

Disons que le tableau d'Edward Huth Esq. a deux fentes du haut en bas, mais ce n'est point une preuve *positive* de la réalité de l'aventure. Tous les bois jouent et il n'est pas nécessaire de jeter un panneau dans la rue, du haut d'un palais, pour qu'il soit endommagé.

Tels sont donc les faits : ils affirment l'existence de deux Thomas More par Holbein, l'un à Wykehurst Park, l'autre dont on ne connaît pour le moment qu'une copie sur émail. Ils ne sauraient être confondus, puisque l'on suit l'un en Angleterre en 1793 et que l'autre, à cette date, était en Italie où il resta au moins jusqu'en 1811.

Il est fort difficile de se faire une opinion, mais l'épave du Palais-Royal semble bien être chez Edward Huth Esq. La beauté de cette peinture, exposée à la *Winter Exhibition* de 1881, et alors fort appréciée, est égale à la beauté du Gisze. C'est là un argument esthétique non négligeable. Les deux œuvres ont pu être comparées, lors de leur séjour à Paris au xviiie siècle, et si le Régent n'avait eu qu'une copie du Thomas More on s'en serait avisé, grâce au moyen de contrôle que l'on avait.

SIR THOMAS MORE (1527)
Tableau peint par Holbein
(Collection Edward Huth, Esq. — Wykehurst Park, Sussex)

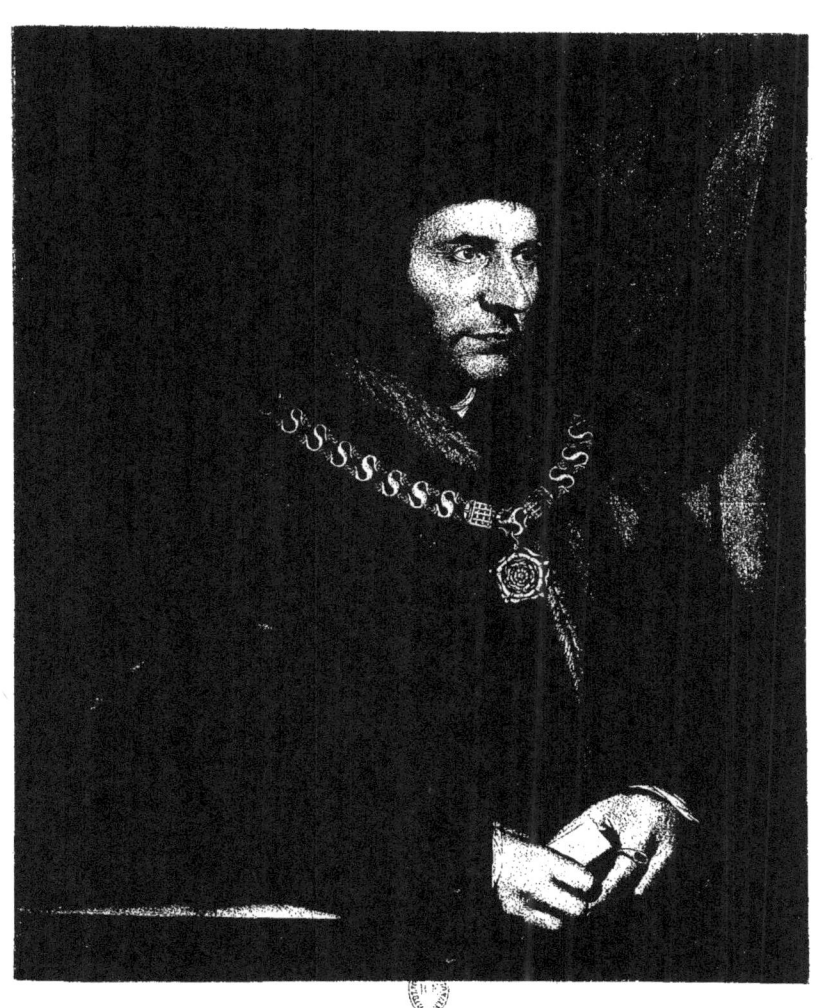

Les répliques de ce portrait du chancelier sont extrêmement nombreuses. Notons celle qui a passé à la vente de Guillaume II des Pays-Bas, en 1850, et qui fut adjugée dix-huit cent cinquante florins. Au Musée du Prado, à Madrid, on voit une brillante interprétation de l'original par Rubens, mais sans le collier aux S d'or. Enfin, à Windsor, dans l'admirable collection des dessins de Holbein, figure la « préparation » du Thomas More.

L'incertitude est absolue au sujet d'un *Thomas Cromwell, comte d'Essex;* « peint sur bois, rond, quatre pouces de diamètre. Buste ». Comme le More il provenait de Christine de Suède. Ni le portrait de la *National Portrait Gallery,* ni celui du comte de Caledon, ni même celui de M. Cardon, de Bruxelles, ne sauraient être identifiés avec le Th. Cromwell du Palais-Royal.

Le Régent possédait un troisième Holbein qui nous est décrit par Dubois de Saint-Gelais : « Le portrait d'une femme. Peint sur bois, haut de trois pieds six pouces, large de deux pieds sept pouces. Figure de grandeur naturelle. Son habillement est noir avec un collet rehaussé et des amadis [manches collantes] fermées de velours rouge. Elle a une espèce de ceinture d'une chaîne d'or garnie au bout d'un gland de même, qu'elle tient de la main gauche, ayant la droite appuyée sur le bras d'un fauteuil de bois dans lequel elle est assise. Le fond du tableau est brun. » Puisse cette description assez minutieuse tomber un jour sous les yeux d'un érudit ou d'un amateur qui aura rencontré cette femme aux « amadis fermées de velours rouge ». Il suffit d'une heureuse fortune.

* *

En plus de cent ans que de vicissitudes pour des tableaux, que de périls et de menaces de destruction ! Le temps a fait son œuvre, l'homme aussi. Nous l'avons vu au cours de ce voyage posthume à travers la Galerie du Régent. Plus d'un fantôme impalpable, insaisissable a passé devant nous.

Les œuvres d'art, comme ceux qui les ont créées, naissent, vivent et meurent. Et n'est-ce pas une attirance de plus de savoir que, comme nous, elles sont fragiles ? Devant une belle chose à la joie se mêle un peu de cette tristesse humaine ; si nos *jours* sont comptés, les *siècles* des tableaux le sont également.

A l'Académie de Venise, une vieille femme ridée, tannée, défaite, nous regarde d'un œil perçant ; elle tient une banderole sur laquelle on lit : *col tempo,* et du doigt se désigne elle-même pour bien montrer ce qu'elle est et nous faire comprendre ce qu'elle a été. Nous pensons à cette devise funèbre que nous légua Francesco Torbido en fermant la porte de cette nécropole où, au milieu des résurrections, plus d'un artiste est resté muet à notre appel, plus d'une œuvre a gardé le silence de la décrépitude ou de la mort.

Mais, pareil à un guerrier qui rentre au foyer, nous voudrions faire le compte des vivants. Qu'il suffise toutefois de grouper, en manière de conclusion, les plus radieux joyaux de cette galerie princière, et d'en composer un trophée. Sur les cinq cents tableaux, presque la moitié a survécu, et dans cette moitié il y a au moins dix de ces chefs-d'œuvre incontestés qui, en dehors des engouements, de la mode et du snobisme, gardent leur prix artistique. Ce sont des tableaux dignes de tous les salons carrés, de toutes les tribunes, de tous les sanctuaires du monde. Et ce n'est pas peu si l'on réfléchit que certaines œuvres d'art ont un cours comme les valeurs de bourse ; d'un siècle à l'autre, suivant la fantaisie du marché, les Carrache, par exemple, se paient cinquante mille ou cinq cents francs ; et tel Chardin ou tel La Tour qu'on avait pour quelques louis, au début du xixe siècle, atteindraient des prix fabuleux dans les grandes ventes d'aujourd'hui. Les peintures qui résistent à ces fluctuations financières ne sont pas communes, car elles doivent, par leur beauté, s'imposer à tous, aux ignorants comme aux connaisseurs. « L'opinion, a dit Fromentin, ne s'égare jamais tout à fait. Par des chemins incertains, souvent pas les mieux choisis, elle arrive en définitive à l'expression d'un sentiment vrai. Quand elle se donne à quelqu'un, les motifs en vertu desquels elle se donne ne sont pas toujours les meilleurs, mais toujours il se trouve d'autres bonnes raisons en vertu desquelles elle a bien fait de se donner. »

Il faut que ce soient de toute évidence des produits d'un art accompli, sans ces tâtonnements ou ces naïvetés des primitifs qui paraissent ridicules

LA MONTAGNE
Tableau peint par B. Breenberg
(Fitzwilliam Museum. — Cambridge)

au vulgaire. Or, quels peintres mieux que les peintres de la Renaissance et leurs successeurs immédiats peuvent offrir un semblable critérium ?

Les dix joyaux seraient, suivant notre humble avis : la petite *Tête léonardesque* attribuée à Luini, le *Noli me tangere* du Titien, la *Vierge d'Orléans* de Raphaël, la *Danaé* du Corrège, le *Gisze* de Holbein, les *Pèlerins d'Emmaüs* de Véronèse, le *Jugement de Pâris* de Rubens, le *Portrait de Snyders* par Van Dyck, le *Moulin* de Rembrandt, à titre de curiosité, et le *Frappement du rocher* de Poussin. Toutes les fameuses écoles du Nord et du Midi figurent dans cette réunion.

Un seul de ces chefs-d'œuvre nous est revenu, les autres sont dispersés en Amérique, en Angleterre, en Italie, en Allemagne. Mais où qu'ils soient, ils proclament l'excellence de la collection du Régent qui, chez nous, ne fut égalée que par les collections de nos rois.

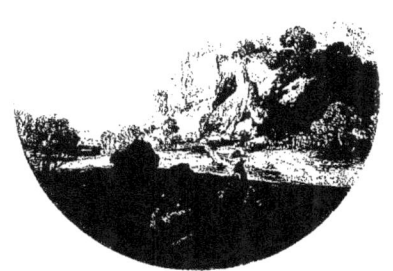

VÉNUS DÉSARMANT L'AMOUR
École Vénitienne
(Collection Wallace. — Londres)
Photo Mansell. — Londres

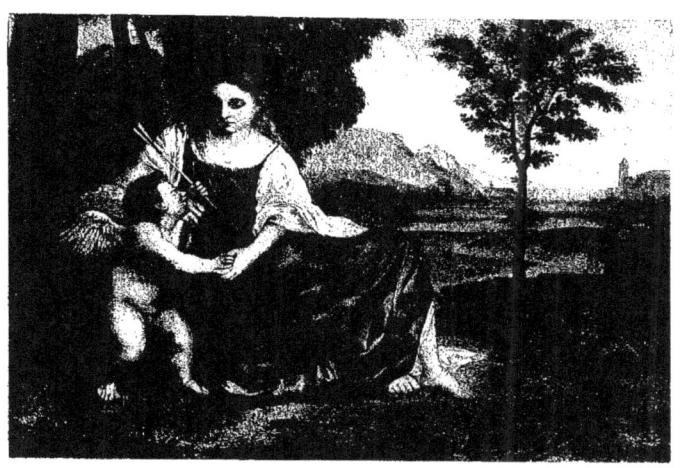

IV

LA DÉBACLE

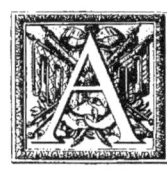près la mort du Régent, en 1727, une première tentative fut faite pour la vente d'une faible partie de sa collection; il s'agissait d'une centaine de tableaux flamands dont il fut publié un catalogue spécial dans lequel nous lisons cette note : « Pour vente, s'adresser à M. d'Argenson, conseiller d'État et chancelier de Monseigneur le duc d'Orléans..... la vente au détail s'ouvrira le lundi 9 juin 1727, s'il ne se fait pas d'offres raisonnables pour l'ensemble. » Mais la tentative échoua, car nous retrouvons tous les numéros de ce catalogue dans les inventaires successifs de 1752 et de 1786, dressés après décès des ducs d'Orléans.

Le fils du Régent eût ainsi déparé sa galerie de trois de ses Rembrandt, dont le *Moulin*, de tous ses Teniers, de ses Wouwerman, du *Soleil couchant* de Claude, et des *Singes peintres* de Watteau, qui figurent on ne sait pourquoi dans cette liste néerlandaise de proscription. Si le Génovéfain ne vendit rien, il n'acheta rien, sauf peut-être quelques tableaux de sainteté pour ses oratoires particuliers. Comme amateur, il est classé : c'est le vandale de la famille, et le destructeur des Corrège.

Son fils, Louis-Philippe, s'occupe surtout de sa collection de médailles et de pierres gravées, bien connue par le superbe catalogue que Gabriel de Saint-Aubin illustra. Il prit soin aussi de ses tableaux, trop de soin peut-être. Hacquin venait de trouver le secret du rentoilage, et, au dire de Walpole, vers 1771, on fit subir à quelques toiles du Régent le régime à la mode. Le spirituel Anglais, en effet, écrit à son ami Henry Seymour Conway, le 29 octobre 1774 : « Vous serez indigné de voir les superbes peintures du Palais-Royal transportées sur de nouvelles toiles et repeintes et vernies, comme s'il s'agissait de décors d'opéra — du moins tel fut le sort d'une demi-douzaine des meilleurs tableaux, il y a trois ans. »

Le quatrième et dernier propriétaire de la galerie fut celui que l'histoire appelle Philippe-Égalité. On a l'impression fâcheuse que son titre de duc de Chartres lui pesait ; sur ses instances, son père lui céda le Palais-Royal en 1780, mais il connaissait ce fils et réserve expresse fut faite pour les trésors d'art et la bibliothèque. Aussi bien Philippe ne vit-il jamais dans les merveilles dont il hérita qu'une mine d'argent, une spéculation financière. Toutefois il introduisit au Palais-Royal un nouvel élément de curiosité : un musée des sciences et métiers où fut exposé pour la première fois, croyons-nous, un tableau à horloge. Ce prince flattait le goût de l'époque et cherchait à se rendre populaire.

La baronne d'Oberkirch visita, en 1782, ces collections ; son récit est curieux par sa brièveté et par l'anecdote qui le termine. « Nous nous rendîmes au Palais-Royal, dit-elle, on y montra les tableaux de M. le duc de Chartres et la galerie de l'Encyclopédie naturelle en petit. Les tableaux me plurent infiniment ; il s'y trouve quantité de chefs-d'œuvre. Quant au reste, je n'ai pas la prétention d'être savante.

« *Ce qui nous amusa le plus*, ce fut un vieux valet de chambre, sorte de chat de la maison, auquel on donne les invalides dans le palais, et qui n'en est pas sorti depuis nombre d'années. Il y est né, aux écuries de M. le Régent, dont il a été jockey. Il a vu passer tous les princes depuis, et seul il a survécu à ses maîtres. Il est fort âgé, plus de quatre-vingts ans, mais il est vert encore et il sait mille contes, mille choses qu'on ignore. Son bonheur est de montrer le Palais-Royal ; il vous promène partout, vous fait une histoire sur chaque pièce, sur chaque corridor. Lorsqu'on veut lui donner une récompense, il la refuse fièrement — Monseigneur paye ses gens, nous dit-il, et le vieux Laplace mange le pain de la maison d'Orléans depuis qu'il est au monde. »

Ce n'est pas ici que l'on peut, en quelques lignes, tracer un portrait de Philippe-Égalité. Ce prince ambitieux, intelligent, vicieux, d'engrenage en engrenage, fut broyé par la Révolution, qu'il eût voulu acheter avec ses millions..... Mais les faits relatifs à notre sujet viendront s'ajouter à son terrible dossier et laisseront voir à quelles extrémités il fut entraîné afin de réaliser l'or du Pactole. Joueur malheureux, tout lui était bon pour tenter une nouvelle chance et rattraper le bien perdu.

Il céda, en 1787, toutes ses pierres gravées à Catherine de Russie, par l'entremise de Grimm, moyennant quatre cent cinquante mille livres. Ces pièces antiques, au nombre de près de quinze cents, sont à l'Ermitage. Entre autres merveilles il y avait une agate onyx représentant, de profil, Agrippine, Drusille et Julie, sœurs de Caligula, achetée par le Régent trente mille livres (elle en valait plus de 100,000), et une *Minerve armée* dont la ressemblance avec la czarine était frappante.

A vil prix fut aussi dispersée la galerie de tableaux.

Il y a, dans *l'École de la Médisance*, de Sheridan, une scène célèbre où un neveu aux abois vend ses souvenirs de famille, en présence d'un oncle, revenu inopinément des Indes, qui garde l'incognito et assiste à cette mise à l'encan. Les uns après les autres les objets sont adjugés, mais quand arrive le portrait de l'oncle en question, le neveu a des remords et refuse de s'en dessaisir... Philippe-Égalité n'eut pas même cette pudeur; dans un *État général* de ses tableaux dressé par son ordre, dès 1788, en vue d'un marché qui n'aboutit pas, figurent jusqu'aux effigies de Henri IV, de Louis XIII et même du Régent!

Bien que la négociation soit restée en route, elle vaut qu'on s'y arrête. Cet *État général* se trouve aux manuscrits de la Bibliothèque nationale; il fut rédigé en mars 1788 et communiqué à James Christie, de Pall Mall. Le document porte des annotations anglaises, c'est ainsi que nous avons les noms des premiers souscripteurs éventuels qui sont les fils de George III : *the Prince of Wales* s'engageait pour 7,000 guinées ; *the Duke of York* pour 5,000 ; *the Duke of Clarence* pour 5,000 également. C'étaient les premiers fonds : 17,000 guinées (c'est-à-dire 446,250 francs); restaient à trouver 83,000 guinées pour atteindre le chiffre demandé, qui était de 100,000 guinées (2,625,000 francs).

Cet *État général* comprenait quatre cent soixante-dix-huit tableaux : deux cent quatre-vingt-quinze de l'école italienne, cent quarante-sept des écoles du Nord, trente-six de l'école française. A cette pièce était joint un projet de contrat en anglais, daté du 18 septembre 1790, et dont voici les principales clauses :

Le représentant du duc d'Orléans se nommait Nathaniel Parker Forth ; James Christie agissait au nom des commanditaires. Une liste complète des tableaux devait être remise à celui-ci, signée du duc d'Orléans et de Nathaniel Parker Forth.

Dès que James Christie aurait déposé les 100,000 guinées à la Banque d'Angleterre, il serait dûment autorisé à se rendre à Paris pour vérifier les peintures et s'occuper de leur emballage et cela à ses frais. Toutefois le transport par eau et par terre jusqu'à un port français devait se faire aux dépens de Nathaniel Parker Forth. Mais l'affaire fut abandonnée; James Christie eut sans doute quelque peine à trouver des souscripteurs.

Depuis quelques mois, les artistes et les marchands de Paris avaient eu vent des projets du prince et protestaient tout haut. Ce mouvement de l'opinion eut peut-être aussi quelque influence sur cette défaite.

Déjà au mois d'août 1790, Paillet, expert chargé des achats de la Couronne, avait adressé au comte d'Angiviller, directeur des Bâtiments, une lettre fort curieuse ; elle est inédite et nous la citerons tout entière :

« Monsieur le Comte, j'ai l'honneur de vous informer qu'il semble bien arrêté que les tableaux du Palais-Royal partiront pour Londres, non pour le compte d'un particulier, comme il avait été question d'abord, mais pour celui de M. le duc d'Orléans, propriétaire actuel. Il est bien douloureux pour les arts de voir partir pour toujours cette magnifique collection, *et dont les plus beaux morceaux doivent être choisis à l'amiable par le roi d'Angleterre*. Oserais-je mettre sous vos yeux la sollicitation pressante d'en faire l'acquisition totale, dans ce moment peut-être le seul favorable? Il ne convient point au Roi de garder la totalité de cette acquisition, mais il serait de la magnificence de la France de choisir vingt à trente articles précieux pour compléter le Museum du Roi. De tels chefs-d'œuvre seront regrettés tant qu'on parlera des arts et il ne sera plus temps quand des mains étrangères les posséderont. Une spéculation, Monsieur le Comte, qui ne pourrait que nous honorer, serait de solliciter le Roi de faire des avances de huit à neuf cent mille livres pour tout ce que MM. Le Brun et Robert ont estimé neuf cent soixante mille livres et d'employer, dans cette acquisition, quelqu'un de fidèle qui effectivement porterait tout à Londres pour y être vendu publiquement et avec la faveur de son même titre de réputation. [Ces phrases incorrectes doivent être traduites : le Roi ayant choisi vingt ou trente tableaux, le reste de la galerie serait transporté à Londres ; à la faveur de la réputation de ladite galerie. les tableaux se vendraient facilement.] Alors Sa Majesté rentrera dans ses fonds ; et se trouverait pour une faible somme tout ce que vous trouveriez digne de lui *(sic)* et tout le plus rare. Je serais bien glorieux si mon zèle pouvait amener à bien une aussi noble affaire et très heureux encore si j'avais l'avantage de votre confiance, ce qui ne ferait que la continuation de celle dont vous m'avez toujours honoré. C'est dans un moment bien pressant, Monsieur le Comte, que je prends la liberté de vous adresser cet avis, peut-être ne s'agit-il que du retour du courrier. J'aurais pour mon compte une bien sincère douleur de voir échapper de France un objet aussi marquant, il ne faudrait que votre ordre et sûrement les fonds ne pourront manquer de se faire avec facilité.... »

Au lendemain de la Fête de la Fédération, au moment où se formaient à la Cour cent projets d'évasion qui devaient, croyait-on, sauver la Famille royale, qu'importait le sort de ces tableaux? Le brave Paillet se faisait, dans son ignorance, d'étranges illusions. L'idée de cet achat global et de cette revente était fort ingénieuse cependant — d'autres que Paillet l'auront, mais, hélas! ce ne sera pas au bénéfice de la France.

Ici se place un incident qui ne manque pas de saveur. Au milieu des pires cataclysmes, il se rencontre des escrocs qui ne perdent pas la tramontane. Tels les voleurs dans le désarroi d'un incendie.

Les négociations de Philippe-Égalité avaient été gardées secrètes, le public les soupçonnait, mais ne savait rien de positif. Les tableaux du Palais-Royal n'étaient pas encore vendus qu'un nommé Robert, géographe ordinaire du Roi, membre de l'Institut de Bologne et de l'Académie des sciences de Berlin, adressait à Bailly la lettre suivante : « Un heureux hasard a conduit *(sic)* dans mes mains un morceau extrêmement précieux et extrêmement intéressant. C'est un des tableaux capitaux qui appartinrent à la reine Christine de Suède et qui furent achetés à Rome, en 1718, par M. le duc d'Orléans, régent. La galerie du Palais-Royal en fut privée par la féroce hypocrisie de son fils, moine de Sainte-Geneviève, qui, insensible aux charmes de la belle nature..... lacéra et dégrada plus ou moins ces superbes tableaux qui firent la gloire de l'Italie..... [Ici des détails fort exagérés sur le vandalisme du prince et sur la destruction des *Trois Grâces* du Titien, lequel tableau n'a fait partie ni de la collection de Christine, ni de celle du Régent.]

« C'est ce dernier qui est venu en ma possession. Les Grâces, comme vous savez, sont nues; celles-ci le sont donc entièrement et cependant le tableau est décent..... » Suivait une invite à faire acquérir ce Titien par Louis XVI. Le bon Bailly recommanda Robert au comte d'Angiviller, et le géographe écrivit au directeur des Bâtiments, le 3 mars : « Il n'est pas possible que vous laissiez manquer au Roi cette belle occasion. Vous auriez à vous en faire le reproche et ce reproche, les arts vous le feraient à jamais. Il

THOMYRIS
Tableau peint par Rubens
(Collection du comte de Darnley. — *Cobham Hall, Kent*)
Photo Paul Becker. — Bruxelles

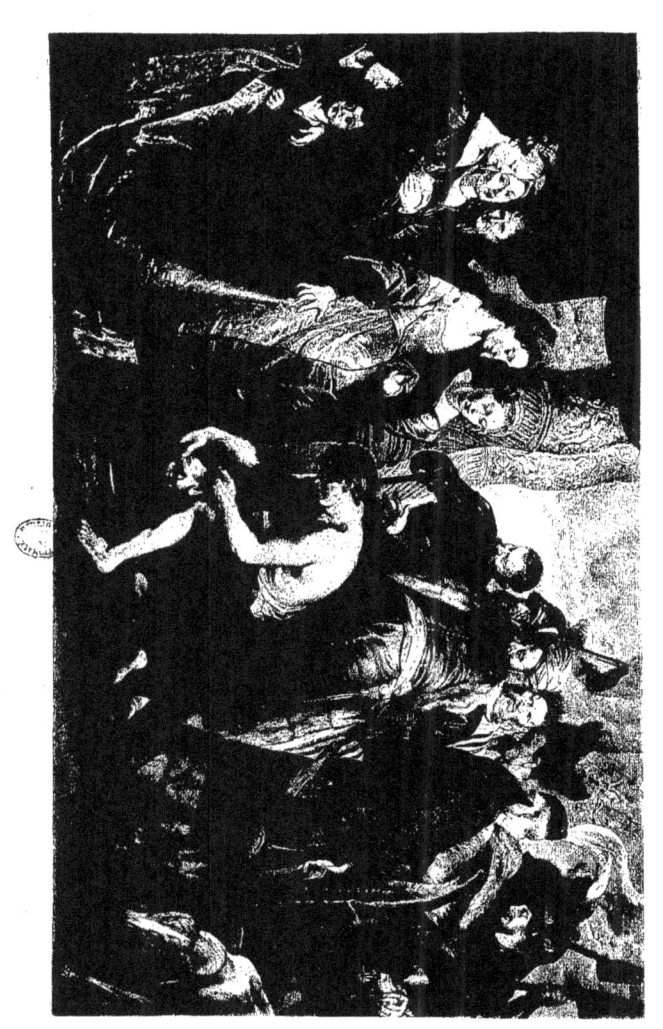

n'est pas ici question d'un tableau simplement beau, simplement excellent, il est question d'un tableau capital entre les tableaux capitaux..... Je l'ai sauvé du naufrage, c'est une bonne fortune que quatre siècles, que dix siècles ne reproduiront pas et songez à l'empressement que les étrangers auront à lui offrir une patrie..... » Angiviller fut insensible à cette rhétorique, en une note brève, il répondit négativement au solliciteur, dont pourtant il ne soupçonnait pas toute l'imposture.

Car, le plus joli, c'est que Robert, ce farouche patriote, écrivait simultanément à un personnage en relations avec l'ambassadeur d'Angleterre et offrait ces *Trois Grâces,* dans les mêmes termes, à Sa Majesté Britannique! Les deux épîtres sont datées du 15 février 1791. Un hasard, réservé à ceux qui cherchent, nous les a fait découvrir et nous donne un exemple typique des nombreuses escroqueries de ce genre qui hantèrent, à cette époque, l'imagination des maîtres chanteurs.

Mais les événements se précipitaient, Philippe-Égalité avait hâte de se débarrasser de sa galerie. On le fit attendre, et plus les besoins étaient vifs, moins généreuses étaient les offres. C'est la loi.

Dans le courant de cette même année 1791, tous les tableaux du Palais-Royal étaient vendus : ceux des écoles hollandaise et flamande pour 350,000 livres; ceux des écoles italienne et française pour 750,000 livres, en tout 1,100,000 livres, au lieu des 2,625,000 de 1790.

Sur la première de ces transactions, Buchanan, dans ses *Memoirs of painting,* nous renseigne abondamment. Ces tableaux hollandais et flamands furent cédés à un intermédiaire anglais, Thomas Moore Slade, agissant aux noms de Lord Kinnaird, de Morland et de Hammersley. C'est par erreur que Buchanan indique la date de 1792, comme étant celle de la première tentative de négociation, il faut, de toute évidence, lire 1791, puisqu'il est parlé de la fuite de Varenne dans le rapport de Slade. Celui-ci s'embarque pour Paris le 8 juin, porteur d'une lettre de crédit de cinquante mille livres sterling (1,250,000 fr.) sur la maison Perrégaux et Cie. Il arrive le jour même où la Famille royale s'est évadée (20 juin 1791); la ville est toute bouleversée, on a proclamé l'état de siège, mais un Anglais va droit au but; Slade se rend au

Palais-Royal, les gardiens ont ordre de le laisser passer et de lui permettre d'inspecter à loisir. Au bout de deux ou trois jours, le duc d'Orléans désire qu'une offre lui soit faite pour toute la collection — qui, à cette époque, était encore intacte. Slade essaie de se dérober, objectant que la demande doit venir du vendeur; le prince tient bon, l'estimation lui est présentée, il y jette un coup d'œil et se met en colère, prétendant qu'il est trahi et que Slade est de connivence avec Le Brun, directeur de la galerie du Palais-Royal, car il n'y a que vingt mille livres de différence entre les deux évaluations. Cet incident met fin à tous les pourparlers. « Le parti d'Orléans, écrit Slade, se fortifiait à ce moment critique et le duc devenait si populaire qu'il se flattait d'être bientôt nommé régent; il prit donc soudain la résolution de garder ses trésors, sur lesquels il avait déjà emprunté des sommes considérables afin d'influencer l'opinion publique. C'est ainsi que cette première et très importante négociation fut rompue à mon grand désappointement et je rentrai en Angleterre gros Jean comme devant. »

A son retour, Slade apprend par Lord Kinnaird que les tableaux italiens et français avaient été vendus, nous verrons tout à l'heure à qui, mais que les tableaux flamands et hollandais étaient toujours bons à prendre. Il repart pour Paris; comme naguère on lui demande d'offrir un prix et, cette fois, il y a une différence (mais de 10,000 livres seulement) avec l'expertise de Le Brun. L'affaire se dessine, un contrat va être signé quand le duc se ravise, ayant appris qu'il pourrait céder ses tableaux à meilleur compte à Catherine II; il ne veut plus traiter qu'à la condition d'avoir l'avantage du change. Slade consent, pressé d'en finir et de lever tous les obstacles. Il n'en est rien : les créanciers de Philippe-Égalité n'ignorent pas ce qui se passe, ils accourent, réclament les tableaux comme faisant partie du mobilier et s'opposent à ce qu'ils soient enlevés. Slade consulte un avocat, qui lui conseille de plaider sa propre cause; il se rend à une réunion des créanciers — ils étaient trente ou quarante, — il demande justice sans convaincre ses adversaires; sur quoi le négociateur anglais déclare hardiment que, si l'on s'oppose au transport des tableaux, il se fait fort de défendre qu'ils soient cédés à nul autre que lui. Cette menace a l'effet désiré ; le lendemain même les trésors sont portés dans un grand magasin, proche le Palais-Royal.

De nouvelles difficultés surgissent. Slade, tout en surveillant l'emballage, se voit entouré par une troupe fort hostile de gens, — des artistes pour la plupart, qui veulent s'opposer à la sortie de tant de richesses. Quelques-uns tâchent de savoir par quelle route les caisses partiront, — le mot d'ordre donné aux emballeurs est Calais — mais Slade les dirige, par la Seine, sur le Havre d'où elles gagnent la côte anglaise et arrivent chez lui à Chatham. C'est là que tout d'abord le négociateur les expose dans sa galerie. « Pendant quelques mois, dit-il, je pus faire les honneurs de mon butin à mes amis et clients, et, vu les risques auxquels je m'étais exposé, j'étais très fier de ma conquête. »

Ce fut d'avril à juin 1793 que se fit, à Londres, la véritable exposition, dans les anciens bâtiments de l'Académie royale de peinture, Pall Mall, par les soins d'un M. Wilson. Voici le texte exact du rarissime catalogue de cette vente : *The Orleans Gallery now exhibiting at the Great Room late the Royal Academy, n° 125 Pall Mall, April 1793. Printed by J. Smeeton, n° 148 Saint Martin's Lane, Charing Cross, 8°*. L'exemplaire du British Museum porte quelques annotations. L'entrée était payante, la vente se faisait à l'amiable *(by mutual contract)*, sur une estimation fixée d'avance. Les Londoniens vinrent en foule et, pendant la dernière semaine, la recette des entrées quotidiennes fut de cent livres sterling (2,500 fr.) bien que chaque visiteur ne payât qu'un shilling. C'est là que Lord Darnley acquit la *Thomyris* de Rubens, le comte de Carlisle, le *Snyders* de Van Dyck et W. Smith, le *Moulin* de Rembrandt.

Mais le bon public fut indignement trompé. L'*État général* officiel de 1788 comprenait cent quarante-sept tableaux des écoles du Nord, le catalogue de 1793 n'en comptait pas moins de deux cent cinquante-neuf. C'était une augmentation de plus d'une centaine de toiles venues l'on ne sait d'où. Grâce à la *Description* de Dubois de Saint-Gelais et à l'*État général*, on voit facilement quelles furent ces additions souvent très audacieuses. Nous relevons cinq Rubens de plus, deux Van Dyck, sept Teniers, un ou deux tableaux de chacun des petits maîtres. Des peintres qui n'avaient jamais figuré dans la galerie du Régent entrèrent en lice, à la faveur de ces temps troublés où le contrôle était impossible. On vit apparaître dix Ruysdael, quatre Albert Cuyp, deux Hobbema, un Frans Hals et même des noms tout à fait inconnus ou tellement estropiés qu'ils sont inidentifiables, comme Grevenbrock et Toorhenvliet ! Ces tableaux, lots invendus sortis de l'ombre des officines, étaient probablement apocryphes; on pensait, non sans raison, que, sous le couvert princier, ils trouveraient amateurs comme les autres. Les *tripatouillages* de ce genre ne datent donc pas d'hier, toutefois il ne semble pas qu'on ait jamais fait mieux.

Les renseignements manquent sur le résultat financier de cette vente de 1793; d'après la liste des acquéreurs, d'après quelques prix très élevés et surtout d'après la qualité et la vogue de certaines des œuvres, il est probable que Lord Kinnaird, Morland, Hammersley, Slade et consorts réalisèrent de sérieux bénéfices.

Mais, à cet égard, rien n'approche de l'admirable *affaire* imaginée par les trois lords qui se rendirent acquéreurs des toiles italiennes et françaises.

Ces tableaux se négocièrent dans le courant de 1791, pendant les conversations entre le duc et Slade. Ils furent vendus au vicomte Édouard de Walckiers, de Bruxelles, pour le prix dérisoire de sept cent cinquante mille livres, mais ils ne devaient point encore quitter Paris; ils étaient déjà emballés et expédiés en partie au Havre quand Laborde de Méréville, cousin de Walckiers, désespéré de voir cette collection passer en des mains étrangères, obtint la cession du marché au prix de neuf cent mille livres.

François de Laborde de Méréville était le fils aîné du financier, le marquis Jean-Joseph de Laborde, connu pour son luxe, ses châteaux princiers et les mariages qui firent entrer ses filles, la duchesse de Mouchy et la baronne des Cars, dans la plus haute noblesse. Sauver cette collection précieuse, la conserver à la France, tel fut l'espoir de Laborde de Méréville. Il eut le projet d'édifier une salle contiguë à son hôtel de la rue Cerutti pour mettre ses tableaux en valeur, mais avant que les travaux fussent achevés, il émigra, comme tant d'autres, à Londres (juillet 1792), emportant ses nouvelles

RÉSURRECTION DE LAZARE
Tableau peint par Sebastiano del Piombo
(National Gallery. — Londres)
Photo Braun & C¹ᵉ

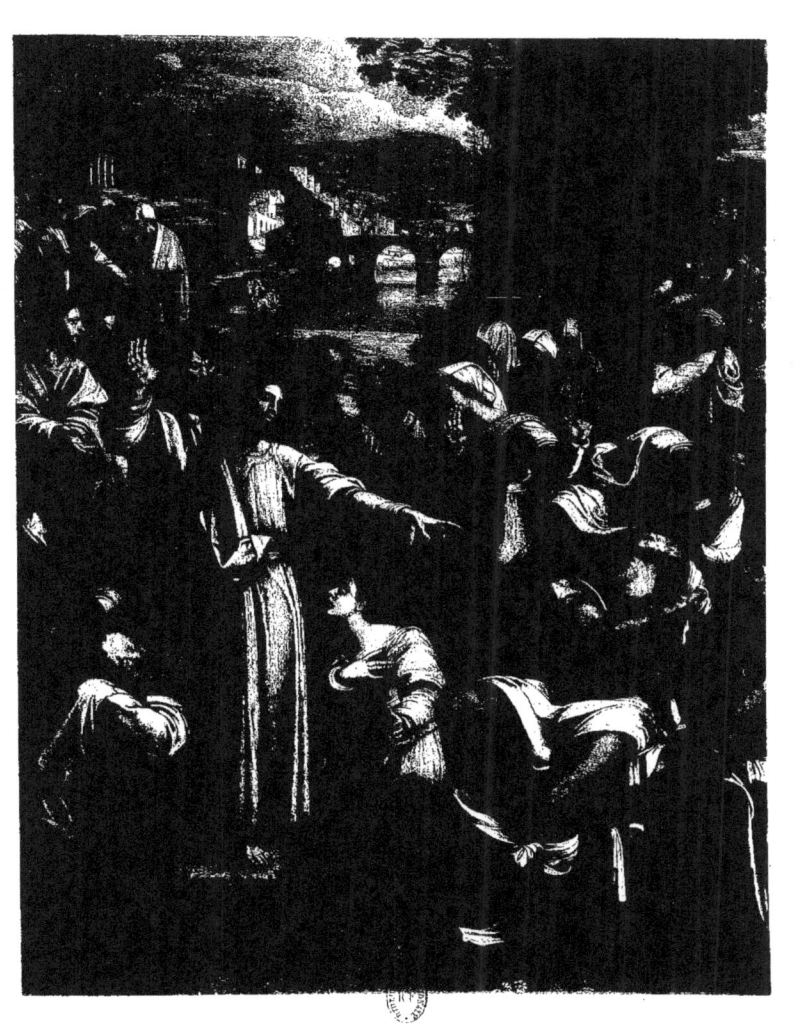

richesses. Pour les payer, il avait fait à son père une vente fictive d'un domaine près de Meaux. Cette vente rendit l'ancien financier suspect — on la considéra comme une soustraction aux biens nationaux, excellent prétexte pour traîner le ci-devant marquis à la barre du Tribunal révolutionnaire et pour le guillotiner. Il fut impliqué dans la conspiration dite du Luxembourg avec la duchesse de Noailles « octogénaire sourde et aveugle », le marquis de Talaru, etc..., et exécuté le 4 thermidor an II (22 juillet 1794). François de Laborde rentra en France peu de jours avant le 18 fructidor an VI (4 septembre 1797), mais ce coup d'État lui fit abandonner tout espoir de reconquérir sa fortune. Il retourna à Londres (où il devait mourir le 3 octobre 1802, à l'âge de quarante-trois ans).

Ayant tout perdu, François de Laborde cherche des ressources ; il se décide à faire argent de sa galerie qui était ardemment convoitée par les marchands de Londres, de même qu'aujourd'hui les marchands de New-York ou de Philadelphie convoitent les dépouilles des châteaux anglais et français.

Depuis la dispersion de la galerie de Charles Ier, l'Angleterre ne possédait relativement que peu de tableaux italiens ; une des conséquences assez imprévues de la Révolution fut donc de redonner à nos voisins le goût des maîtres de Venise, de l'école romaine et aussi de l'école bolonaise. On sait avec quelle ardeur et quel succès, au moins jusque vers la fin du xixe siècle, ils ont fait la chasse aux chefs-d'œuvre. La *National Gallery* nous le prouve.

Or, c'est la collection du Régent qui favorisa cette renaissance et fut le splendide hors-d'œuvre offert à l'appétit des amateurs britanniques. « La chute du trône de Constantin, avait dit Rousseau, porta dans l'Italie les débris de l'ancienne Grèce ; la France s'enrichit à son tour de ces précieuses dépouilles. » Les rôles étaient changés, les conquérants n'étaient plus les Français, mais les Anglais. D'autres collections furent alors dispersées à Londres, devenu le grand marché européen, celle de Calonne avec ses Poussin, ses Claude, ses Murillo ; celle de John Trumbull, composée de tableaux acquis à Paris, en 1795 et provenant des Pimodan, des Espagnac, des Tallard, des Choiseul-Praslin, des La Reynière ; celle de Bryan, où se rencontraient des toiles ayant appartenu au duc de Noailles, au comte de Vence, à la comtesse de Verrue, et entre autres l'*Apollon inspirant le poète,* de Poussin, que le Louvre vient de reconquérir; celles de Delahante, de Le Brun, du général Sebastiani, du chevalier de Crochart, ces deux dernières formées en Espagne, enfin la collection de Lucien Bonaparte, prince de Canino, qui n'eut pas grand succès quand on apprit que vingt des meilleures toiles étaient restées à Rome.

Des mains de François de Laborde, les tableaux italiens et français passèrent donc dans celles de trois grands seigneurs anglais sans qu'ils eussent presque à délier les cordons de leurs bourses. La transaction est vraiment admirable et montre que pour être lord, on n'en est pas moins marchand. Jamais l'esprit pratique ne fut poussé plus loin, jamais on ne se para des plumes du paon à meilleur compte. Et voici comment les choses se passèrent.

Bryan, qui était un finaud de génie, se présente chez Laborde et lui propose la somme de quarante-trois mille livres sterling (1,075,000 fr.) de la part du duc de Bridgewater, du comte de Carlisle et du comte Gower, plus tard marquis de Stafford. L'offre est acceptée. Aussitôt nos gentilshommes écrèment la collection, choisissent ce qui leur convient, fixent chacun le prix de leurs achats qui se montent à trente-neuf mille guinées (1,022,750 fr.) et décident de vendre de gré à gré ce qui reste, mais sans encore retirer leurs dépouilles. Ils ont l'excellente idée de faire une exposition publique où figurera le dessus du panier, afin de mieux attirer les chalands; les vrais chefs-d'œuvre feront valoir les tableaux de moindre importance.

On ne trouva point une salle assez vaste pour contenir les trois cent quatre-vingt-seize tableaux, on en loua deux, l'une dans Pall Mall, chez Bryan, l'autre au Lyceum, dans le Strand. Les exhibitions s'ouvrirent simultanément le lendemain de Noël, le 26 décembre 1798, et durèrent six mois. Le droit d'entrée, assez élevé, était d'une demi-couronne (3 fr. 15), mais on spéculait à juste titre sur la curiosité. L'affaire avait été merveilleusement préparée, il n'était question, dans toute l'Angleterre, que de l'*Orleans Gallery*. Le terrain ne pouvait être mieux préparé.

LA SAINTE FAMILLE AVEC SAINT JEAN ET L'AGNEAU
Tableau peint par Palma Vecchio
(Collection du comte d'Ellesmere. — Bridgewater House, Londres)
Photo Hollyer. — Londres

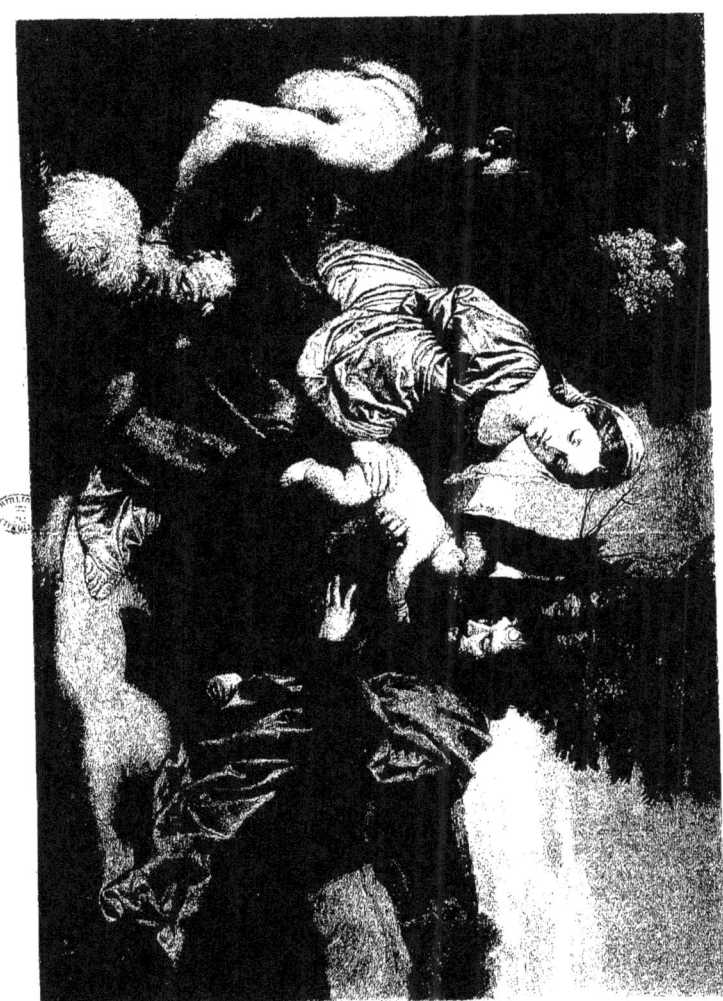

Il est juste de dire que, cette fois, aucun intrus ne s'était glissé dans la noble compagnie, tous les tableaux provenaient authentiquement du Palais-Royal et s'il n'y a pas exacte concordance dans le chiffre de l'*État général* et des catalogues, c'est que le premier document contient quelques lacunes, faciles à vérifier, grâce à la *Description* de Dubois de Saint-Gelais.

Voici le titre du premier livret : *A Catalogue of the Orleans Italian Pictures which will be exhibited for sale by private contract, on Wednesday the 26th of December 1798 and following days, at Mr Bryan's Gallery, n° 88 Pall Mall. Admittance half a crown. Printed by Samson Low, n° 7 Berwick Street, Soho.* L'exemplaire du British Museum est abondamment annoté, il donne les noms des acquéreurs et les estimations. Le second livret porte le même titre, seule l'adresse est changée ; l'exemplaire du British Museum contient moins de notes. Les conditions de la vente sont indiquées : chaque acquéreur doit faire un dépôt de 20 0/0 au moment de l'achat et payer le reliquat à la prise de possession, mais aucun tableau ne doit être enlevé avant la fin du mois d'août. Par mesure de prudence Bryan avait fait imprimer cet avertissement : « On présume que cette collection ne comprend que des originaux, mais c'est à l'acheteur de se faire là-dessus une opinion d'après lui-même ou d'après quiconque il lui plaira de consulter. » Ces détails n'ont-ils pas leur prix ?

Ce fut un événement sensationnel. Tout Londres passa chez Bryan et au Lyceum. Les recettes furent considérables. La mode était si bien ancrée de préférer les Bolonais à tous autres artistes que les Carrache furent enlevés, dès le début, à des sommes fantastiques. Les nobles lords prêchaient d'exemple : le comte de Carlisle avait choisi les *Trois Marie* d'Annibal et s'était engagé à les payer quatre mille guinées (105,000 fr.). Aucun tableau n'avait encore atteint ce chiffre, croyons-nous, et ce fut la toile la plus chère de toutes naturellement. Cette audace donnait le diapason — les *Trois Marie,* si admirées encore cinquante ans plus tard à Manchester, étaient considérées comme la perle de la collection. A l'heure qu'il est, elles ne trouveraient pas acheteur à cinq mille francs.

Le jour de l'ouverture un amateur bien connu, dont le cabinet a formé le premier noyau de la National Gallery en 1824, le banquier Angerstein, acheta la *Résurrection de Lazare* de Sébastien del Piombo, pour trois mille cinq cents guinées (91,875 fr.). Sir Francis Baring avait voulu marchander, il offrait dix mille livres, au lieu de dix mille guinées pour un certain lot, c'était un écart de douze mille cinq cents francs. Bryan ne voulut rien entendre. On vit avec quel sérieux se faisait cette vente où tant d'intérêts étaient en jeu.

Le résultat dépassa toute attente. Les trois lords avaient cédé leurs laissés pour compte au prix de trente et un mille guinées (813,750 fr.), et il y avait aussi le produit des entrées. Restaient cependant soixante-six tableaux qui n'avaient pas trouvé acquéreurs. On décida de les mettre aux enchères. Ils furent vendus, le 14 février 1800, par les soins de Peter Coxe, Burrell et Foster, à la Galerie Bryan, Pall Mall. La *Danaé* du Corrège qui était estimée mille guinées (26,500 fr.) fut adjugée alors six cent cinquante guinées (17,072 fr. 50). C'était le numéro saillant, encore qu'il y eût trois Raphaël, sept Veronèse, trois Titien, etc. Ce furent dix mille livres sterling de plus qui tombèrent dans l'escarcelle du syndicat aristocratique.

Tout compte fait, le passif était une bagatelle de onze mille deux cent cinquante francs. Cette somme représente les cent tableaux prélevés par le duc de Bridgewater, le comte de Carlisle et le comte Gower qui formaient, de cette manière, des collections à peu de frais. Les seuls Titien du premier valaient dix fois plus, même au taux de l'époque.

Ainsi toutes ces dépouilles allaient enrichir les demeures seigneuriales de nos voisins. Beaucoup s'y trouvent encore, mais beaucoup aussi ont changé plusieurs fois de maîtres. L'esprit conservateur des Anglais a fléchi en ces dernières années, dure nécessité chez les uns, simple sentiment de lucre chez les autres. L'anecdote ne sera bientôt plus vraie qui nous montre un lord faisant les honneurs de sa demeure et décrochant un tableau suspendu depuis le xvi° siècle au même mur et au même clou, tel qu'un ancêtre l'a fait placer autrefois.

LE MOULIN
Tableau peint par Rembrandt
(Collection Widener. — Philadelphie)
Photo Braun & Cie

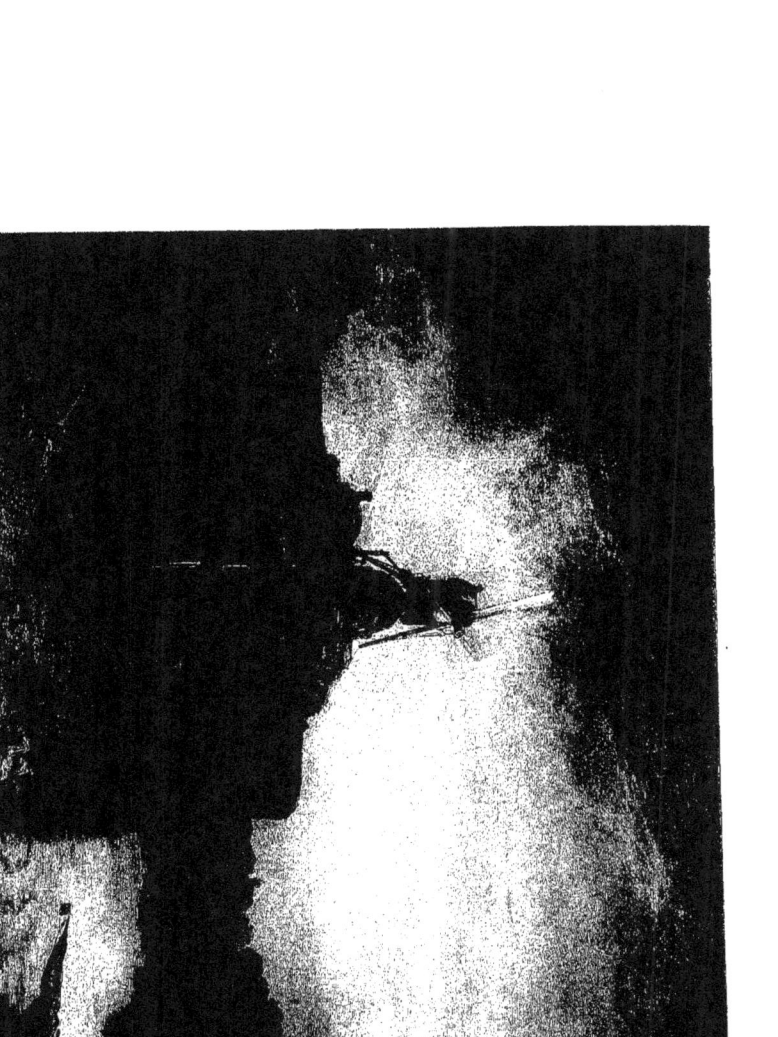

D'où une assez grande difficulté à suivre la trace de certaines œuvres ; puis, il est indiscret de se renseigner sur ces enfants prodigues qui ne reviendront jamais au logis paternel..... Quelques-unes de nos enquêtes sont restées sans écho, mais comment s'en offusquer ? Ce sont là affaires de famille, inviolables et respectables. Les lois fiscales anglaises sont terribles ; on ne se contente pas d'estimations faites par les sollicitors, on a recours à des experts professionnels qui, naturellement, font subir aux objets d'art les hausses constantes du marché et inventorient les Raphaël, les Véronèse, les Rubens, les Rembrandt aux prix actuels. Les revenus des héritiers deviennent insuffisants pour régler, à chaque nouvelle succession, les frais de cette marée montante. Les patriciens sont ainsi obligés d'abandonner peu à peu les plus belles pièces de leurs collections, de faire appel, la mort dans l'âme, aux courtiers qui approvisionnent l'Amérique. Disons que parfois ils s'imposent les plus nobles sacrifices et que devant l'intervention de la *National Gallery* qui, malgré un budget fort beau en comparaison de ceux de nos musées, ne peut se mettre en concurrence avec les milliardaires, les lords cèdent leur bien à un prix inférieur à celui qu'on leur offre ; ils préfèrent récolter moins d'argent, heureux de voir le tableau rester la propriété de la nation et ne pas traverser l'océan. Le public aussi a de beaux gestes, il organise des souscriptions qui font pencher la balance du bon côté et aident à conserver les objets en litige ; l'État lui-même intervient et rend une parcelle de son profit dans la même patriotique intention. C'est ainsi que le portrait de *Christine de Danemark* par Holbein, et que tout dernièrement, la *Nativité* de Jean de Mabuse sont demeurés en Angleterre. L'un fut payé 750,000 francs, l'autre un million, mais l'on n'ignore pas que les propriétaires auraient pu, aux États-Unis, retirer de ces chefs-d'œuvre presque une somme double. Si, malgré tout, l'affaire ne peut se conclure, il est bien rare que le vendeur ne dédommage pas le pays en faisant un don à la caisse des musées. La vente du *Moulin* de Rembrandt valut une centaine de mille francs de commission bénévole à la *National Gallery*.

Une autre cause entrave les recherches, ce sont les fausses attributions et les tableaux douteux, il y en avait au Palais-Royal comme partout.

Ceux-ci peu à peu se cachent, se dissimulent, et finissent par se perdre. En dernier lieu, toute la séquelle des peintres décadents, dont les amateurs étaient jadis si fiers, s'est réduite à peu de chose avec le temps, avec le goût, avec les travaux de la critique. On en a honte aujourd'hui, et ici encore il s'est fait des vides nombreux.

Tout cela réduit considérablement la moisson que l'on peut attendre après plus d'un siècle. Avoir fait revivre la moitié presque de la galerie du Régent nous semble donc un résultat dont on peut se contenter jusqu'à ce que des recherches plus heureuses ajoutent de nouvelles trouvailles à ce premier quotient.

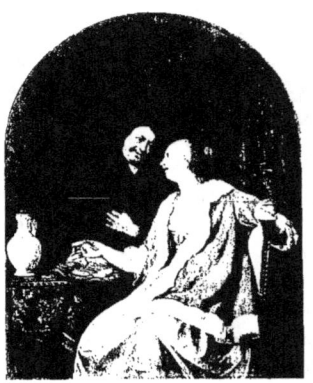

GALANTERIE HOLLANDAISE
Tableau peint par F. Micris
(Fitzwilliam Museum. — Cambridge)
Photo Mansell. — Londres

CATALOGUE

CATALOGUE RAISONNÉ

DE LA

GALERIE DES DUCS D'ORLÉANS

ABRÉVIATIONS

G. P.-R. — *La Galerie du Palais-Royal, gravée d'après les tableaux des différentes écoles qui la composent*, sous la direction de J. Couché ; description historique de chaque tableau par l'abbé de Fontenay. 3 vol. in-f°, Paris, 1786-1806, 369 reproductions. Nous indiquons toujours le nom du graveur. Une nouvelle édition, en 3 vol. in-4°, a été publiée en 1864, par Henri Heims, 357 reproductions ; les notices placées en tête du Ier volume sont excellentes.

Rec. Cr. — *Recueil d'estampes d'après les plus beaux tableaux et d'après les plus beaux dessins qui sont en France* .... 3 vol. inf°, Paris, 1729. Ce recueil, bien supérieur à la G. P.-R., est connu sous le nom de *Recueil Crozat*.

Dubois. — *Description des tableaux du Palais-Royal*, in-12, Paris, 1737, 2e édition [Par Dubois de Saint-Gelais]. Ce volume décrit 479 tableaux.

Inv. — Inventaires. Il y en a trois désignés par un chiffre romain : I = 1724, après la mort du Régent (Archives nationales, X^{1a} 9.162) ; II = 1752, après la mort du fils du Régent (Archives nationales, X^{1a} 9.170) ; III = 1785, après la mort du petit-fils du Régent (Archives nationales, X^{1a} 9.181).

État général. — *État général des tableaux appartenant à S. A. R. Mgr le duc d'Orléans*, dressé au mois de mars 1788. Bibl. nationale, man. français, 14.845. Les tableaux ne sont pas numérotés.

Cat. Wilson. — Voir page 137.

Cat. Bryan. — Voir page 141.

Cat. Lyceum. — Voir page 141.

Vente 1800. — Vente aux enchères des tableaux invendus chez Bryan et au Lyceum, faite par les soins de Peter Coxe, Burrell et Foster, à la Galerie Bryan, Pall Mall, le vendredi 14 février 1800. Catalogue dans *Buchanan* I, 156-158. (Voir plus bas.)

STAFFORD GALLERY. — *Engravings of the most Noble the Marquis of Stafford's Collection of pictures in London*, by W. Young Ottley. 4 vol. in-4°, Londres, 1818. Recueil publié avant que le partage de ces tableaux eût été fait entre le duc de Sutherland (Stafford House) et le comte d'Ellesmere (Bridgewater House). Plusieurs tableaux du Régent sont gravés dans cet ouvrage qui ne figurent pas dans la *G. P.-R.*

BUCHANAN. — *Memoirs of painting with a chronological history of the importation of pictures by the great masters into England since the French Revolution* by W. Buchanan Esq. 2 vol. 8°, Londres, 1824.

WAAGEN. — *Treasures of art in Great Britain* by Dr Waagen, 3 vol. 8°, Londres, 1854, et un volume de supplément (1857). L'édition anglaise est plus complète que l'édition allemande et contient une table onomastique.

JONES. — *Galerie nationale des tableaux des grands maîtres*, trad. de l'anglais par J.-P. Gérard, 2 vol. in-4°, Londres, s. d. chez Jones. Premier catalogue illustré de la *National Gallery*, orné de gravures au burin, vers 1835.

REGISTRE DE RÉCEPTION. — *Registre de réception des objets d'art et antiquités trouvés chez les condamnés et émigrés*. (Archives nationales. F 17 a 23.) Ce document indique quels tableaux étaient restés au Palais-Royal après la mort de Philippe-Égalité.

ÉCOLE DE VENISE

GIOVANNI BELLINI.

1. — LA CIRCONCISION. — *G. P.-R.* : P. Beljambe ; *Dubois*, 226.
   Coll. duc de Gramont. *Inv. I, II* : 4.000 l.; *III* : 800 l.; *Cat. Bryan*, n° 122 : 100 guinées, au comte de Carlisle. — NATIONAL GALLERY, n° 1445.

2. — ADORATION DES MAGES. — *Dubois*, 226.
   Coll. Christine. *Inv. III* : 24 l.; *Vente 1800* : 16 guinées. — Trace perdue.

GIORGIONE (Attribué à).

3. — UN CAVALIER BLESSÉ. — *G. P.-R.* : Couché fils et Debuigne ; *Dubois*, 165.
   Coll. duc de Melford. *Inv. III* : 6 l. — Trace perdue depuis 1788.

4. — L'AMOUR PIQUÉ. — *G. P.-R.* : Delongueil et L.-M. Halbou ; *Dubois*, 166.
   Coll. Forest. *Inv. I* : 3.000 l.; *II* : 400 l.; *Cat. Lyceum*, n° 206 ; *Vente 1800* : 195 guinées. Coll. Walsh Porter, Lord Northwick, marquis de Hertford. — WALLACE COLLECTION, n° 19. (Attr. à la jeunesse du Titien.)

5. — GASTON DE FOIX. — *G. P.-R.* : Besson ; *Dubois*, 167.
   Inv. Henriette d'Angleterre, n° 419 : 150 l.; *Inv. II* : 1200 l.; *III* : 300 l.; *Cat. Bryan*, n° 76 : 150 guinées, au COMTE DE CARLISLE (Waagen, II, 278).

6. — SAINT PIERRE, MARTYR. — Grav. W.-T. Fry *(Jones,* n° 29) ; *Dubois,* 167.
   Coll. Christine. *Inv. I, II :* 1.000 l. ; *III :* 72 l. ; *Cat. Lyceum,* n° 219 ; *Vente 1800 :* 38 guinées. — NATIONAL GALLERY, n° 41.
7. — PIC DE LA MIRANDOLE. — *G. P.-R. :* Loricux ; *Dubois,* 168.
   Coll. Christine. *Inv. II :* 120 l. ; *Cat. Lyceum,* n° 142 : 20 guinées, au juge LAWRENCE.— Trace perdue.
8. — ADORATION DES BERGERS. — *Dubois,* 169.
   Inv. II : 2.400 l. ; *III :* 48 l. ; *Cat. Lyceum,* n° 165 ; *Vente 1800 :* 155 guinées, au vicomte Fitzwilliam. — FITZWILLIAM MUSEUM, CAMBRIDGE, n° 138.
9. — INVENTION DE LA CROIX. — *G. P.-R. :* Liénard ; *Dubois,* 169.
   Coll. La Chataigneraie. *Inv. I, II :* 4.000 l. ; *III :* 300 l. — Trace perdue depuis 1788.
10. — MILON LE CROTONIATE. — *G. P.-R. :* Nicollet ; *Dubois,* 171.
    Coll. Christine. *Inv. I, II :* 3.200 l. ; *III :* 1.200 l. ; *Cat. Lyceum,* n° 274 : 40 guinées, au COMTE DE DARNLEY. — N'est plus à Cobham Hall.
11. — PORTRAIT DU PORDENONE, SOUS LA FIGURE DE DAVID.— *G. P.-R. :* N.-F. Naviez ; *Dubois,* 172.
    Inv. II : 400 l. ; *Cat. Lyceum,* n° 187 : 50 guinées, à J.-H. NESBITT. — Trace perdue.

TITIEN.

12. — L'EMPEREUR OTHON. — *Dubois,* 459.
    Coll. Christine. *Inv. I :* 150 l. ; Exp. Manchester (n° 269). — LORD BROWNLOW (Waagen, II, 313).
13. — VITELLIUS. — *Dubois,* 470.
    Coll. Christine. *Inv. II :* 1.000 l. ; *III :* 300 l. ; *Cat. Lyceum,* n° 227 : 20 guinées, à COSWAY.
14. — VESPASIEN. — *Dubois,* 470.
    Coll. Christine. *Inv. II :* 1.200 l. ; *Cat. Lyceum,* n° 256 : 20 guinées, à COSWAY.
15. — AUTOPORTRAIT. — *G. P.-R. :* A. Romanet ; *Dubois,* 460.
    Inv. II : 200 l. ; *III :* 300 l. ; *Cat. Bryan,* n° 78 : 70 guinées, au COMTE DE CARLISLE.
16. — UNE MUSIQUE (Esquisse). — *Dubois,* 460.
    Inv. II, III : 300 l. ; *Cat. Bryan,* n° 50 : 100 guinées, à G. Hibbert. *Vente de ce dernier* (1802) : 76 l., 13 sh., à PARKS.
17. — CHARLES-QUINT A CHEVAL. — *G. P.-R. :* Alex. Massard ; *Dubois,* 461.
    Coll. Christine. *Inv. I, II :* 500 l. ; *III :* 150 l. ; *Cat. Lyceum,* n° 168 : 150 guinées, à Angerstein. *Vente Rogers* (1856) : 204 l. st. 15 sh., à Baring. — COLL. LORD NORTHBROOK, n° 217 (Ancienne coll. Baring).
18. — PHILIPPE II. — *Dubois,* 461.
    Inv. II, III : 300 l. ; *Cat. Lyceum,* n° 255. *Vente Harman* (1844) : 46 l. st., à LORD MAHON.
19. — PORTRAIT DE FEMME. — *Dubois,* 462.
    Inv. Henriette d'Angleterre, n° 411 : 250 l. ; *Cat. Lyceum,* n° 182. — Trace perdue.
20. — PORTRAIT DE CLÉMENT VII. — *G. P.-R. :* Maleuvre et L.-M. Halbou ; *Stafford Gallery ; Dubois,* 462.

Coll. Amelot. *Inv. I, II* : 300 l. ; *III* : 24 l. *Cat. Bryan*, n° 43. — Bridgewater House, n° 57.

21. — DIANE SURPRISE PAR ACTÉON. — *G. P.-R.* : Duclos et Delongueuil ; *Stafford Gallery* ; *Dubois*, 463.
Coll. Philippe II, Philippe V, duc de Gramont. *Inv. I* : 6.400 l. ; *II* : 2.000 l. ; *III* : 15.000 l. ; *Cat. Lyceum*, n° 240 : 2.500 guinées, au duc de Bridgewater. — Bridgewater House, n° 17. Copie au Musée du Prado (n° 423).

22. — CALISTO. — *G. P.-R.* : Duclos et J. Aliamet ; *Stafford Gallery* ; *Dubois*, 464.
Mêmes provenances que le n° 21. *Inv. I* : 6.400 l. ; *II* : 2.000 l. ; *III* : 4.000 l. ; *Cat. Lyceum*, n° 249 : 2.500 guinées, au duc de Bridgewater. Bridgewater House, n° 18. Copie au Musée du Prado (n° 424). Variante à Vienne.

23. — UNE SAINTE FAMILLE. — *G. P.-R.* : Tessier ; *Dubois*, 466.
Coll. Seignelay. *Inv. II* : 2.000 l. ; *III* : 3.000 l. ; *Cat. Bryan*, n° 123 : 250 guinées, à Walton. Exp. Manchester, n° 301, coll. S. Holford. Var. au Louvre (Villot, n° 461).

24. — LA VIE HUMAINE. — *G. P.-R.* : R^t de Launay ; *Rec. Cr.* : S.-F. Ravenat ; *Stafford Gallery* ; *Dubois*, 467. Grav. par Valentin Lefèvre.
Coll. Christine. *Inv. I, II* : 8.000 l. ; *III* : 6.000 l. ; *Cat. Lyceum*, n° 278 : 600 guinées, au duc de Bridgewater. Bridgewater House, n° 77. Repl. : Gal. Borghèse, coll. Sir W. J. Farrer, Londres.

25. — VÉNUS A LA COQUILLE. — *G. P.-R.* : Benoist ; *Stafford Gallery* ; *Dubois*, 468.
Coll. Christine. *Inv. I, II* : 2.800 l. ; *III* : 6.000 l. ; *Cat. Bryan*, n° 49 : 800 guinées, au duc de Bridgewater. Bridgewater House, n° 19.

26. — LA MAITRESSE DU TITIEN. — *G. P.-R.* : Schlotterbeck ; *Dubois*, 468.
Coll. Christine. *Inv. I* : 1.600 l. ; *II* : 4.000 l. ; *III* : 36 l. ; *Cat. Bryan*, n° 25 : 50 guinées, à Bryan. Original au Louvre (Villot, n° 471).

27. — LE TENTATEUR. — *G. P.-R.* : Berseneff ; *Dubois*, 469.
Coll. chevalier de Lorraine. *Inv. II* : 600 l. ; *III* : 1.200 l. ; *Cat. Bryan*, n° 139 : 400 guinées, à Th. Hope (Waagen, II, 113, 497).

28. — DIANE POURSUIT ACTÉON. — *G. P.-R.* : J. Couché ; *Dubois*, 469.
Coll. Charles Ier ; Christine. *Inv. I* : 2.000 l. ; *III* : 1.000 l. ; *Cat. Lyceum*, n° 269 : 200 guinées, à Sir A. Hume. Coll. Lord Brownlow. Dessin à la pierre noire, esquisse de ce tableau, au Musée d'Orléans. Répl. à Vienne, n° 175.

29. — LA CASSETTE DU TITIEN. — *G. P.-R.* : Fr. Guibert ; *Dubois*, 470.
Coll. chevalier de Lorraine. *Inv. I* : 1.200 l. ; *II, III* : 4.000 l. ; *Cat. Bryan*, n° 52 : 400 guinées, à Lady Lucas. Exp. Manchester, n° 277. Coll. Lord Lucas (1911).

30. — L'ENLÈVEMENT D'EUROPE. — *G. P.-R.* : J.-L. Delignon ; *Dubois*, 471.
Coll. Philippe II, Philippe V, duc de Gramont. *Inv. I* : 4.000 l. ; *II* : 6.000 l. ; *III* : 1.000 l. ; *Cat. Lyceum*, n° 220 : 700 guinées, à Lord Berwick. Exp. Manchester, n° 259, Coll. comte de Darnley. Coll. Mrs. J. Gardner, Boston.

31. — PERSÉE ET ANDROMÈDE. — *G. P.-R.* : J.-L. Delignon ; *Dubois*, 473.
Coll. Philippe II, Charles Ier, La Vrillière. *Inv. I, II* : 4.000 l. ; *III* : 1.000 l. ; *Cat. Lyceum*, n° 205 : 318 guinées, à Bryan. Collection Wallace, n° 11.

LA BELLA SCHIAVONA
Tableau peint par Le Titien
(Collection de Sir F. Cook. — Richmond)
Photo Anderson. — Rome

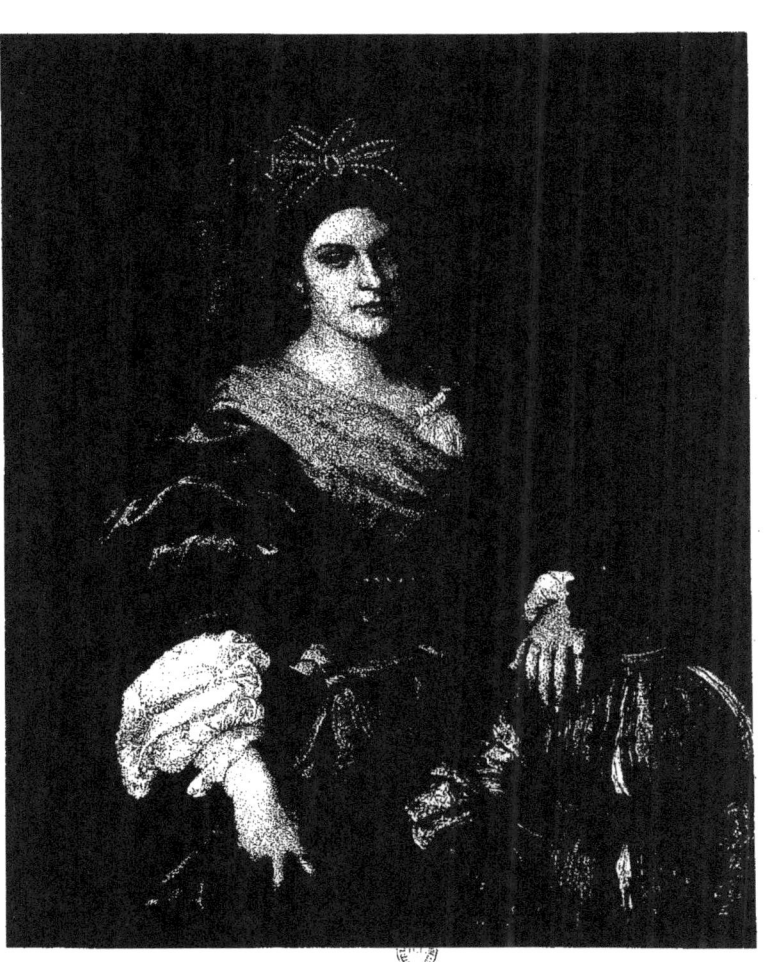

32. — L'ESCLAVONNE. — *G. P.-R.* : Maleuvre ; *Dubois*, 472 ; grav. par Sadeler.
   Coll. Christine. *Inv. I, II* : 14.000 l. ; *III*, 42 l. (endommagé); *Cat. Lyceum*, n° 170 ; *Vente 1800* : 80 guinées. COLL. SIR F. COOK (RICHMOND).
33. — UNE VEUVE. — *Dubois*, 472.
   Cat. Lyceum, n° 262. — Trace perdue.
34. — VÉNUS QUI SE MIRE. — *G. P.-R.* : Leybold ; *Dubois*, 472.
   Coll. Christine. *Inv. II* : 1.400 l. ; *III* : 1.200 l. ; *Cat. Bryan*, n° 84 : 300 guinées, au comte de Darnley. COBHAM HALL. Répl. à Dresde (n° 178), à l'Ermitage (n° 99), à l'Académie de Saint-Luc, à Rome.
35. — ÉDUCATION DE L'AMOUR. — *G. P.-R.* : Bouilliard ; *Dubois*, 473.
   Coll. Christine. *Inv. I* : 800 l. ; *II, III* : 2.400 l. ; *Cat. Lyceum*, n° 211 : 800 guinées, au comte Gower. STAFFORD HOUSE, n° 296.
36. — PORTRAIT DE FEMME. — *Dubois*, 474. — Trace perdue.
37. — MADELEINE A MI-CORPS. — *G. P.-R.* : Romanet ; *Dubois*, 474.
   Coll. Christine. *Inv. II* : 800 l. ; *III* : 2.400 l. ; *Cat. Lyceum*, n° 231 : 350 guinées, à Maitland. LANSDOWNE HOUSE, n° 53. (Répl. au Pitti, à l'Ermitage, etc.)
38. — NOLI ME TANGERE. — *G. P.-R.* : F^ois Trière ; *Rec. Cr.* : N. Tardieu ; *Dubois*, 475.
   Coll. Muselli ; Bertin. *Inv. I* : 8.000 l. ; *II* : 2.000 l. ; *III* : 3.600 l. ; *Cat. Bryan*, n° 119 : 400 guinées. Coll. Champernowne, Rogers. NATIONAL GALLERY, n° 270.
39. — PHILIPPE II ET SA MAITRESSE. — *G. P.-R.* : J. Bouilliard ; *Dubois*, 476.
   Coll. Christine. *Inv. I* : 5.500 l. ; *II* : 4.000 l. ; *III* : 1.500 l. ; *Cat. Lyceum*, n° 199 : 1.000 guinées, au vicomte Fitzwilliam. FITZWILLIAM MUSEUM, CAMBRIDGE, n° 129.
40. — DÉPART D'ADONIS POUR LA CHASSE. — *G. P.-R.* : Delignon ; omis par *Dubois*.
   Coll. Christine. *Inv. I, II* : 5.000 l. ; *III* : 6.000 l. ; *Cat. Lyceum*, n° 224. — Trace perdue. Nombreuses répliques (Voir p. 24). Original au Prado.
41. — PORTRAIT DU COMTE CASTIGLIONE. — *Dubois*, 459.
   Inv. III : 24 l. ; *Cat. Lyceum*, n° 255 : estimé 50 guinées. — Trace perdue.
42. — TÊTE (ÉTUDE POUR UNE DANAÉ). — Omise par *Dubois*.
   Inv. II : 500 l. ; *III* : 24 l. ; *Cat. Lyceum*, n° 262. BOWOOD, n° 33.

L. LOTTO

43. — SAINTE FAMILLE. — *Dubois*, 294 ; *Stafford Gallery*.
   Inv. II : 1.600 l. ; *III* : 360 l. ; *Cat. Lyceum*, n° 234 : 40 guinées, au duc de Bridgewater. BRIDGEWATER HOUSE, n° 90. (Copie chez le duc de Westminster.)

J. PALMA VECCHIO

44. — VÉNUS COUCHÉE. — *G. P.-R.* : Marais ; *Dubois*, 205.
   Coll. Christine. *Inv. I* : 3.200 l. ; *II, III* : 3.000 l. ; *Cat. Bryan*, n° 34 ; *Vente 1800* : 52 guinées. FITZWILLIAM MUSEUM, CAMBRIDGE, n° 109. — Répl. à Bucarest ; même sujet à Dresde, etc.

45. — SAINTE CATHERINE. — *G. P.-R.* : Guttenberg ; *Dubois,* 205.
   Inv. I, II : 300 l. ; *Cat. Lyceum,* n° 229 : 30 guinées, à Bryan. — Trace perdue.
46. — SAINTE FAMILLE. — *Dubois.* 206 ; *Stafford Gallery.*
   Coll. prince de Condé. *Inv. II* : 2.000 l. ; *Cat. Bryan,* n° 112 : 200 guinées, au duc de Bridgewater. Bridgewater House, n° 29.
47. — HÉRODIADE. — *G. P.-R.* : Schotterbeck ; *Dubois,* 206.
   Coll. Christine. *Inv. I* : 1.000 l. ; *II* : 1.600 l. ; *III* : 300 l. ; *Cat. Bryan,* n° 33 : 150 guinées, à Nesbitt. — Trace perdue.
48. — UN DOGE DE VENISE. — *Dubois,* 207 ; *Stafford Gallery.*
   Coll. Christine. *Inv. I, II* : 1.000 l. ; *Cat. Bryan,* n° 24 : 400 guinées, au duc de Bridgewater. Bridgewater House, n° 60.
49. — UN PORTRAIT DE JEUNE FILLE. — *G. P.-R.* : Benoist ; *Dubois,* 207.
   Inv. II : 240 l. ; *Cat. Lyceum,* n° 233 : 60 guinées, à Skipp. — Trace perdue.
50. — VÉNUS QUI SE PEIGNE. — *G. P.-R.* : J. Bouilliard ; omis par *Dubois.*
   Inv. I : 800 l. ; *III* : 24 l. ; *Vente 1800* : pas d'acquéreur. — Trace perdue.

S. DEL PIOMBO

51. — PORTRAIT DE MICHEL-ANGE A QUARANTE-SEPT ANS. — *G. P.-R.* : Glairon-Mondet ; *Dubois,* 445.
   Inv. II (att. à Raphaël) : 40 l. ; répl. au Louvre, n° 1.649.
52. — DESCENTE DE CROIX. — *G. P.-R.* : R. de Launay ; *Dubois,* 445 ; *Stafford Gallery.*
   Coll. Bretonvilliers. *Inv. II* : 1.000 l. ; *Cat. Bryan,* n° 100 : 200 guinées, au duc de Bridgewater. Bridgewater House, n° 31.
53. — RÉSURRECTION DE LAZARE. — *G. P.-R.* : R. de Launay ; *Dubois,* 446 ; grav. P. Lightfoot *(Jones, n° 102).*
   Peint pour Jules de Médicis ; cathédrale de Narbonne. *Inv. I, II, III* : 32.000 l. ; *Cat. Lyceum,* n° 241 : 3.500 guinées, à Angerstein. National Gallery, n° 1.

PORDENONE

54. — JUDITH. — *G. P.-R.* : Ketterlinus ; *Dubois,* 246.
   Coll. La Châtaigneraie. *Inv. I* : 400 l. ; *II* : 1.000 l. ; *Cat. Lyceum,* n° 188 : 40 guinées, à Lord Wycombe. Coll. marquis de Lansdowne, n'est plus à Bowood.
55. — HERCULE ARRACHANT UNE CORNE A ACHÉLOÜS. — *G. P.-R.* : Patas ; *Dubois,* 247.
   Coll. Christine. *Inv. I, II* : 400 l. ; *III* : 240 l. ; *Cat. Lyceum,* n° 147 : 40 guinées, au comte de Darnley. — N'est plus à Cobham Hall.
56. — FEMME ADULTÈRE. — *G. P.-R.* : Marchand ; *Dubois,* 248.
   Coll. Christine. *Inv. I* : 2.800 l. ; *III* : 150 l. — *Stafford House.*

SAINTE FAMILLE
Tableau peint par Paris Bordone
(Collection du comte d'Ellesmere. — Bridgewater House, Londres)
Photo Hollyer — Londres

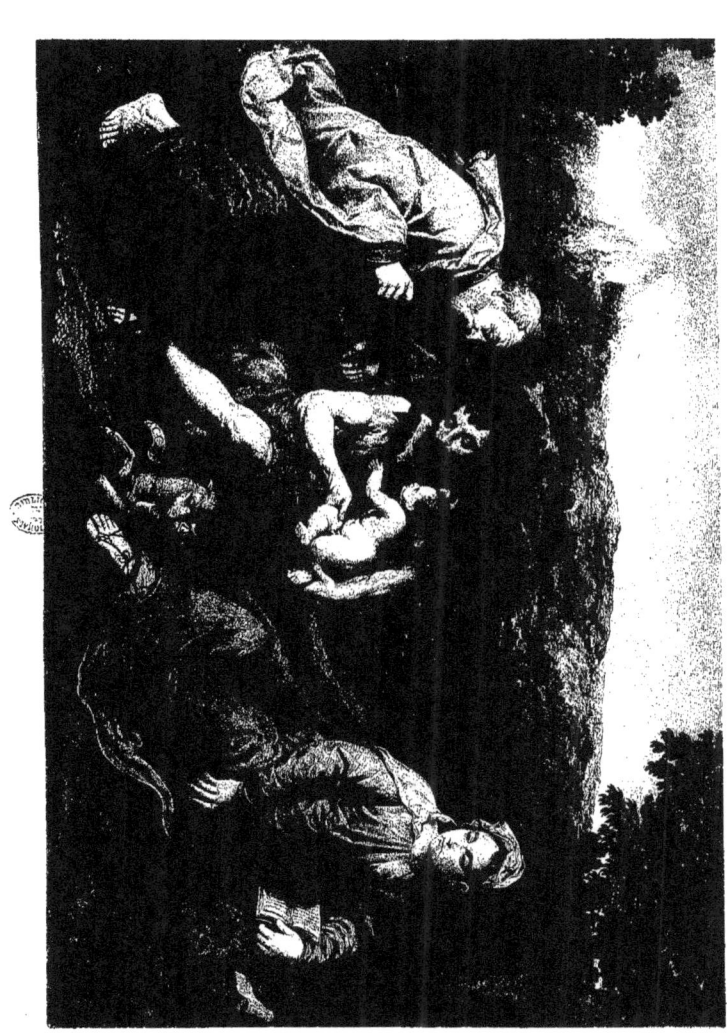

PARIS BORDONE

57. — SAINTE FAMILLE. — *Dubois*, 358. *Stafford Gallery*.
   Coll. Christine (att. à Giorgione). *Inv. II* : 2.500 l.; *III* : 1.000 l.; *Cat. Lyceum*, n° 226 : 300 guinées, au duc de Bridgewater. BRIDGEWATER HOUSE, n° 89.

LE BASSAN

58. — PORTRAIT DE VIEILLARD. — *Dubois*, 210.
   Coll. Christine. *Inv. I* : 150 l.; *II* : 200 l.; *Cat. Lyceum* : 8 guinées et demie. — Trace perdue.
59. — CIRCONCISION. — *G. P.-R.* : J. Couché; *Dubois*, 211: *Stafford Gallery*.
   Inv. I : 1.600 l.; *II* : 800 l.; *III* : 48 l.; *Cat. Bryan*, n° 56 : 100 guinées, au comte Gower. STAFFORD HOUSE, n° 68.
60. — AUTOPORTRAIT. — *Dubois*, 211.
   Inv. II : 320 l.; *III* : 75 l.; *Cat. Lyceum*, n° 232 : 40 guinées, à E. Coxe. Coll. duc de Bedford, Lord Northwick, duc de Newcastle.
61. — PORTRAIT DE SA FEMME. — *Dubois*, 212.
   Inv. II : 200 l.; *III* : 75 l.; *Cat. Lyceum*, n° 189 : 20 guinées, au comte de Carlisle. CASTLE HOWARD (Waagen, III, 320).
62. — SAINT JÉROME. — *Dubois*, 210.
   Coll. Christine. *Inv. II* : 800 l.; *III* : 220 l.; *Cat. Lyceum*, n° 225. COLL. LORD NORTHWICK (Waagen, III, 203) dispersée le 26 juillet 1859.

LE TINTORET

63. — HENRI III. — *Dubois*, 214.
   Trace perdue depuis 1727. Répl. au Palais Ducal, Venise.
64. — PORTRAIT D'HOMME (AU CRUCIFIX). — *Dubois*, 215.
   Coll. Christine. *Inv. II* : 280 l.; *Cat. Lyceum*, n° 159. — Jadis à Stafford House.
65. — PRÉSENTATION AU TEMPLE. — *Dubois*, 215; *Stafford Gallery*.
   Coll. Christine. *Inv. II* : 80 l.; *III* : 12 l.; *Cat. Lyceum*, n° 287 : 40 guinées, au duc de Bridgewater. BRIDGEWATER HOUSE, n° 75.
66. — CONVICTION DE SAINT THOMAS. — *G. P.-R.* : B.-L. Prévost; *Dubois*, 216.
   Coll. Christine. *Inv. I, II* : 200 l.; *Cat. Lyceum*, n° 286 : 40 guinées, à LORD FALMOUTH.
67. — UN CONSISTOIRE. — *Dubois*, 217.
   Coll. Gaignières. *Inv. I, II* : 200 l.; *III* : 24 l.; *Cat. Lyceum*, n° 288 : 40 guinées, au comte Gower. STAFFORD HOUSE, n° 136.
68. — DESCENTE DE CROIX. — *G. P.-R.* : L. Croutelle; *Dubois*, 217; *Stafford Gallery*.
   Inv. II, III : 3.200 l.; *Cat. Lyceum*, n° 208 : 600 guinées, au duc de Bridgewater. BRIDGEWATER HOUSE, n° 40.

69. — LE TITIEN. — *G. P.-R.* : J. Couché ; *Dubois*, 218.
   Inv. Henriette d'Angleterre, n° 414, att. au Titien : 250 l.; *Inv. II* : 1.000 l.; *III* : 12 l.;
   Cat. Lyceum, n° 280 : 30 guinées, au comte Gower. STAFFORD HOUSE, n° 3.

70. — L'ARÉTIN. — *G. P.-R.* : J. Couché; *Dubois*, 218.
   Inv. Henriette d'Angleterre, n° 417, att. au Titien : 60 l. Même pedigree que le précédent.
   Cat. Lyceum, n° 279. STAFFORD HOUSE, n° 6.

71. — LES DUCS DE FERRARE. — *G. P.-R.* : Gl. Mondet ; *Dubois*, 218.
   Coll. Christine. *Inv. I, II* : 4.000 l.; *III* : 1.000 l.; *Cat. Lyceum*, n° 156 : 150 guinées,
   au COMTE DE CARLISLE (Waagen, III, 320).

72. — LA VOIE LACTÉE. — *G. P.-R.* : P.-R. de Launay; *Dubois*, 219.
   Coll. Seignelay. *Inv. I, II* : 2.400 l.; *III* : 800 l.; *Cat. Lyceum*, n° 238 : 50 guinées, à
   Bryan. Coll. comte de Darnley ; Exp. à Manchester, n° 298. NATIONAL GALLERY, n° 1313.

73. — LÉDA. — *G. P.-R.* : Gl. Mondet ; *Dubois*, 220.
   Inv. I, II : 1.600 l.; *Cat. Lyceum*, n° 167 : 200 guinées, à Willett. Exp. à Manchester,
   n° 302; coll. Peter Norton, N. Walker. UFFIZI.

74. — JUGEMENT DERNIER. — Omis par *Dubois*.
   Inv. I : 800 l.; *III* : 72 l.; *Cat. Lyceum*, n° 242 : 150 guinées, au duc de Bridgewater. —
   N'est plus à Bridgewater House.

MARIA TINTORETTA

75. — UN PORTRAIT D'HOMME. — *Dubois*, 308.
   Registre de réception, n° 29, avec cette note : vendu.

G. PORTA SALVIATI

76. — ENLÈVEMENT DES SABINES. — *G. P.-R.* : A. Romanet; *Dubois*, 262.
   Inv. Monsieur, n° 101 : 150 l. avec quatre autres tableaux. *Inv. I, II* : 400 l.; *III* : 150 l.;
   Cat. Lyceum, n° 221. Vente *1800* : 34 guinées. — Trace perdue.

A. SCHIAVONE

77. — UN PHILOSOPHE. — *Dubois*, 26.
   Inv. II : 700 l. — Trace perdue depuis 1788.

78. — UN CHRIST MORT. — *G. P.-R.* : J. Michault; *Dubois*, 26.
   Coll. Christine. *Inv. II* : 1.600 l.; *III* : 3 l.; *Cat. Lyceum*, n° 210 : 150 guinées, au comte
   Gower. STAFFORD HOUSE, n° 294.

79. — PILATE SE LAVE LES MAINS. — *G. P.-R.* : B.-L. Henriquez; *Dubois*, 27.
   Coll. Christine. *Inv. I, II* : 3.200 l.; *III* : 150 l.; *Cat. Bryan*, n° 42 : 250 guinées, au duc
   de Bridgewater. BRIDGEWATER HOUSE, n° 4.

80. — CHRIST AU TOMBEAU. — *G. P.-R.* : Danzel; *Dubois*, 27.
   Coll. Forest. *Inv. II* : 800 l.; *III* : 100 l. — Trace perdue depuis 1788.

MERCURE, HERSÉ ET AGLAURE
Tableau peint par Véronèse
(Fitzwilliam Museum. — Cambridge)
Photo Gray. — Londres

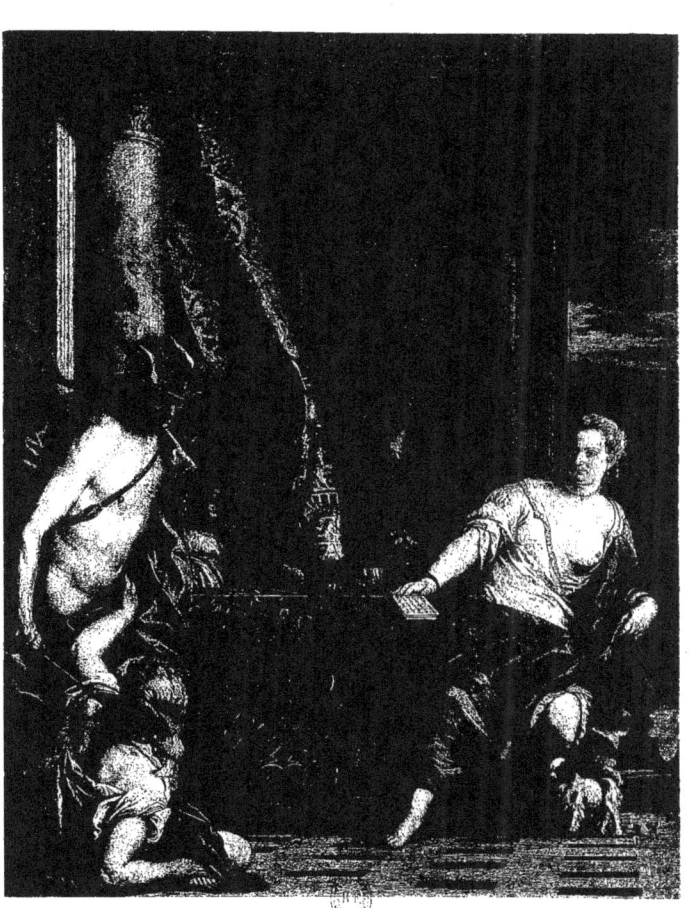

P. VÉRONÈSE

81. — LES DISCIPLES A EMMAÜS. — *G. P.-R.* : R. de Launay; *Rec. Crozat* : C. Du Flos; *Dubois*, 369. *Stafford Gallery.*
Coll. Muselli. *Inv. I* : 800 l.; *II* : 1.500 l.; *III* : 150 l.; *Cat. Bryan*, n° 67 : 200 guinées, au comte Gower. STAFFORD HOUSE, n° 65.

82. — ENLÈVEMENT D'EUROPE. — *G. P.-R.* : R. de Launay; *Dubois*, 370; grav. H. Farnell *(Joues, n° 73)* ; grav. V. Le Febvre.
Coll. Christine. *Inv. I, II* : 2.400 l.; *III* : 150 l.; *Cat. Bryan*, n° 47 : 200 guinées, à Willett. NATIONAL GALLERY, n° 268.

83. — LÉDA. — *G. P.-R.* : Aug. de Saint-Aubin; *Dubois*, 370.
Coll. Bertin. *Inv. I, II* : 5.000 l.; *III* : 7.200 l.; *Cat. Lyceum*, n° 192 : 300 guinées, au comte Gower. Coll. H.-A.-J. Munro, Vandeul, E. GRANDIDIER, PARIS.

84. — MARS DÉSARMÉ PAR VÉNUS. — *G. P.-R.* : Macret; *Dubois*, 371. *Rec. Cr.* : M. Aubert.
Coll. Christine. *Inv. II* : 10.000 l.; *III* : 1.000 l.; *Cat. Lyceum*, n° 146, estimé 200 guinées, vendu 50. — Trace perdue.

85. — LA MORT D'ADONIS. — *G. P.-R.* : Patas; *Dubois*, 372; *Stafford Gallery.*
Coll. Christine. *Inv. I* : 6.000 l.; *III* : 1.000 l.; *Cat. Lyceum*, n° 266 : 150 guinées, au duc de Bridgewater. BRIDGEWATER HOUSE, n° 298.

86. — MERCURE ET HERSÉ. — *G. P.-R.* : Moitte; *Dubois*, 373; *Rec. Cr.* : Joullain.
Coll. Christine. *Inv. I, II* : 18.000 l.; *III* : 15.000 l.; *Cat. Lyceum*, n° 200; *Vente 1800* : 105 guinées. FITZWILLIAM MUSEUM, CAMBRIDGE, n° 143. — Ancienne copie au Musée de Nantes, n° 234.

87. — LE RESPECT. — *G. P.-R.* : Cathelin et Couché; *Dubois*, 378; *Rec. Cr.* : L. Desplaces.
Coll. Christine. *Inv. I, II* : 32.000 l.; *III* : 24.000 l. avec les trois panneaux suivants; *Cat. Lyceum*, n° 160; *Vente 1800*. Coll. comte de Darnley. NATIONAL GALLERY, n° 1.325.

88. — L'AMOUR. — *G. P.-R.* : Beljambe et Cathelin; *Dubois*, 379; *Rec. Cr.* : L. Desplaces.
Même pedigree que plus haut. NATIONAL GALLERY, n° 1.326.

89. — LE DÉGOUT. — *G. P.-R.* : J. Couché; *Dubois*, 380; *Rec. Cr.* : B. Audran.
Même pedigree que plus haut. NATIONAL GALLERY, n° 1.324. — Copie ancienne au Musée de Nantes, n° 236.

90. — L'INFIDÉLITÉ. — *G. P.-R.* : J.-A. Pierron; *Dubois*, 380; *Rec. Cr.* : S. Vallée.
Même pedigree que plus haut. NATIONAL GALLERY, n° 1.318. — Copie ancienne au Musée de Nantes, n° 235.
Ces quatre panneaux furent exposés à Manchester, n°$^{\rm s}$ 285 à 288.

91. — MARS ET VÉNUS LIÉS PAR L'AMOUR. — *G. P.-R.* : J. Couché; *Dubois*, 374; *Rec. Cr.* : M. Aubert.
Coll. Christine. *Inv. I, II* : 18.000 l.; *III* : 15.000 l.; *Cat. Lyceum*, n° 273 : 300 guinées, à H. Elwyn. Coll. Lord Wimborne. METROPOLITAN MUSEUM, NEW YORK. — Copies à l'Ermitage et coll. Bourdon, Paris.

92. — PORTRAIT DE FEMME (LA FILLE DU PEINTRE). — G. P.-R. : A. Romanet ; Dubois, 375.
   Coll. Hautefeuille. Inv. II : 2.400 l. — Trace perdue depuis 1788.
93. — P. VÉRONÈSE ENTRE LE VICE ET LA VERTU. — G. P.-R. : Delaunay le jeune; Dubois, 376; Rec. Cr. : L. Desplaces.
   Coll. Christine. Inv. I, II : 18.000 l.; III : 15.000 l.; Cat. Lyceum, n° 236 : 60 guinées. Coll. Lord Francis Hope. KNŒDLER. — Copie coll. Sir F. Cook.
94. — LA SAGESSE, COMPAGNE D'HERCULE. — G. P.-R. : J. Couché; Dubois, 377; Rec. Cr. : L. Desplaces.
   Même pedigree que plus haut. Cat. Lyceum, n° 223 : 500 guinées. KNŒDLER.
   Ces deux tableaux furent copiés par F. BOUCHER. — COLL. GUIDO E. THOMITZ.
95. — MARS ET VÉNUS. — G. P.-R. : Henriquez et Cathelin; Dubois, 381.
   Coll. duc de Modène. Inv. II, III : 1.000 l.; Cat. Lyceum : 250 guinées, à Willett. Coll. Nieuwenhuys. MUSÉE CONDÉ, CHANTILLY, n° 55.
96. — L'EMBRASEMENT DE SODOME. — G. P.-R. : J. Couché; Dubois, 382; Rec. Cr. : B. Audran.
   Coll. duc de Liancourt. Inv. I, II : 3.500 l. LOUVRE (Villot, n° 97).
97. — LES ISRAÉLITES SORTANT D'ÉGYPTE. — G. P.-R. : Couché fils; Dubois, 383; Rec. Cr. : L. Jacob.
   Coll. duc de Liancourt. MUSÉE DE CAEN, n° 22. — Envoi de l'État, an VIII.
98. — JUGEMENT DE SALOMON. — G. P.-R. : L. Croutelle; Dubois, 384; Stafford Gallery.
   Coll. duc de Modène. Inv. I, II : 2.000 l.; Cat. Lyceum, n° 268 : 60 guinées, au duc de Bridgewater. BRIDGEWATER HOUSE, n° 78 (att. à Jacques Bassan).
99. — MOÏSE SAUVÉ. — G. P.-R. : Delignon; Dubois, 386.
   Coll. Hautefeuille. Inv. I : 2.000 l.; II : 6.400 l.; III : 4.000 l.; Cat. Lyceum, n° 149 : 40 guinées, à Maitland. — Trace perdue.

G. MUZIANO

100. — SAINT JÉRÔME. — Dubois, 254.
   Coll. Christine. Inv. II : 200 l. — Trace perdue depuis 1788.
101. — RÉSURRECTION DE LAZARE. — Dubois, 254; Rec. Cr. : S. Vallée.
   Coll. Christine. Inv. I : 3.200 l.; II : 3.900 l.; III : 1.500 l.; Cat. Lyceum, n° 191. Vente 1800 : 50 guinées. — Trace perdue.

FR. BASSAN

102. — LE PARALYTIQUE. — G. P.-R. : Delongueuil; Dubois, 139.
   Coll. Melford. Inv. I, II : 250 l.; Cat. Lyceum, n° 281 bis : 20 guinées, à Willett. — Trace perdue.
103. — L'ENFANT PRODIGUE. — Dubois, 140.
   Coll. Melford. Inv. I, II : 600 l.; Cat. Lyceum, n° 282 : 20 guinées, à Watson. — Trace perdue.

104. — UNE FERME. — *Dubois*, 141.
    Inv. II : 400 l.; *III* : 39 l.; *Cat. Lyceum*, n° 173 : 20 guinées, au juge Lawrence. — Trace perdue.
105. — UN BERGER QUI DORT ou MIDI. — *G. P.-R.* : Massart et Niquet; *Dubois*, 142.
    Inv. II : 400 l.; *III* : 24 l.; *Cat. Lyceum*, n° 174 : 20 guinées, à Watson. — Trace perdue.

LÉANDRE BASSAN

106. — L'ARCHE DE NOÉ. — *G. P.-R.* : J. Couché fils; *Dubois*, 287.
    Coll. Alosse. *Inv. I, II* : 450 l.; *III* : 60 l.; *Cat. Lyceum*, n° 291 : 20 guinées, au comte Gower. — N'est plus à Stafford House.
107. — JUGEMENT DERNIER. — *Dubois*, 288; *Stafford Gallery*.
    Coll. Bertinac. *Inv. II* : 700 l.; *III* : 150 l.; *Cat. Bryan*, n° 7 : 100 guinées, au duc de Bridgewater. BRIDGEWATER HOUSE, n° 95.

C. VÉRONÈSE

108. — ADORATION DES ROIS. — *G. P.-R.* : P. Beljambe; *Dubois*, 102.
    Inv. II : 320 l.; *III* : 300 l.; *Cat. Lyceum*, n° 197 : non vendu. *Vente E. Coxe* (1807).

A. TURCHI VÉRONÈSE

109. — CHASTETÉ DE JOSEPH. — *G. P.-R.* : Simonet et Viel; *Dubois*, 18; *Stafford Gallery*.
    Coll. M. le Duc. *Inv. I, II, III* : 1.000 l.; *Cat. Bryan*, n° 59 : 200 guinées, au duc de Bridgewater. BRIDGEWATER HOUSE, n° 82.
110. — APPARITION DES ANGES A ABRAHAM. — *G. P.-R.* : Glairon-Mondet; *Dubois*, 19.
    Inv. I, II : 600 l.; *III* : 2.000 l.; *Cat. Bryan*, n° 18 : 100 guinées, à E. Coxe. — Trace perdue.

C. SARACENI

111. — LA MORT DE LA VIERGE. — Acquisition postérieure au Régent.
    Inv. III : 120 l.; *Cat. Lyceum*, n° 267 : 40 guinées, au comte de Carlisle. CASTLE HOWARD (chapelle).

A. VAROTARI

112. — RENAUD ET ARMIDE. — *G. P.-R.* : J.-L. Delignon (att. à Leone Leoni); *Dubois*, 198 (att. à O. Gentileschi sous le titre de : *Vénus qui se mire et Mars*).
    Coll. Christine. *Inv. II* : 2.000 l.; *III* : 1.000 l.; *Cat. Lyceum*, n° 150 : 350 guinées, à H. Hope. — Trace perdue.

ÉCOLE ROMAINE

MICHEL-ANGE

113. — DESCENTE DE CROIX. — *Dubois*, 317.
   Coll. Amelot. *Inv. I* : 1.000 l. ; *II* : 500 l. — Trace perdue depuis 1752.

114. — PRIÈRE AU JARDIN DES OLIVIERS. — *G. P.-R.* : Berteaux et Romanet ; *Dubois*, 318.
   Inv. II : 300 l. ; *III* : 10 l. ; *Cat. Lyceum*, n° 209. *Vente 1800* : 52 guinées. — Trace perdue.

115. — GANYMÈDE. — *Dubois*, 219.
   Coll. Christine. *Inv. I* : 300 l. — Trace perdue depuis 1724. — Copie à Vienne, n° 16.

116. — SAINTE FAMILLE. — *G. P.-R.* : P.-G.-A. Beljambe ; *Dubois*, 319.
   Inv. II : 2.400 l. ; *III* : 1.200 l. ; *Cat. Bryan*, n° 22. *Vente 1800* : 90 guinées. (Waagen II, 487.)

B. PERUZZI

117. — ADORATION DES MAGES. — *Dubois*, 83 ; *Stafford Gallery*.
   Inv. I : 300 l. ; *III* : 48 l. ; *Cat. Lyceum*, n° 284 : 80 guinées, au duc de Bridgewater. BRIDGEWATER HOUSE, n° 85.

RAPHAËL

118. — PORTRAIT D'UNE VIEILLE. — *Dubois*, 428.
   Coll. Christine. *Inv. II* : 50 l. *Registre de Réception*, n° 7 (attr. à Michel-Ange).

119. — UNE VIERGE (LORETTE). — *G. P.-R.* : A. Romanet ; *Dubois*, 428.
   Inv. III : 15.000 l. ; *Cat. Bryan*, n° 85 : 700 guinées, à W. Willett. Coll. Stanley. Copie ancienne de l'original perdu. Répl. Louvre, Bridgewater House, Chantilly, etc.

120. — JULES II. — *G. P.-R.* : Morel ; *Dubois*, 429.
   Inv. I. : 1.200 l. ; *III* : 24 l. ; *Cat. Bryan*, n° 137. *Vente 1800* : 36 guinées. Nombreuses répliques : Uffizi, Pitti, National Gallery, etc.

121. — SAINT JEAN AU DÉSERT, DIT LE BEAU SAINT JEAN. — *G. P.-R.* : Guttenberg ; *Dubois*, 429.
   Coll. Harlay. *Inv. II* : 14.000 l. ; *III* : 24.000 l. ; *Cat. Lyceum*, n° 176 : 1.500 guinées, à Lord Berwick. Coll. Lord Cliford. Répl. aux Uffizi, à la Galerie Borghèse, etc.

122. — SAINTE FAMILLE AU PALMIER. — *G. P.-R.* : R.-V. Massard ; *Dubois*, 430 ; *Rec. Cr.* : J. Raymond ; *Stafford Gallery* ; grav. par G. Rousselet (1656).
   Coll. Tamboneau. *Inv. I, II* : 6.000 l. ; *III* : 10.000 l. ; *Cat. Bryan*, n° 113 : 1.200 guinées, au duc de Bridgewater. BRIDGEWATER HOUSE, n° 35.

CATALOGUE

123. — VIERGE (BRIDGEWATER MADONNA). — *G. P.-R.* : Romanet; *Dubois*, 430; *Rec. Cr.* : N. de Larmessin; *Stafford Gallery*.
    Coll. Colbert, Rondet. *Inv. II, III* : 20.000 l.; *Cat. Bryan*, n° 64 : 3.000 guinées. BRIDGEWATER HOUSE, n° 38. — Copies : National Gallery, Naples, etc.

124. — VIERGE (MADONNA DELLA TORRE). — *G. P.-R.* : J. Bouilliard; *Dubois*, 430; *Rec. Cr.* : J.-C. Flipart.
    Coll. Dorat. *Inv. II* : 2.000 l.; *III* : 1.800 l.; *Cat. Bryan*, n° 17. *Vente 1800* : 150 guinées. Coll. Th. Hope, Rogers, Mackintosh. NATIONAL GALLERY, n° 2.069.

125. — SAINTE FAMILLE (MADONNA DEL PASSEGGIO). — *G. P.-R.* : H. Guttenberg; *Dubois*, 431; *Rec. Cr.* : N. de Larmessin; *Stafford Gallery*.
    Coll. Christine. *Inv. I, II* : 28.000 l.; *III* : 48.000 l.; *Cat. Bryan*, n° 31 : 3.000 guinées, au duc de Bridgewater. BRIDGEWATER HOUSE, n° 37.

126. — UN JEUNE HOMME. — *Dubois*, 431.
    Coll. Christine. Figure dans l'*État général* de 1788, mais pas dans les catalogues anglais. COLL. MRS. J. GARDNER, BOSTON; attr. à S. del Piombo (portr. de Bandinelli).

127. — VISION D'ÉZÉCHIEL. — *Dubois*, 431; *Rec. Cr.* : N. de Larmessin.
    Inv. II : 1.600 l.; *Cat. Bryan*, n° 30 : 800 guinées, à Lord Berwick. Coll. Baring, Lord Northbrook. — Ne fait plus partie de cette dernière collection. (Copie au Louvre.)

128-129. — SAINT ANTOINE, SAINT FRANÇOIS. — *Dubois*, 433.
    Coll. Christine. *Inv. II* : 400 l. DULWICH, n°s 243, 244.

130. — PIETÀ. — *G. P.-R.* : Couché fils et Liénard; *Dubois*, 434; *Rec. Cr.* : C. Du Flos.
    Coll. Christine. *Inv. I, II* : 800 l.; *III* : 200 l.; *Cat. Bryan*, n° 111. *Vente 1800* : 60 guinées. Coll. Rechberg, Sir Th. Lawrence, M. A. White, Dawson; Exp. à Manchester, n° 138. COLL. MRS. GARDNER, BOSTON.

131. — PRIÈRE AU JARDIN DES OLIVIERS. — *G. P.-R.* : Couché fils et Liénard; *Dubois*, 434; *Rec. Cr.* : J.-C. Flipart.
    Coll. Christine. *Inv. III* : 200 l.; *Cat. Bryan*, n° 114. *Vente 1800* : 42 guinées. Coll. Lord Elgin, S. Rogers. Exp. à Manchester, n° 137. COLL. BURDETT-COUTTS.

132. — PORTEMENT DE CROIX. — *G. P.-R.* : Couché fils et Liénard; *Dubois*, 435; *Rec. Cr.* : N. de Larmessin.
    Coll. Christine. *Inv. II* : 2.400 l.; *Cat. Bryan*, n° 88 : 150 guinées, à G. Hibbert. Coll. Sir P. Miles. Vendu 588 l. st., en 1884. EARL OF PLYMOUTH.

133. — VIERGE DE LA MAISON D'ORLÉANS. — *G. P.-R.* : J.-J.-J. Huber; *Dubois*, 436; *Rec. Cr.* : N. de Larmessin. Grav. par Gaillard *(Gazette des Beaux-Arts, 1869)*.
    Coll. Crozat, abbé Decamps. *Inv. III* : 3.600 l.; *Cat. Bryan*, n° 74 : 500 guinées, à G. Hibbert. Acheté 150.000 fr. à la vente Delessert. MUSÉE CONDÉ, n° 30.

POLIDORE DE CARAVAGE

134. — LES TROIS GRACES. — *G. P.-R.* : Hubert; *Dubois*, 425.
    Inv. I, II : 80 l.; *III* : 12 l.; *Cat. Lyceum*, n° 198. *Vente 1800* : 18 guinées. — Trace perdue.

JULES ROMAIN

135. — LA NOURRITURE D'HERCULE. — *G. P.-R.* : Delignon; *Dubois*, 268.
    Coll. duc de Mantoue et Charles Ier. *Inv. I* : 800 l.; *III* : 400 l.; *Cat. Lyceum*, n° 175 : 300 guinées, au duc de Bridgewater. BRIDGEWATER HOUSE, n° 293.

136. — L'ENFANCE DE JUPITER. — *G. P.-R.* : Patas; *Dubois*, 269.
    Coll. abbé Decamps. *Inv. III* : 400 l.; *Cat. Lyceum*, n° 248. *Vente 1800* : 38 guinées. Coll. Erard, Lord Northwick. NATIONAL GALLERY, n° 624.

137. — NAISSANCE DE BACCHUS. — *G. P.-R.* : Patas; *Dubois*, 271.
    Inv. I : 800 l.; *II* : 2.400 l.; *III* : 360 l.; *Cat. Lyceum*, n° 230. *Vente 1800* : 38 guinées. *Vente Sir R. Sullivan* (1808) : 147 l. st. — Trace perdue.

138. — LE BAIN DE VÉNUS ou LES TROIS DÉESSES. — *G. P.-R.* : Ph. Trière (sous le nom de Pierino del Vaga); *Dubois*, 272; *Rec. Cr.* : P. Simonneau.
    Coll. Dorat. *Inv. I* : 200 l.; *III* : 18 l.; *Cat. Bryan*, n° 107 : 80 guinées, à Nesbitt. — Trace perdue.

139-144. — SIX FRISES. — *G. P.-R.*; *Dubois*, 273-278; *Rec. Cr.*
    Coll. Christine. *Inv. I, II, III* : 4.000 l.; *Cat. Bryan*, n°s 131, 134, 127, 136, 138, 125 : 200 guinées chaque, au duc de Bridgewater. Les six sujets sont : PRISE DE CARTHAGÈNE, CONTINENCE DE SCIPION, ENLÈVEMENT DES SABINES, PAIX ENTRE LES ROMAINS ET LES SABINS, CORIOLAN, RÉCOMPENSES MILITAIRES DONNÉES PAR SCIPION. — Les quatre premiers sont à la NATIONAL GALLERY dans deux cadres (n°s 643, 644), provenant de la coll. Edmond Beaucousin. La trace des deux autres est perdue. Ces frises sont attribuées à RINALDO MANTOVANO, élève et collaborateur de Jules Romain.

145-149. — CINQ CARTONS, peints sur papier, représentant les amours de Jupiter : DANAÉ, SÉMÉLÉ, ALCMÈNE, IO, JUNON. — *G. P.-R.* : *Dubois*, 279-284; *Rec. Cr.*
    Coll. Christine. *Inv. I, II* : 12.000 l. les cinq. — Trace perdue (Buchanan, I, 58).

150. — UN EMPEREUR A CHEVAL. — *Dubois*, 279.
    Inv. I, II : 200 l. — Trace perdue depuis 1788.

PIERINO DEL VAGA

(Voir n°s 138, 293.)

FR. BAROCHE

151. — LA VIERGE AUX CHATS. — *G. P.-R.* : Leybold; *Dubois*, 155.
    Coll. Benoise, Brillac. *Inv. II* : 600 l.; *Cat. Bryan*, n° 109 : 200 guinées. Composition différente à la *National Gallery*, n° 29. — Trace perdue.

152. — UNE TÊTE DE SAINT PIERRE. — *Dubois*, 156. — Trace perdue depuis 1727.

153. — UNE FUITE EN ÉGYPTE. — *G. P.-R.* : H. Guttenberg; *Dubois*, 157.
    Inv. II : 2.000 l.; *III* : 4.000 l.; *Cat. Lyceum*, n° 196 : 200 guinées, à Lady Lucas. N'est plus chez Lord Lucas.

CATALOGUE

154. — L'EMBRASEMENT DE TROIE. — *Dubois*, 158.
Coll. Christine. *Inv. I, II* : 2.400 l.; *III* : 24 l.; *Cat. Lyceum*, n° 289. *Vente 1800* : 14 guinées. — Trace perdue.

155. — UNE SAINTE FAMILLE, AVEC SAINTE ÉLISABETH ET SAINTE CATHERINE (six personnages). — *Dubois*, 158.
Inv. II : 1.500 l.; *III* : 4.000 l.; *Cat. Bryan*, n° 128 : 100 guinées, à Hibbert. — Trace perdue.

LE JOSÉPIN

156. — SUZANNE AU BAIN. — *G. P.-R.* : J. Bouilliard: *Dubois*, 259.
Inv. II : 300 l.; *Cat. Lyceum*, n° 285. *Vente 1800* : 18 guinées. — Trace perdue.

D. FETI

157. — LA FILEUSE. — *G. P.-R.* : Patas; *Dubois*, 118.
Inv. Monsieur, n° 126 : 150 l. *Inv. II* : 400 l.; *III* : 1.000 l.; *Cat. Bryan*, n° 117 : 100 guinées, à Maitland. Répl. au Louvre (Villot, 92).

P. DE CORTONE

158. — UN PAYSAGE. — *Dubois*, 420. — Trace perdue depuis 1727.

159. — FUITE DE JACOB. — *G. P.-R.* : Simonet et J. Couché; *Dubois*, 420.
Coll. chevalier de Lorraine. *Inv. I, II* : 2.000 l.; *III* : 20.000 l.; *Cat. Lyceum*, n° 265 : 450 guinées, à G. Hibbert. Coll. Lord Suffolk, W. Smith, John Allnutt.

A. SACCHI

160. — PORTEMENT DE CROIX. — *Dubois*, 20; *Rec. Cr.* : Simon Vallée.
Inv. II : 650 l.; *III* : 400 l.; *Cat. Bryan*, n° 57 : 150 guinées, à H. Hope. Coll. S. Rogers (Waagen, II, 76).

161. — ADAM ET ABEL. — *G. P.-R.* : R. de Launay; *Dubois*, 21; *Rec. Cr.* : F. Hortemels.
Coll. Christine. *Inv. I, II* : 400 l.; *III* : 300 l.; *Cat. Lyceum*, n° 177 : 20 guinées, à Robert Udney. Coll. Lord Yarborough (Waagen, IV, 506).

L. BERNINI

162. — PORTRAIT D'UN RELIGIEUX. — *Dubois*, 228.
Coll. Christine. *Inv. I* : 60 l.; *III* : 36 l. avec le suivant; *Cat. Lyceum*, n° 154. — Trace perdue.

163. — UN CONTEMPLATIF. — *Dubois*, 228.
Coll. Christine. *Inv. III* : 36 l.; *Cat. Lyceum*, n° 276 : 30 guinées, au comte Gower. STAFFORD HOUSE, n° 7, sous le nom de Benedetto Gennari.

CERQUOZZI

164. — MASCARADE. — *G. P.-R.* : J. Couché ; *Dubois*, 320.
   Inv. I, II : 120 l. ; *III* : 40 l. ; *Cat. Lyceum*, n° 212. *Vente 1800* : 13 guinées. — Trace perdue.

C. MARATTI

165. — GALATÉE. — *G. P.-R.* : Ph. Trière ; *Dubois*, 94 ; *Rec. Cr.* : J. Audran.
   Inv. I, II : 500 l. ; *III* : 1.200 l. ; *Cat. Bryan*, n° 103 : 100 guinées, à W. Willett. — Trace perdue.
166. — VIERGE ET ENFANT (tableau rond). — *Dubois*, 95.
   Inv. II : 80 l. ; *III* : 600 l. Resté en France ? — Trace perdue.

ÉCOLES OMBRIENNE ET FLORENTINE

PÉRUGIN

167. — ADORATION DE NOTRE-SEIGNEUR. — *Dubois*, 400.
   Inv. III : 18 l. ; *Cat. Lyceum*, n° 261. *Vente 1800* : pas d'acquéreur. Coll. Sir G. R. Sitwell, à Renishaw. Vendu (1912) à M. Pierpont Morgan (100.000 fr.).
168. — VIERGE ET ENFANT (avec deux Saintes). — *Dubois*, 401.
   Inv. Henriette d'Angleterre, n° 422 : 60 l. ; *Inv. II* : 1.000 l. ; *III* : 240 l. ; *Cat. Lyceum*, n° 161. *Vente 1800* : 5 guinées. — Trace perdue.
169. — PIETÀ. — *Dubois*, 401 ; *Rec. Cr.* : C. Du Flos.
   Inv. II : 1.000 l. ; *III* : 240 l. ; *Cat. Lyceum*, n° 145 : 60 guinées, à Sykes. Répl. de l'original qui est à l'*Accademia*, n° 56, Florence. Légères variantes.

VINCI

170. — TÊTE DE JEUNE FEMME. — *G. P.-R.* : Massard père ; *Dubois*, 292 ; *Stafford Gallery*.
   Coll. de M. le Grand. *Inv. II* : 400 l. ; *III* : 300 l. ; *Cat. Lyceum*, n° 281 : 60 guinées, au duc de Bridgewater. Bridgewater House, n° 14. (Attr. à Bernardino Luini.)
171. — COLOMBINE. — *G. P.-R.* : Romanet ; *Dubois*, 293.
   Coll. duc de Melford. *Inv. II, III* : 1.000 l. ; *Cat. Bryan*, n° 108 : 250 guinées, à Robert Udney. Ermitage, n° 74, lequel musée l'acheta 40.000 florins à la vente de Guillaume II, des Pays-Bas (1850). (Attr. à Francesco Melzi.)
171bis. — PORTRAIT (Jeune Fille au béret noir). — *Dubois*, 292.
   Coll. Christine. *Inv. II* : 180 l. (Attr. à Giorgione). — Trace perdue depuis 1788.

A. DEL SARTO

172. — LÉDA. — *G. P.-R. :* Ph. Trière; *Dubois,* 23.
Coll. Christine. *Inv. I, II :* 1.200 l.; *III :* 400 l.; *Cat. Bryan,* n° 106 : 200 guinées, à Aufrere Coll. Lucien Bonaparte, Niewenhuys, Romzée. Acquis depuis 1858, MUSÉE DE BRUXELLES, n° 415. (Attr. à Domenico Puligo.)

173. — LA MORT DE LUCRÈCE. — *G. P.-R. :* N. Le Mire; *Dubois,* 24.
Coll. Dorat. *Inv. I, II :* 1.200 l.; *III :* 800 l.; *Cat. Lyceum,* n° 157 : 100 guinées, à Mitchell. Vente Ed. Solly (1847). — Trace perdue.

ROSSO

174. — LA FEMME ADULTÈRE. — *Dubois,* 438.
Coll. Christine. *Inv. I, II :* 240 l.; *III :* 24 l.; *Cat. Lyceum,* n° 254. *Vente 1800 :* 32 guinées. — Trace perdue.

D. DE VOLTERRE

175. — DESCENTE DE CROIX. — *G. P.-R. :* Baquoy; *Dubois,* 110.
Coll. Bretonvilliers. *Inv. II :* 2.000 l.; *III :* 720 l.; *Cat. Lyceum,* n° 144 : 100 guinées, au comte de Suffolk.

G. VASARI

176. — LES SIX POÈTES DE L'ITALIE. — *G. P.-R. :* Cathelin et Mondet; *Dubois,* 174.
Inv. Mazarin : 600 l. tourn.; *Inv. II, III :* 600 l.; *Cat. Lyceum,* n° 271 : 100 guinées, à H. Hope. Répliques au Palais Albani, Rome, et à Oxford (Oriel College).

C. ALLORI

177. — VÉNUS ET L'AMOUR. — *G. P.-R. :* Ph. Trière; *Dubois,* 16.
Coll. M. le Prince [de Condé]. *Inv. II :* 1.200 l.; *III :* 1.500 l.; *Cat. Lyceum,* n° 140 : 150 guinées, à T. Hope. MUSÉE DE MONTPELLIER, n° 612, payé 10.000 fr. Réplique au Musée d'Auxerre.

GENTILESCHI

178. — UN HOMME AVEC UN CHAT. — *Dubois,* 199.
Coll. Christine, sous le nom de Lanfranc. *Inv. I, II :* 1.600 l.; *III :* 150 l.; *Cat. Bryan,* n° 10. *Vente 1800 :* 12 guinées. — Trace perdue.

ÉCOLES LOMBARDE ET FERRARAISE

SOLARIO

179. — LA FILLE D'HÉRODIAS. — *G. P.-R.* : Marchand (sous le nom de Vinci); *Dubois,* 28.
Inv. I, II : 1.600 l.; *III* : 400 l.; *Cat. Lyceum.* n° 183. *Vente 1800* : 41 guinées. — Trace perdue.

LE CORRÈGE

180. — MADELEINE. — *G. P.-R.* : Guérin; *Dubois,* 52.
Inv. Henriette d'Angleterre, n° 410 : 1.000 l. — Trace perdue depuis 1727.

181. — NOLI ME TANGERE. — *G. P.-R.* : Patas ; *Dubois,* 52.
Coll. Christine. *Inv. II* : 6.000 l.; *III* : 4.800 l.; *Cat. Bryan,* n° 63 : 300 guinées, à Robert Udney, *Vente Udney* (1829) : 141 l. st. 15 sh. Même sujet au Prado, n° 111.

182. — IO. — *Dubois,* 53; grav. par Bartolozzi.
Coll. Christine. *Inv. I* : 6.000 l. Coll. Coypel, Pasquier, Frédéric II. MUSÉE DE BERLIN, n° 216. Original au Musée de Vienne, n° 475. Copie par Lemoyne (Ermitage).

183. — LÉDA. — *Dubois,* 54; grav. par G. Duchange (1711).
Coll. Christine. *Inv. I* : 28.000 l. Coll. Coypel, Frédéric II. MUSÉE DE BERLIN, n° 218. Copies Ermitage, Prado, n° 120.

184. — DANAÉ. — *G. P.-R.* : Ph. Trière; *Dubois,* 55.
Coll. Christine. *Inv. II* : 10.000 l.; *III* : 36.000 l.; *Cat. Lyceum,* n° 186. *Vente 1800* : 650 guinées, à H. Hope. VILLA BORGHÈSE. Grav. par L. Pénat.

185. — ÉDUCATION DE L'AMOUR. — *G. P.-R.* : Le Villain; *Dubois,* 55.
Coll. Christine. *Inv. I* : 2.400 l.; *II* : 800 l.; *III* : 3.600 l. *Cat. Bryan,* n° 1 : 350 guinées, à Willett. *Vente Erard* (1832) : 10.000 fr. COLL. FRANQUEVILLE, PARIS. C'est une admirable copie de Rubens, l'original est à la *National Gallery* (n° 10).

186. — LE MULET. — *G. P.-R.* : J. Couché; *Dubois,* 57.
Coll. Christine. *Inv. II* : 1.200 l.; *III* : 200 l.; *Cat. Bryan,* n° 118 : 80 guinées, au comte Gower. STAFFORD HOUSE, n° 10.

187. — SAINTE FAMILLE. — *Dubois,* 57.
Coll. Christine. *Inv. II* : 2.000 l.; *III* : 24 l.; *Cat. Bryan,* n° 90. *Vente 1800* : 200 guinées. Coll. S. Rogers. *Vente Rogers* (1856) : 250 l. st., à Stuart.

188. — LE DUC VALENTIN (CÉSAR BORGIA). — *G. P.-R.* : Dequevauviller; *Dubois,* 58.
Coll. Christine. *Inv. II* : 3.500 l.; *III* : 500 l.; *Cat. Bryan,* n° 38 : 500 guinées, à H. T. Hope.

189-190. — DEUX ÉTUDES DE TÊTES. — *Dubois,* 58. Grav. B. Holl *(Jones,* n°s *21 et 22).*
Coll. Christine. *Inv. I, II* : 2.400 l.; *III* : 1.400 l.; *Cat. Lyceum,* n°s 143 et 277 : 200 guinées, à Angerstein. NATIONAL GALLERY, n°s 7 et 37.

191. — LE ROUGEAUD. — *Dubois,* 59.
Cat. Lyceum, n° 163 : 20 guinées, à Jones. — Trace perdue.

DANAÉ
Tableau peint par Le Corrège
(Villa Borghèse. — Rome)
Photo Braun & Cie

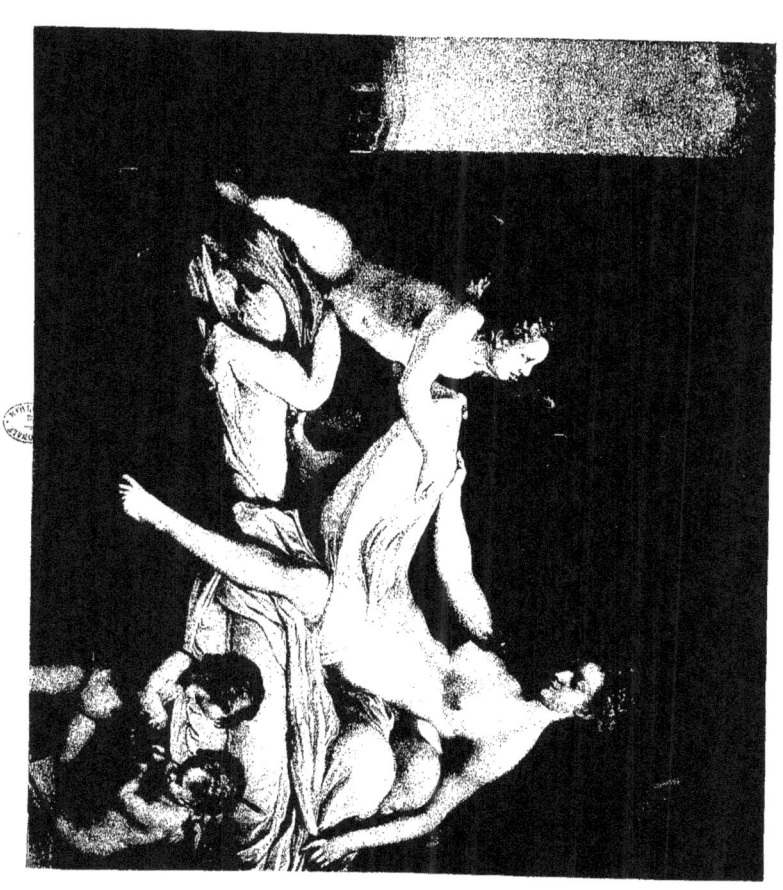

192. — VIERGE AU PANIER. — *G. P.-R.* : A. Romanet ; *Dubois*, 59; *Stafford Gallery*.
Inv. II : 600 l.; *III* : 3.000 l.; *Cat. Bryan*, n° 55 : 1.200 guinées, au duc de Bridgewater. BRIDGEWATER HOUSE, n° 42, att. à Schidone. Original à la *National Gallery*.

LE PARMESAN

193. — SAINTE FAMILLE. — *G. P.-R.* : J. Michaut; *Dubois*, 146.
Coll. Ménars. *Cat. Bryan*, n° 75 : 100 guinées, au COMTE DE CARLISLE.
194. — SAINTE FAMILLE, AVEC SAINT FRANÇOIS. — *Dubois*, 147.
Coll. Christine. *Inv. III* : 2.000 l.; *Cat. Bryan*, n° 124 : à R. Udney. — Trace perdue.
195. — MARIAGE MYSTIQUE DE SAINTE CATHERINE. — *G. P.-R.* : Ph. Trière ; *Dubois*, 147.
Inv. I, II : 600 l.; *III* : 1.200 l.; *Cat. Bryan*, n° 80 : 250 guinées, à Troward. COLL. NORMANTON (Waagen, IV, 367).
196. — ÉDUCATION DU SAUVEUR. — *G. P.-R.* : A. Romanet; *Dubois*, 148.
Coll. Seignelay. *Inv. I, II* : 1.200 l. ; *III* : 300 l.; *Cat. Bryan*, n° 135 : 150 guinées, à Coles. Coll. Munro (Waagen, II, 133). — Aujourd'hui dispersée.
197. — OFFRANDE A L'ENFANT-JÉSUS. — *G. P.-R.* : W. Ketterlinus; omis par *Dubois*.
Inv. II : 200 l.; non mentionné dans les catalogues anglais; d'après Buchanan, I, 74 : 150 guinées, à Coles.
198. — L'AMOUR QUI TRAVAILLE SON ARC. — *G. P.-R.* : J. Bouilliard; *Dubois*, 56 (sous le nom du Corrège) ; *Stafford Gallery*.
Coll. Christine. *Inv. I* : 6,700 l.; *II* : 6.500 l.; *III* : 10.000 l.; *Cat. Bryan*, n° 32 : 700 guinées, au duc de Bridgewater. BRIDGEWATER HOUSE, n° 295. Original à Vienne, n° 426.

N. DEL' ABBATE

199. — L'ENLÈVEMENT DE PROSERPINE. — *G. P.-R.* : Alix ; *Dubois*, 356; *Stafford Gallery*.
Inv. II : 1.000 l.; *III* : 200 l.; *Cat. Lyceum*, n° 155 : 160 guinées, au comte Gower. STAFFORD HOUSE, n° 63.

LE CARAVAGE

200. — SACRIFICE D'ISAAC. — *G. P.-R.* : Ch. Le Vasseur; *Dubois*, 322.
Coll. Christine. *Inv. II* : 800 l.; *III* : 150 l.; *Cat. Bryan*, n° 2. *Vente 1800* : 47 guinées.
201. — UNE TRANSFIGURATION. — *Dubois*, 322.
Coll. Christine. *Inv. I* : 1.200 l.; *III* : 400 l.; *Cat. Lyceum*, n° 139 *Vente 1800* : 80 guinées.
202. — UN FLUTEUR. — *G. P.-R.* : Mondet; *Dubois*, 323.
Coll. Christine. *Inv. II* : 300 l. — Aucune autre trace.

203. — LE SONGE DU CARAVAGE. — *G. P.-R.* : anonyme ; *Dubois*, 323 ; *Rec. Cr.* : S. Thomassin.
   Coll. Christine. *Inv. I, II* : 300 l.; *III* : 200 l.; *Cat. Lyceum*, n° 258 : 40 guinées, à E. Coxe. *Vente E. Coxe* (1807). — Ces quatre tableaux ont disparu.

B. SCHIDONE

204. — SAINTE FAMILLE. — *Dubois*, 89.
   Coll. duc de Modène. *Inv. III* : 1.000 l.; *Cat. Lyceum*, n° 207 : 20 guinées, à Boddington. — Trace perdue.
205. — LA VIERGE APPRENANT A LIRE A JÉSUS. — *G. P.-R.* : A. Romanet; *Dubois*, 90; *Stafford Gallery*.
   Coll. Coypel. *Inv. II* : 1.000 l.; *III* : 800 l.; *Cat. Bryan*, n° 48 : 300 guinées, au duc de Bridgewater. BRIDGEWATER HOUSE, n° 45.

LANFRANC

206. — ANNONCIATION. — *Dubois*, 238.
   Coll. Christine. *Inv. II* : 1.200 l.; *III* : 300 l.; *Cat. Lyceum*, n° 247. *Vente 1800* : 8 guinées. — Trace perdue.
207. — PORTRAIT DE FEMME. — *Dubois*, 238. — Trace perdue depuis 1727.
208. — UNE CHARITÉ. — *Dubois*, 239.
   Inv. I, II : 40 l. — Trace perdue depuis 1752.

GAROFALO

209. — SAINTE FAMILLE, AVEC SAINTE CATHERINE. — *Dubois*, 91.
   Inv. II : 500 l.; *Cat. Bryan*, n° 115. *Vente 1800* : 32 guinées. — Trace perdue.
210. — SAINTE FAMILLE, AVEC SAINT JEAN ET SAINTE ÉLISABETH. — *Dubois*, 92.
   Inv. II : 240 l.; *Cat. Bryan*, n° 99. *Vente 1800* : 51 guinées. Coll. Rogers (Waagen, II, 270).
211. — TRANSFIGURATION, COPIE RÉDUITE DE RAPHAËL. — *Dubois*, 93.
   Inv. I, II : 400 l.; *III* : 200 l.; *Cat. Bryan*, n° 39 : *Vente 1800* : 155 guinées. — Trace perdue.

SCARSELLINO

212. — LE CHRIST A EMMAUS. — *Dubois*, 197; *Stafford Gallery*.
   Coll. Christine. *Inv. I* : 150 l.; *II, III* : 600 l.; *Cat. Bryan*, n° 105 : 105 guinées, au duc de Bridgewater. BRIDGEWATER HOUSE, n° 91.

ÉCOLES BOLONAISE, GÉNOISE NAPOLITAINE, ESPAGNOLE

FRANCIA

213. — SAINTE FAMILLE, Jésus donnant une clef a saint Pierre. — *Dubois*, 144.
Inv. III : 500 l.; *Cat. Lyceum*, n° 272 : 100 guinées, à Udney. — Trace perdue.

I. DA IMOLA

214. — NATIVITÉ. — *Dubois*, 256.
Inv. I, II : 200 l.; *Cat. Lyceum*, n° 239. *Vente 1800* : 20 guinées. — Trace perdue.

L. CARRACHE

215. — ECCE HOMO. — *G. P.-R.* : Suderoff; *Dubois*, 297.
Coll. Dorigny. *Inv. II* : 50 l.; *Cat. Bryan*, n° 129 : 80 guinées, au comte Gower. Stafford House, n° 328.

216. — COURONNEMENT D'ÉPINES. — *G. P.-R.* : C. Guérin ; *Dubois*, 297.
Coll. Dorigny. *Inv. I* : 400 l.; *II* : 200 l.; *III* : 72 l.; *Cat. Bryan*, n° 44 : au comte Gower. — N'est plus à Stafford House.

217. — DESCENTE DE CROIX. — *G. P.-R.* : Copie (sous le nom d'Annibal C.); *Dubois*, 298.
Coll. duc de Modène. *Inv. II* : 4.000 l. ; *Cat. Lyceum*, n° 217 : 400 guinées, au duc de Bridgewater. Bridgewater House, n° 102.

218. — VISION DE SAINTE CATHERINE. — *G. P.-R.* : R. de Launay; *Dubois*, 298; *Stafford Gallery*.
Coll. Nancré. *Inv. III* : 7.200 l.; *Cat. Lyceum*, n° 184 : 600 guinées, au duc de Bridgewater. Bridgewater House, n° 48.

219. — SUZANNE ENTRE LES VIEILLARDS. — *G. P.-R.* : A. Romanet; Gr. T.-E. Nicholson (*Jones, n° 34*). Acquisition postérieure au Régent.
Inv. III : 7.200 l.; *Cat. Lyceum*, n° 235 : 200 guinées, à Angerstein. National Gallery, n° 28.

220. — JÉSUS MIS AU TOMBEAU. — Acquisition postérieure au Régent. *G. P.-R.* : G. Michau.
État général de 1788; Cat. Bryan, n° 53 : 450 guinées, au comte de Carlisle. Exp. à Manchester, n° 328.

221. — MARIAGE DE SAINTE CATHERINE. — Copie du Corrège. *G. P.-R.* : F. Guibert; *Dubois*, 299; *Stafford Gallery*.
Coll. comtesse de Foix. *Inv. II* : 240 l.; *Cat. Bryan*, n° 79 : 150 guinées, au duc de Bridgewater. Bridgewater House, n° 24. Original à l'Ermitage.

222. — MADONE DE SAINT JÉROME. — Copie du Corrège. *Dubois*, 32 (sous le nom d'Annibal C.).
Coll. Christine. *Inv. I* : 200 l.; *Cat. Lyceum*, n° 218. BRIDGEWATER HOUSE, n° 10. Original à Parme.

AUG. CARRACHE

223. — MARTYRE DE SAINT BARTHÉLEMY. — *G. P.-R.* : Ch. Le Vasseur; *Dubois*, 79; *Stafford Gallery*.
Coll. Christine (sous le nom de Louis C.). *Inv. I, III* : 400 l.; *Cat. Bryan*, n° 12 : 100 guinées, à Willett. STAFFORD HOUSE, n° 51.

224. — APPARITION DU CHRIST A LA MADELEINE. — *G. P.-R.* : Baquoy. Chapelle du Palais-Royal; omis par *Dubois*.
Inv. I, II : 2.000 l.; *III* : 1.200 l.; *Cat. Bryan*, n° 73 : 500 guinées, au vicomte Fitzwilliam. FITZWILLIAM MUSEUM, CAMBRIDGE, n° 163. (Att. à Louis C.)

ANNIBAL CARRACHE

225. — SAINTE FAMILLE (LE RABOTEUX). — *G. P.-R.* : J. Couché; *Dubois*, 41.
Coll. La Ravois. *Inv. II* : 800 l.; *III* : 2,000 l.; *Cat. Bryan*, n° 29 : 300 guinées, au comte de Suffolk.

226. — PROCESSION DU SAINT-SACREMENT. — *G. P.-R.* : F. Dequevauviller; *Dubois*, 42.
Coll. duc de Noailles. *Inv. I, II* : 1.600 l.; *III* : 100 l.; *Cat. Bryan*, n° 37 : 300 guinées, à T. Maitland. COLL. LORD LANSDOWNE, BOWOOD, n° 132.

227. — LE BATELIER. — *G. P.-R.* : J. Couché; *Dubois*, 43.
Coll. Hautefeuille. *Inv. I* : 2 300 l.; *II* : 4.000 l.; *III* : 300 l.; *Cat. Bryan*, n° 19 : 600 guinées, au comte de Carlisle. CASTLE HOWARD.

228. — DANAÉ. — *G. P.-R.* : N. Le Mire; *Dubois*, 47; *Stafford Gallery*.
Coll. Christine. *Inv. I, II* : 6.000 l.; *III* : 3.000 l.; *Cat. Lyceum*, n° 190 : 500 guinées, au duc de Bridgewater. BRIDGEWATER HOUSE, n° 101.

229. — SAINT ROCH AGENOUILLÉ DEVANT LA VIERGE. — *G. P.-R.* : A. Romanet; *Dubois*, 47. Église Saint-Eustache, Paris. *Inv. II* : 5.000 l.; *Cat. Lyceum*, n° 204 : 500 guinées, à Willett. Exp. Manchester, n° 327. *Vente J. Wadmore* (1854) : 262 l. st. 10 sh. Coll. Weber, Hambourg *(Vente Weber, 1912* : 5.375 fr.).

230. — VISION DE SAINT FRANÇOIS. — *G. P.-R.* : A. Romanet; *Dubois*, 30; *Stafford Gallery*.
Coll. De Launay. *Inv. II* : 3.000 l.; *III* : 2.400 l.; *Cat. Bryan*, n° 20 : 500 guinées, au duc de Bridgewater. BRIDGEWATER HOUSE, n° 81.

231. — LES CHASSEURS (Paysage). — *G. P.-R.* : J.-B. Racine; *Dubois*, 45.
Coll. Hautefeuille. *Inv. I* : 2.300 l.; *II* : 4.600 l.; *III* : 300 l.; *Cat. Bryan*, n° 27 : 600 guinées, au comte de Carlisle. CASTLE HOWARD.

CATALOGUE 169

232. — AUTOPORTRAIT. — *G. P.-R.* : Glairon-Mondet; *Dubois*, 48.
Inv. Henriette d'Angleterre, n° 412 : 150 l. *Inv. I* : 120 l.; *II* : 100 l.; *III* : 4 l.; *Cat. Bryan*, n° 40 : 200 guinées, au comte de Carlisle. Castle Howard. Répl. du portrait des Uffizi (n° 374).

233. — ENFANT PRODIGUE. — *G. P.-R.* : J.-B. Tilliard; *Dubois*, 34.
Inv. II : 8.000 l.; *III* : 3.000 l. — Trace perdue depuis 1788.

234. — MARTYRE DE SAINT ÉTIENNE. — *G. P.-R.* : Gareau; *Dubois*, 40.
Inv. Mazarin : 3.000 l. t. *Inv. I, II* : 2.800 l.; *III* : 1.800 l.; *Cat. Bryan*, n° 6 : 250 guinées, au comte de Darnley. *Vente Harmans* (Londres, 1844). Musée Condé, Chantilly, n° 70.

235. — VÉNUS ET L'AMOUR. — *G. P.-R.* : J. Bouilliard ; *Dubois*, 49.
Trace perdue depuis 1727.

236. — DESCENTE DE CROIX, dite : LES TROIS MARIE. — *G. P.-R.* : Delignon; *Dubois*, 35. Gr. par Roullet.
Coll. Seignelay. *Inv. I* : 1.000 l.; *II* : 5.000 l.; *III* : 12.000 l.; *Cat. Bryan*, n° 23 : 4.000 guinées, au comte de Carlisle. Castle Howard. Exp. Manchester, n° 310 ; copie à Bowood (marquis de Lansdowne), n° 289.

237. — SAINT JEAN QUI DORT. — *G. P.-R.* : Romanet; *Dubois*, 46.
Coll. Nancré. *Inv. II* : 2.400 l.; *III* : 1.200 l.; *Cat. Bryan*, n° 121 : 100 guinées, au duc de Bridgewater. Bridgewater House, n° 58.

238. — SAINT ROCH AVEC UN ANGE. — *G. P.-R.* : Guibert et Viel; *Dubois*, 32.
Coll. Christine. *Inv. III* : 2.000 l. Att. à Alex. Véronèse. *Cat. Lyceum*, n°260 : 100 guinées, au vicomte Fitzwilliam. Fitzwilliam Museum, Cambridge, n° 134.

239. — SAINT JEAN QUI MONTRE LE MESSIE. — *G.P.-R.* : L.-M. Halbou; *Dubois*, 39; *Stafford Gallery*.
Coll. duc de Parme, Paillot. *Inv. II* : 1.000 l.; *III* : 1.200 l.; *Cat. Bryan*, n° 4 : 300 guinées, au duc de Bridgewater. Bridgewater House, n° 84.

240. — CRUCIFIX. — *G. P.-R.* : Bovinet; *Dubois*, 31; *Stafford Gallery*.
Coll. Christine. *Inv. II* : 600 l.; *III* : 18 l.; *Cat. Bryan*, n° 126 : 80 guinées, au duc de Bridgewater. Bridgewater House, n° 245.

241. — TOILETTE DE VÉNUS. — *G. P.-R.* : Du Parc; *Dubois*, 38.
Coll. Tamboneau. *Inv. I, II* : 7.000 l.; *III* : 6.000 l.; *Cat. Bryan*, n° 60 : 800 guinées, à Lord Berwick. Coll. Darnley, Cobham Hall.

242. — DIANE ET CALISTO. — *G. P.-R.* : R. de Launay; *Dubois*, 37; *Stafford Gallery*.
Coll. Tamboneau. *Inv. II* : 6.400 l.; *III* : 6.000 l.; *Cat. Bryan*, n° 70 : 1.200 guinées, au duc de Bridgewater. Bridgewater House, n° 88.

243. — LE REPOS (Fuite en Égypte). — *G. P.-R.* : R. de Launay; *Dubois*, 43; *Stafford Gallery*.
Coll. Tamboneau. *Inv. II* : 4.000 l.; *III* : 1.800 l.; *Cat. Bryan*, n° 21 : 700 guinées, au comte Gower. Stafford House, n° 62.

244. — LA SAMARITAINE. — *G. P.-R.* : R. de Launay; *Dubois*, 36.
Coll. Seignelay. *Inv. I* : 6.400 l.; *II* : 6.000 l.; *III* : 4.000 l.; *Cat. Bryan*, n° 5 : 300 guinées, à G. Hibbert. *Vente G. Watson Taylor* : 325 l. st. 10 sh.; *Vente Harmans* (Londres, 1844) : 256 l. st. 5 sh. — Trace perdue.

245. — SAINT JEAN-BAPTISTE EN PRIÈRES. — *G. P.-R.* : Massard père; *Dubois*, 41.
Coll. Nancré *Inv. II* : 1.000 l.; *III* : 800 l.; *Cat. Bryan*, n° 14 : 400 guinées, à Troward. — Trace perdue.

246. — LE CALVAIRE. — *Dubois*, 33; *Rec. Cr.* : L. Desplaces.
Coll. Nocé. *Inv. I, II* : 1.400 l.; *III* : 400 l.; *Cat. Lyceum*, n° 178. — Trace perdue.

247. — SAINT ÉTIENNE. — *Dubois*, 40.
Coll. Christine. — Trace perdue depuis 1788.

248. — PORTRAIT (Homme vêtu de noir). — *Dubois*, 49.
État général de 1788. *Cat. Bryan*, n° 8. *Vente 1800* : 36 guinées. — Trace perdue.

249. — SAINT ÉTIENNE, avec une Gloire. — *G. P.-R.* : Hubert; *Dubois*, 38; *Stafford Gallery*.
Inv. Mazarin : 10 l. t. *Inv. II* : 300 l.; *III* : 1.000 l.; *Cat. Bryan*, n° 68 : 50 guinées, au comte Gower. Stafford House, n° 19.

250. — SAINT JEAN AU DÉSERT. — *G. P.-R.* : Cerf; *Dubois*, 46; grav. W.-T. Fry (*Jones*, n° 25).
Inv. I : 3.000 l.; *II* : 1.200 l.; *III* : 800 l.; *Cat. Lyceum*, n° 213 : 200 guinées. à J.-J. Angerstein. National Gallery, n° 25.

251. — HERCULE ENFANT. — *G. P.-R.* : R.-U. Massard; *Dubois*, 49.
Coll. duc de Vendôme. *Inv. I* : 320 l.; *Registre de réception*, n° 9. Réserve du Louvre.

GUIDO RENI

252. — JÉSUS COUCHÉ SUR LA CROIX. — *G. P.-R.* : Le Villain; *Dubois*, 195; *Stafford Gallery*.
Inv. I, II : 800 l.; *III* : 1.800 l.; *Cat. Bryan*, n° 77 : 300 guinées, au duc de Bridgewater. Bridgewater House, n° 13.

253. — SAINTE APOLLINE. — *G. P.-R.* : B.-A. Nicolet; *Dubois*, 191.
Coll. abbé d'Estrées, arch. de Cambrai. *Inv. I, II* : 1.600 l.; *Cat. Bryan*, n° 36 : 350 guinées, à Troward. *Vente W. Porter* (1810) : 340 l. st., à Parson.

254. — LA MADELEINE, avec mains. — *G. P.-R.* : J. Bouilliard; *Dubois*, 190.
Coll. Seignelay, *Inv. II* : 800 l.; *III* : 240 l.; *Cat. Bryan*, n° 104 : 400 guinées, à H. Hope. *Vente Sir Simon Clarke* (1840). National Gallery, n° 177.

255. — HÉRODIADE. — *G. P.-R.* : N. Maviez; *Dubois*, 189.
Inv. II : 1.200 l.; *III* : 12.000 l. — Trace perdue depuis 1788.

256. — DÉCOLLATION DE SAINT JEAN-BAPTISTE. — *G. P.-R.* : N. Le Mire ; *Dubois*, 194.
Inv. I, II : 7.000 l.; *III* : 1.500 l.; *Cat. Lyceum*, n° 148 : 250 guinées, à Bryan. — Trace perdue.

257. — VIERGE ET JÉSUS, avec saint Jean. — G. P.-R. : F. Guibert; *Dubois*, 189.
Inv. II : 2.000 l.; *III* : 1.500 l. *Registre de réception*, n° 1. — Trace perdue.

258. — SUZANNE SURPRISE. — G. P.-R. : P. Beljambe; *Dubois*, 187.
Coll. duc de Modène. *Inv. II* : 1.200 l.; *III* : 800 l.; *Cat. Bryan*, n° 26 : 200 guinées, à W. Willett. Coll. N. Walker. Uffizi. Répl. à la *National Gallery*, n° 196. *(Dubois* cite encore (p. 187) une autre *Suzanne*, provenant de Christine, et note que les deux tableaux sont de l'*École du Guide*.*)*

259. — ECCE HOMO. — G. P.-R. : Morel; *Dubois*, 190.
Coll. Chatillon. *Inv. I, II* : 600 l.; *III* : 800 l., avec le suivant; *Cat. Bryan*, n° 41. *Vente 1800* : 150 guinées, à Hibbert. — Trace perdue.

260. — MATER DOLOROSA. — C. P.-R. : Morel; *Dubois*, 190.
Même pedigree que le précédent. *Cat. Bryan*, n° 9. *Vente 1800* : 36 guinées, à Hibbert.— Trace perdue.

261. — DAVID ET ABIGAÏL. — G. P.-R. : Patas; *Dubois*, 192.
Coll. duc de Noailles. *Inv. I, II* : 4.000 l.; *III* : 15.000 l.; *Cat. Lyceum*, n° 251. *Vente 1800* : 255 guinées. *Vente Ed. Coxe* (1807) : 304 l. st. 10 sh.

262. — SIBYLLE. — G. P.-R. : Guérin et Viel; *Dubois*, 190.
Inv. Mazarin : 600 l. t. (avec un autre tableau). *Inv. I* : 1.400 l.; *II* : 800 l.; *III* : 1.500 l.; *Cat. Bryan*, n° 116 : 300 guinées, à Hibbert. *Vente Sir S. Clarke* (1840). Coll. Wantage, n° 99.

263. — SAINT SÉBASTIEN. — G. P.-R. : Delignon; *Dubois*, 194.
Coll. Christine. *Inv. II* : 4.000 l.; *III* : 3.000 l.; *Cat. Lyceum*, n° 180. *Vente 1800* : 22 guinées. Coll. Munroe (Waagen, II, 135).

264. — L'AMOUR OU LA FORCE D'AMOUR. — G. P.-R. : Bovinet. — Acquisition postérieure au Régent.
Inv. III : 200 l.; *Cat. Bryan*, n° 16 : 350 guinées, à W.-H. Hope. En 1862 se trouvait une copie au Louvre (Villot, 342). — Trace perdue.

265. — UNE TÊTE DE MADELEINE. — G. P.-R. : Donnel; *Dubois*, 191; *Stafford Gallery*.
Coll. Rasle. *Inv. II* : 500 l.; *III* : 1.500 l.; *Cat. Bryan*, n° 132 : 150 guinées, au comte Gower. Stafford House, n° 30.

266. — ÉRIGONE. — G. P.-R. : Hubert; *Dubois*, 187; *Rec. Cr.* : C. Vermeulen.
Coll. Seignelay. *Inv. I, II* : 480 l.; *III* : 1.500 l. — Trace perdue depuis 1788.

267. — SAINT BONAVENTURE. — *Dubois*, 193.
Coll. Christine. *Inv. II* : 1.200 l.; *Cat. Lyceum*, n° 237 : 50 guinées, à Bryan. — Trace perdue.

268. — UNE MADELEINE SUR UNE NUÉE. — *Dubois*, 186.
Coll. duc de Melford. *Inv. I* : 250 l. — Trace perdue depuis 1727.

269. — LA VIERGE ET L'ENFANT JÉSUS QUI DORT. — *Dubois*, 195.
Coll. Biberon. *Inv. II* : 240 l. — Trace perdue depuis 1752.

G.-A. DONDUCCI

270. — VISION DE SAINT FRANÇOIS. — *Dubois*, 241.
Inv. II : 120 l.; *III* : 100 l.; *Cat. Bryan*, n° 45. *Vente 1800* : 9 guinées. Même sujet au Louvre (Villot, n° 183). — Trace perdue.

J. CAVEDONE

271. — VIERGE ET ENFANT, avec saint Étienne et saint Ambroise. — *Dubois*, 201.
Trace perdue depuis 1727.

272. — UNE JUNON QUI PLAFONNE. — *Dubois*, 201.
Coll. curé de Saint-Sulpice. *Inv. I* : 200 l. — Trace perdue depuis 1727.

L'ALBANE

273. — SAINT JEAN PRÊCHANT DANS LE DÉSERT. — *G.P.-R.* : I. Couché; *Dubois*, 137.
Coll. maréchal d'Estrées. *Inv. II* : 800 l.; *III* : 600 l.; *Cat. Bryan*, n° 93 : 100 guinées, à T. Maitland. Coll. marquis de Lansdowne, Bowood, n° 303.

274. — SAINTE FAMILLE (la Laveuse). — *G. P.-R.* : I. Couché; *Dubois*, 132.
Coll. Decamps. *Inv. I* : 1.200 l; *II* : 1.600 l.; *III* : 500 l.; *Cat. Bryan*, n° 65 : 400 guinées, à T. Mailand. — Trace perdue.

275. — SALMACIS ET HERMAPHRODITE. — *G. P.-R.* : Colinet; *Dubois*, 131; *Stafford Gallery*.
Coll. Decamps. *Inv. I, II* : 500 l.; *III* : 72 l.; *Cat. Bryan*, n° 102 : 60 guinées, au duc de Bridgewater. Bridgewater House, n° 279.

276. — SAINTE FAMILLE. — *G. P.-R.* : Langlois le jeune; *Dubois*, 132.
Coll. Nancré. *Inv. II* : 2.000 l.; *III* : 500 l.; *Cat. Bryan*, n° 94 : 100 guinées, à Lady Lucas. — Vendu en 1905.

277. — SAINT LAURENT JUSTINIEN. — *G. P.-R.* : Ketterlinus et Romanet; *Dubois*, 135.
Coll. Christine. *Inv. II* : 1.200 l.; *III* : 12.000 l.; *Cat. Lyceum*, n° 168 : 150 guinées, à T. Hope. — Trace perdue.

278. — LA SAMARITAINE. — *G. P.-R.* : Delignon; *Dubois*, 134.
Coll. Penotier. *Inv. I, II* : 1.800 l.; *III* : 400 l.; *Cat. Bryan*, n° 38. *Vente 1800* : 42 guinées. *Vente Huet* (1809) : 136 l. st. 10 sh.

279. — NOLI ME TANGERE. — *G. P.-R.* : R. Delvaux; *Dubois*, 136.
Coll. Nancré. *Inv. II* : 1.200 l.; *III* : 1.000 l.; *Cat. Bryan*, n° 66 : 150 guinées, à T. Maitland. (Waagen, IV, 297.)

280. — COMMUNION DE LA MADELEINE. — *G.P.-R.* : Robert de Launay; *Dubois*, 133.
Coll. Nancré. *Inv. II* : 1.600 l.; *III* : 400 l..; *Cat. Bryan*, n° 69 : 200 guinées, à W. Willett. — Trace perdue.

LA CONFIRMATION
Tableau peint par Poussin
(Collection du comte d'Ellesmere. — Bridgewater House, Londres)
Photo Hollyer. — Londres

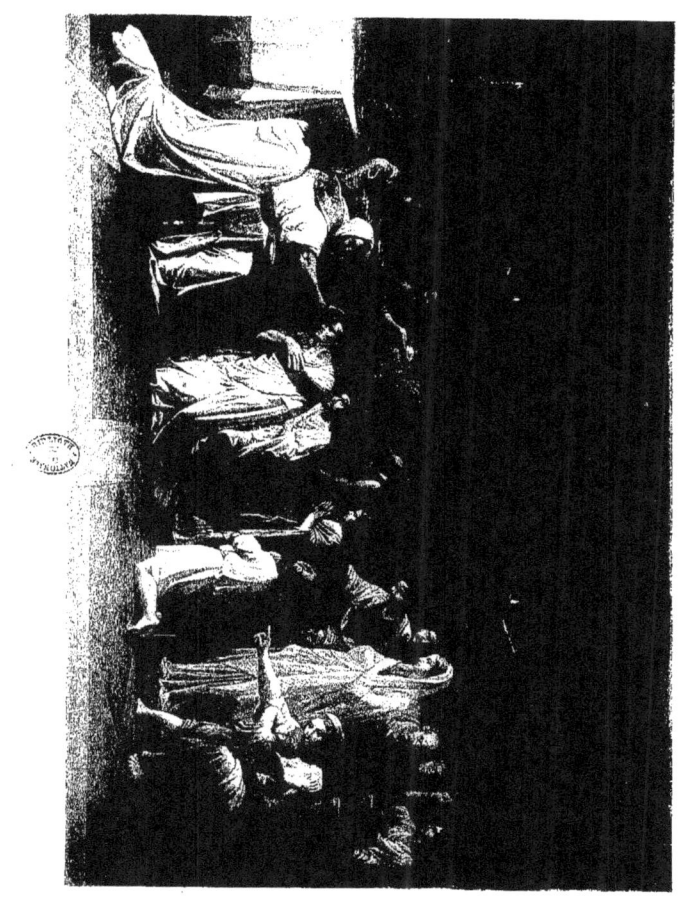

281. — BAPTÊME DE NOTRE-SEIGNEUR. — *G. P.-R.* : R. de Launay; *Dubois*, 133.
Coll. Nancré. *Inv. II* : 4.000 l.; *III* : 8.000 l.; *Cat. Bryan*, n° 92 : 700 guinées, au comte Temple (duc de Buckingham). *Vente Buckingham* (1848) : 157 l. st. 10 sh., à Smiths (Waagen, II, 293).
A Bridgewater House (n° 92) une *Fuite en Égypte,* indiquée comme provenant du Palais-Royal, ne se retrouve dans aucun document.

LE DOMINIQUIN

282. — PORTEMENT DE CROIX. — *G. P.-R.* : Henriquez; *Dubois*,125; *Stafford Gallery*.
Coll. Seignelay. *Inv. I* : 2.400 l.; *II* : 2.000 l.; *III* : 10.000 l.; *Cat. Bryan*, n° 89 : 800 guinées, au duc de Bridgewater. BRIDGEWATER HOUSE, n° 30.

283. — SAINT JÉROME ET DEUX ANGES. — *G. P.-R.* : Berseneff; *Dubois*, 123.
Coll. Paillot. *Inv. I, II* : 2.000 l.; *Cat. Bryan*, n° 80 : 350 guinées, à W. H. Hope. *Vente Hope* (1816) : 119 l. st. 14 sh., à Buchanan. *Vente G. W. Taylor* (1823) 119 l. st. 15 sh., à Kebble.

284. — SAINT JÉROME DANS LE DÉSERT (Paysage). — *G. P.-R.* : F. Dequevauviller; *Dubois*, 124.
Inv. I : 1.200 l.; *III* : 150 l. — Trace perdue depuis 1788.

285. — SACRIFICE D'ISAAC. — *G. P.-R.* : O. Michel; *Dubois*, 121.
Inv. III : 100 l.; *Cat. Bryan*, n° 91 : 150 guinées, à Ward. Coll. W. Wilkins. COLL. MARQUIS DE LANSDOWNE, BOWOOD, n° 164.

286. — SAINT JEAN L'ÉVANGÉLISTE. — *G. P.-R.* : Berseneff; *Dubois*, 123.
Coll. chevalier de Lorraine. *Inv. II* : 1.000 l.; *III* : 6.000 l.; *Cat. Bryan*, n° 51 : 600 guinées, au comte de Carlisle. CASTLE HOWARD. Exp. Manchester, n° 341.

287. — SIBYLLE. — *G. P.-R.* : Foseilleux; *Dubois*, 122.
Coll. Hautefeuille. *Inv. I* : 800 l.; *II* : 1.400 l.; *III* : 3.600 l.; *Cat. Bryan*, n° 120 : 400 guinées, au comte Temple. WALLACE COLLECTION, n° 131.

288. — SAINT FRANÇOIS. — *G. P.-R.* : Delignon; *Dubois*, 123; *Stafford Gallery*.
Coll. Paillot. *Inv. II, III* : 1.000 l.; *Cat. Bryan*, n° 101 : 300 guinées, au duc de Bridgewater. BRIDGEWATER HOUSE, n° 83.

289. — LES MARINIERS (Paysage). — *G. P.-R.* : Michel; *Dubois*, 125; *Stafford Gallery*.
Coll. Hautefeuille. *Inv. II* : 4.000 l.; *III* : 1.000 l.; *Cat. Bryan*, n° 95 : 500 guinées, au duc de Bridgewater. BRIDGEWATER HOUSE, n° 47.
A Bridgewater House (n° 61), une *Marine*, indiquée comme provenant du Palais-Royal, ne se retrouve dans aucun document français.

290. — ADAM ET ÈVE. — *Rec. Cr.* : N. Tardieu.
Inv. I : Ève avec ses enfants ? 600 l. — Aucune autre trace de ce tableau.

LE GUERCHIN

291. — PRÉSENTATION AU TEMPLE. — *G. P.-R.* : Patas; *Dubois*, 222.
Coll. Decamps. *Inv. I, II* : 800 l.; *III* : 2.400 l.; *Cat. Bryan*, n° 15 : 600 guinées, au comte Gower. — N'est plus à Stafford House.

292. — DAVID ET ABIGAÏL. — *G. P.-R.* : Massard père; *Dubois*, 223; *Stafford Gallery*.
Inv. Mazarin : 3.000 l. t. *Inv. I* : 4.000 l.; *II* : 15.000 l.; *Cat. Lyceum*, n° 179 : 800 guinées, au duc de Bridgewater. BRIDGEWATER HOUSE, n° 27.

293. — RÉVEIL DE SAINT JÉROME. — *G. P.-R.* : Migé; *Dubois*, 389 (sous le nom de P. del Vaga).
Inv. I : 400 l.; *III* : 24 l.; *Cat. Lyceum*, n° 283. *Vente 1800* : 39 guinées. Coll. Lord Northwick. *Vente Northwick* (1859) : 73 l. st. 10 sh., au duc de Newcastle.

294. — TÊTE DE VIERGE. — *Dubois*, 223.
Inv. Henriette d'Angleterre, n° 443 : 150 l.; *Inv. II* : 200 l.; *III* : 6 l.; *Cat. Lyceum*, n° 263 : 50 guinées, à G. Hibbert. — Trace perdue.

295. — UN CHRIST. — *Dubois*, 223.
Inv. III : 24 l. — Trace perdue depuis 1788.

GUIDO CANLASSI

296. — JEUNE MARTYRE. — *G. P.-R.* : L. Couché; *Dubois*, 182.
Inv. I, II : 1.000 l.; *III* : 300 l.; *Cat. Bryan*, n° 97. *Vente 1800* : 18 guinées. MUSÉE DE MONTPELLIER, n° 633. Acquis en 1853.

P.-F. MOLA

297. — REPOS EN ÉGYPTE. — *G. P.-R.* : J. Mathieu; *Dubois*, 396.
Inv. II : 1.000 l.; *III* : 400 l.; *Cat. Bryan*, n° 87 : 80 guinées, à C. Long (Lord Farnborough). NATIONAL GALLERY, n° 160.

298. — AGAR ET ISMAËL. — *G. P.-R.* : J.-B. Racine; *Dubois*, 398.
Coll. Nancré. *Inv. I, II* : 800 l.; *Registre de réception*, n° 2. RÉSERVE DU LOUVRE.

299. — MORT D'ARCHIMÈDE. — *G. P.-R.* : Morace; *Dubois*, 397.
Coll. Christine. *Inv. II* : 500 l.; *Cat. Lyceum*, n° 195 : 40 guinées, au comte Gower. — N'est plus à Stafford House.

300. — SAINT-JEAN PRÊCHANT DANS LE DÉSERT. — *G. P.-R.* : R. de Launay; *Rec. Cr.* : J.-P. Le Bas; *Dubois*, 397.
Coll. Breteuil. *Inv. II* : 4.000 l.; *Cat. Bryan*, n° 81 : 250 guinées, au comte Gower. STAFFORD HOUSE, n° 42.

C. CIGNANI

301. — NOLI ME TANGERE. — *G. P.-R.* : Ch. Le Vasseur; *Dubois*, 103.
Inv. II : 400 l.; *III* : 600 l.; *Cat. Bryan*, n° 110 : 80 guinées, au duc de Bridgewater. BRIDGEWATER HOUSE, n° 12.

LUCA CAMBIASO

302. — L'AMOUR ENDORMI. — *Dubois*, 302.
Inv. II : 160 l. — Trace perdue depuis 1788.

303. — VÉNUS ET ADONIS. — *G. P.-R.* : H.-H. Le Villain ; *Dubois*, 302.
Coll. duc de Melford. *Inv. III* : 800 l. ; *Cat. Lyceum*, n° 172 : 100 guinées, au comte Gower. — N'est plus à Stafford House.

304. — JUDITH. — *G. P.-R.* : N. Maviez ; *Dubois*, 303.
Inv. I, II : 250 l. ; *Cat. Lyceum*, n° 158. *Vente 1800* : 22 guinées. — Trace perdue.

S. SCORZA

305-315. — ONZE PAYSAGES. — *Dubois*, 451-452.
Coll. Christine. *Inv. I* : 2.400 l. ; *II* : 2.200 l. ; *III* : 66 l. — Trace perdue depuis 1788.— Trois de ces paysages sont gravés dans *G. P.-R.* : J.-B. Racine.

B. CASTIGLIONE

316. — PORTRAIT DE FEMME. — *Dubois*, 232.
Trace perdue depuis 1727.

G.-B. GAULI

317. — PORTRAIT DE JEUNE HOMME (ovale). — *Dubois*, 85.
Trace perdue depuis 1727.

M. PRETI

318. — MARTYRE DE SAINT PIERRE. — *Dubois*, 313 ; grav. Desplaces.
Inv. I, II : 1.500 ; *III* : 600 l. ; *Cat. Lyceum*, n° 217. *Vente 1800* : 12 guinées, Musée de Grenoble, n° 427. — Acquis en 1828.

LUCA GIORDANO

319. — LES VENDEURS CHASSÉS DU TEMPLE. — *G. P.-R.* : De Launay ; *Dubois*, 304.
Inv. Monsieur, n° 317 : 200 l. ; *Inv. I, II, III* : 1.200 l. ; *Cat. Lyceum*, n° 207. *Vente 1800* : 50 guinées.

320. — LA PISCINE. — *G. P.-R.* : L. Delignon ; *Dubois*, 306.
Inv. Monsieur, n° 271 : 200 l. ; *Inv. I, II* : 1.200 l. ; *III* : 200 l. ; *Cat. Lyceum*, n° 216. *Vente 1800* : 32 guinées. — Waagen (III, 254) a vu ces deux tableaux chez M. Weld Blundell, à Ince, près Liverpool, dans la chapelle.

P. DE' MATTEIS

321. — SALMACIS. — *G. P.-R.* : A. Romanet ; *Dubois*, 362.
Inv. I : 400 l. ; *II* : 500 l. ; *III* : 240 l. ; *Cat. Lyceum*, n° 203. *Vente 1800* : 30 guinées. — Trace perdue.

L. DE VARGAS

322. — SAINT JEAN. — *Dubois*, 307; *Stafford Gallery*.
Inv. II : 800 l.; *III* : 600 l.; *Cat. Lyceum*, n° 252. BRIDGEWATER HOUSE, n° 299. — Retiré de la collection comme en trop mauvais état.

RIBERA

323. — SONGE DU CARAVAGE. — *Dubois*, 263.
Inv. II : 150 l., attr. au Titien. — Trace perdue depuis 1752.
324. — LE CHRIST AU MILIEU DES DOCTEURS. — *G. P.-R.* : Ch. Le Vasseur; *Dubois*, 264; *Stafford Gallery*.
Inv. I, II : 600 l.; *III* : 2.000 l.; *Cat. Bryan*, n° 62 : 150 guinées, au duc de Bridgewater. BRIDGEWATER HOUSE, n° 46. — Réplique à Vienne (n° 581).
325. — SAINT JOSEPH. — *Dubois*, 264.
Inv. III : 48 l. — Trace perdue depuis 1785.
326. — DÉMOCRITE (tête). — *G. P.-R.* : Pauquet et N. Ponce; *Dubois*, 265.
Coll. Christine. *Inv. I, II* : 80 l.; *III* : 75 l.; *Cat. Lyceum*, n° 275 : 20 guinées, au comte Gower. — N'est plus à Stafford House.
327. — HÉRACLITE (tête). — *G. P.-R.* : Lorieux; *Dubois*, 265.
Coll. Christine. *Inv. I* : 120 l.; *II* : 600 l.; *III* : 75 l.; *Cat. Lyceum*, n° 222 : 20 guinées, à Nesbitt. — Trace perdue.
328. — DÉMOCRITE (en pied). — *G. P.-R.* : Lorieux; *Dubois*, 266.
Coll. Christine. *Inv. I* : 550 l.; *II* : 525 l.; *III* : 150 l.; *Cat. Lyceum*, n° 201 : 20 guinées, au comte de Darnley. — N'est plus à Cobham Hall.
329. — HÉRACLITE (en pied). — *G. P.-R.* : L.-M. Halbou; *Dubois*, 266.
Coll. Christine. *Inv. I* : 150 l.; *II* : 525 l.; *III* : 150 l.; *Cat. Lyceum*, n° 141 : 20 guinées, au comte de Darnley. — N'est plus à Cobham Hall.

VELAZQUEZ

330. — MOISE SAUVÉ. — *G. P.-R.* : de Launay, le jeune; *Dubois*, 116.
Inv. Monsieur, n° 784 : 150 l.; *Inv. II* : 2.000 l.; *III* : 150 l.; *Cat. Lyceum*, n° 214, 500 guinées, au comte de Carlisle. CASTLE HOWARD. — Rendu à Honthorst.
331. — LOTH ET SES FILLES. — *G. P.-R.* : Ph. Trière.
Inv. II : 2.500 l. (attr. à G. Canlassi); *III* : 400 l. (attr. au Caravage); *Cat. Lyceum*, n° 166 : 500 guinées, à H. Hope. *Vente Hope* (1816). — Trace perdue.

CATALOGUE

ÉCOLE FRANÇAISE

PRIMITIFS

332. — GABRIELLE D'ESTRÉES AU BAIN (tableau peint vers 1597, faussement attribué au Primatice).
Inv. III : 24 l. Musée Condé, n° 278. Original signé : *Opus Ianetii*, chez sir F. Cook.

333. — HENRI IV A L'AGE DE QUATRE ANS. — G. P.-R. : P.-A. Tardieu.
Registre de réception, n° 21. Versailles, n° 3.282. Attr. à Fr. Clouet, à Porbus, paraît être de François Bunel.

S. VOUET

334. — GAUCHER DE CHASTILLON. — G. P.-R. : F. Guibert. Gr. par Zac. Heince. Galerie des Hommes Illustres. *Registre de réception*, n° 12. Envoyé au Museum. — Trace perdue.

335. — LA PRUDENCE AMÈNE LA PAIX ET L'ABONDANCE.
Inv. III : 6 l.; *État général de 1788; Cat. Lyceum*, n° 246. *Vente 1800* : 10 guinées. — Trace perdue.

N. POUSSIN

336-342. — LES SEPT SACREMENTS (Série Chantelou). — *Dubois*, 333-350 ; *Stafford Gallery*.
Inv. I, II : 56.000 l.; *III* : 70.000 l.; *Cat. Bryan*, 4.900 guinées, au duc de Bridgewater. Bridgewater House, n°ˢ 63-69.
BAPTÊME. G. P.-R. : D.-P. Bertaux et J. Aliamet; *Cat. Bryan*, n° 82. — PÉNITENCE. G. P.-R. : D. Bertaux et R. de Launay; *Cat. Bryan*, n° 35. — CONFIRMATION. G. P.-R. : H. Guttenberg et R. de Launay; *Cat. Bryan*, n° 71. — EUCHARISTIE. G. P.-R. : Bertaux et Romanet; *Cat. Bryan*, n° 98. — EXTRÊME ONCTION. G. P.-R. : Bertaux et Delignon; *Cat. Bryan*, n° 3. — ORDRE. G. P.-R. : Duplessis-Bertaux et Delignon; *Cat. Bryan*, n° 11. — MARIAGE. G. P.-R. : L.-M. Halbou; *Cat. Bryan*, n° 61. — Au Louvre (dessins) série de recherches pour ces compositions sauf pour le *Mariage*.

343. — MOISE MARCHANT SUR LA COURONNE DE PHARAON. — G. P.-R. : D.-P. Bertaux et Dambrun; *Dubois*, 326.
Coll. Seignelay. *Inv. II* : 2.800 l.; *III* : 8.000 l.; *Cat. Bryan*, n° 46 : 400 guinées, au duc de Bedford. Woburn Abbey. Répl. au Louvre avec variantes (Villot, 418).

344. — MOISE SAUVÉ (six personnages). — G. P.-R. : Lambert; *Dubois*, 350.
Coll. Stella. *Inv. I, II* : 3.200 l.; *Cat. Lyceum*, n° 185 : 800 guinées, au comte Temple (duc de Buckingham). *Vente Buckingham* (1848) : 71 l. st. 8 sh., à A. Robertson. — Deux *Moïse sauvé* au Louvre tout différents (Villot, 416 et 417).

345. — NAISSANCE DE BACCHUS. — *G. P.-R.* : Dambrun ; *Dubois,* 352.
   Inv. I, II : 5.500 l.; *III* : 8.000 l.; *Cat. Lyceum,* n° 250 : 500 guinées, à Willett. *Vente Willett* (1819), à S. ÉRARD. *Vente Montcalm* (1849) : 148 l. st. 18 sh., à Wiggins.

346. — FRAPPEMENT DU ROCHER. — *G. P.-R.* : Duclos et Dambrun ; *Dubois,* 329 ; *Stafford Gallery*.
   Coll. Dreux. *Inv. I, II* : 6.000 l.; *III* : 15.000 l.; *Cat. Bryan,* n° 54 : 1.000 guinées, au duc de Bridgewater. BRIDGEWATER HOUSE, n° 62. — Au Louvre (dessins) recherche pour ce tableau.

347. — RAVISSEMENT DE SAINT PAUL (cinq personnages). — *G. P.-R.* : Lerouge et Lambert ; *Dubois,* 331.
   Coll. Chantelou, de Launay. *Inv. I, II* : 1.200 l. ; *III* : 2.400 l.; *Cat. Bryan,* n° 28 : 400 guinées, à W. Smith. *Vente G.-W. Taylor* (1823) : 320 l. st. 15 sh., à Thwaites. Répl. au Louvre (Villot, 191), trois personnages.

CLAUDE GELLÉE

348. — UN PORT (COUCHER DE SOLEIL). — *Dubois,* 106. Fausse gravure dans *G. P.-R.*
   Inv. III : 48 l.; *Cat. Lyceum,* n° 270. C'est le n° 132 du *Liber Veritatis,* identifié par Mrs. Mark Pattison (Lady Dilke) avec le n° 172 de la collection Lansdowne. BOWOOD.

VALENTIN

349. — MUSIQUE. — *G. P.-R.* : J.-J.-J. Huber; *Dubois,* 479; *Stafford Gallery*.
   Coll. Nancré. *Inv. II* : 1.200 l.; *III* : 400 l.; *Cat. Bryan,* n° 83 : 80 guinées, au duc de Bridgewater, BRIDGEWATER HOUSE, n° 3.

350. — LES CINQ SENS ou UNE FEMME QUI JOUE DE LA GUITARE. — *G. P.-R.* : Hubert et Ch. Le Vasseur; *Dubois,* 478.
   Inv. III : 72 l.; *Cat. Bryan,* n° 96 : 60 guinées. — Trace perdue.

351. — LES QUATRE AGES. — *G. P.-R.* : A. Romanet; *Dubois,* 480.
   Coll. Dussé, *Inv. II* : 1.200 l.; *III* : 400 l.; *Cat. Bryan,* n° 72 : 80 guinées, à Angerstein. Trace perdue.

PH. DE CHAMPAGNE

352. — LOUIS XIII (ovale). — *G. P.-R.* : Guibert.
   Inv. III : 200 l.; *Registre de réception,* n° 20. — Trace perdue.

353. — GASTON DE FOIX. — *G. P.-R.* : François Guibert. — Gr. par Zac. Heince. Galerie des Hommes Illustres. *Registre de réception,* n° 13. VERSAILLES, n° 3.105.

354. — LOUIS XIII (en pied). — Gr. par Zac. Heince.
   Galerie des Hommes Illustres, *Inv. III* : 300 l.; *Registre de réception,* n° 19. — Trace perdue.

355. — CARDINAL DE RICHELIEU (en pied). — Gr. par Zac. Heince.
   Galerie des Hommes Illustres. *Inv. III* : 300 l.; *État général,* 1788. — Trace perdue. — D'après la gravure on voit que cet exemplaire était identique à celui de la NATIONAL GALLERY, n° 1.449.

356. — MARIAGE DE LA VIERGE.
Etat général, 1788. Même sujet, Wallace Collection, n° 119.
357. — ANNONCIATION.
Etat général, 1788. Même sujet, Wallace Collection, n° 134.

S. BOURDON

358. — CHRISTINE, REINE DE SUÈDE. — G. P.-R. : Alex. Tardieu.
Coll. Christine. C'est le portrait de la comtesse Ebba Sparre. *Cat. Lyceum*, n° 257. — Trace perdue.
358 bis. — PORTRAIT DE WARIN, Le Sculpteur. — G. P.-R. : L.-M. Halbou.
Coll. Christine. *État général, 1788; Cat. Lyceum*, n° 228. — Trace perdue.
359-362. — QUATRE PORTRAITS D'HOMMES DE LETTRES.
Coll. Christine. *Inv. III* : 1.000 l.; *État général, 1788* ; *Cat. Lyceum*, n° 292 à 296 (cinq portraits). — Trace perdue.
363. — PRÉSENTATION AU TEMPLE
État général, 1788; Registre de réception, n° 6, désigné comme envoyé au Muséum, n'est pas au Louvre.

E. LE SUEUR

364. — ALEXANDRE ET SON MÉDECIN. — G. P.-R. : R. de Launay; *Dubois*, 127 ; gr. par Dagoty.
Inv. I, II : 3.200 l.; *III* : 10.000 l.; *Cat. Bryan*, n° 133 : 300 guinées, à Lady Lucas. Vendu en 1905. Répl. signalée par Victor Cousin chez le comte d'Houdetot.

CH. LE BRUN

365. — MASSACRE DES INNOCENTS. — G. P.-R. : D.-P. Berteaux et J. Aliamet; *Dubois*, 98.
Inv. I : 1.800 l.; *II* : 2.800 l.; *III* : 6.000 l. Dulwich Gallery, n° 202.
366. — HERCULE ASSOMMANT LES CHEVAUX DE DIOMÈDE. — G. P.-R. : Laflitte et J.-B. Tilliard; *Dubois*, 97.
Coll. Richelieu. *Inv. II* : 1.000 l.; *III* : 3.000 l.; *Cat. Lyceum*, n° 244. — Trace perdue.

J. COURTOIS

367. — CHOC DE CAVALIERS. — G. P.-R. : Berteaux et Liénard.
État général, 1788. — Trace perdue.

SANTERRE

368. — LE RÉGENT ET MINERVE. — G. P.-R. : François Guibert.
État général, 1788; Registre de réception, n° 18. Versailles, n° 3.701.

H. RIGAUD

369. JEUNE GUERRIER CUIRASSÉ (LE DUC DE CHARTRES, FUTUR RÉGENT).
État général, 1788; Registre de réception, n° 14. VERSAILLES, n° 4.302.

370. — MADAME, DUCHESSE D'ORLÉANS (MÈRE DU RÉGENT). — G. P.-R. : Guibert.
État général, 1788. VERSAILLES, n° 2.084. — Exemplaires plus authentiques chez Mgr le duc d'Orléans ; à Genève ; à Ferrières, etc.

ANT. WATTEAU

371. — BAL CHAMPÊTRE. — G. P.-R. : J. Couché.
Inv. II : 1.000 l.; III : 600 l.; Cat. Lyceum, n° 290 : 12 guinées. Vente Bingham Mildmay, Londres (1893). COLL. FERDINAND BISCHOFFSHEIM.

372. — LES SINGES PEINTRES. — Dubois, 76.
Inv. I, II : 100 l.; III : 18 l. — Trace perdue.

ÉCOLES HOLLANDAISE, FLAMANDE ET ALLEMANDE

A. MORO

373. — PORTRAIT DIT D'HUGUES GROTIUS. — G. P.-R. : Macret; Dubois, 61.
Inv. III : 41 l. — Trace perdue.

374. — UN GÉNÉRAL ESPAGNOL (J.-B. CASTILAN). — Dubois, 62.
État général, 1788. — Trace perdue.

375. — UN ESPAGNOL (AVEC UN DOGUE). — Dubois, 62.
Inv. II : 50 l.; III : 600 l. — Trace perdue.

376. — UN PRÊTRE. — Dubois, 63.
État général, 1788. — Trace perdue.

A. BLOEMAERT

377. — PRÉDICATION DE SAINT JEAN. — G. P.-R. : H. Guttenberg; Dubois, 2.
Inv. II : 240 l.; III : 48 l.; Cat. Wilson, n° 48. — Trace perdue.

K. POELENBURG

378. — NYMPHES AU BAIN. — G. P.-R. : J. Couché et Lorieux; omis par Dubois.
Inv. III : 158 l.; Cat. Wilson, n° 42. — Trace perdue.

379. — CÉPHALE ET PROCRIS. — G. P.-R. : Dambrun; Dubois, 108.
Inv. II : 400 l.; III : 300 l.; Cat. Wilson, n° 33. — Trace perdue.

380. — NYMPHES ET FAUNES. — *G. P.-R.* : J. Couché; *Dubois*, 108.
   Inv. II : 400 l.; *III* : 150 l.; *Cat. Wilson*, n° 101. — Trace perdue.
381. — LES VACHES. — *G. P.-R.* : Ovide Michel; *Dubois*, 107.
   Inv. II : 1.200 l.; *Cat. Wilson*, n° 25. — Trace perdue.
382. — LES RUINES. — *G. P.-R.* : Desaulx et Giraud l'aîné; *Dubois*, 108.
   Inv. II : 300 l.; *III* : 150 l.; *Cat. Wilson*, n° 97. — Trace perdue.

A. HONTHORST

383. — JUDITH. — *Dubois*, 81.
   Inv. II : 500 l. — Trace perdue depuis 1752.

G. DOU

384. — LE JOUEUR DE VIOLE. — *G. P.-R.* : R. Delvaux; *Dubois*, 177.
   Inv. I, II : 1.200 l.; *III* : 10.000 l.; *Cat. Wilson*, n° 35 : 300 guinées, à J. Davenport. Coll. duchesse de Berry, vendu 11.228 fr. (1837), à Héris, de Bruxelles. COLL. ALPHONSE DE ROTHSCHILD, PARIS.
385. — LA VIEILLE A LA LAMPE. — *G. P.-R.* : J.-J.-J. Huber; *Dubois*, 178.
   Inv. I : 400 l.; *II* : 1.600 l.; *III* : 1.200 l.; *Cat. Wilson*, n° 13 : 63 guinées. — Trace perdue.
386. — UNE FEMME SUR SON STOEB. — *G. P.-R.* : J. Couché; *Dubois*, 177.
   Inv. I : 1.600 l.; *II* : 1.000 l.; *III* : 6.000 l.; *Cat. Wilson*, n° 31 : 300 guinées. Coll. Kouchaleff, Paris, Lichtenstein, Vienne. RUDOLPHINIUM, PRAGUE.
387. — LA FILEUSE. — *Dubois*, 178.
   COLL. COMTE ROMAN POTOCKI, LANÇUT, GALICIE.
388. — LE VIEUX TOBIE. — *Dubois*, 179.
   Inv. I : 640 l. — Trace perdue depuis 1727. — Cf. au Louvre : *La Lecture de la Bible* (Villot, 129), offrant de grandes analogies avec ce tableau.

B. BREENBERG

389. — LES RUINES. — *G. P.-R.* : C.-N. Varin. *Dubois*, 86 *(Un Homme à cheval)*.
   Inv. II : 400 l.; *Cat. Wilson*, n° 46. — Trace perdue.
390. — LES BERGERS. — *G. P.-R.* : J.-B. Racine; *Dubois*, 86 *(Les Chèvres)*.
   Inv. II : 600 l.; *III* : 40 l.; *Cat. Wilson*, n° 14. — Trace perdue.
391. — LES ROCHERS. — *G. P.-R.* : Pillement et Liénard; *Dubois*, 87 *(La Montagne)*.
   Inv. II : 320 l.; *III* : 90 l.; *Cat. Wilson*, n° 32. FITZWILLIAM MUSEUM, CAMBRIDGE, n° 431.
392. — LA TOUR. — *G. P.-R.* : J.-B. Racine; *Dubois*, 87.
   Inv. II : 320 l.; *III* : 90 l.; *Cat. Wilson*, n° 15. FITZWILLIAM MUSEUM, CAMBRIDGE, n° 432.
393. — PRÉDICATION DE SAINT JEAN. — *Dubois*, 87.
   Inv. I : 2.000 l.; *Cat. Wilson*, n° 37. — Trace perdue.

J. WYNANTS

394. — LE MOULIN. — *G. P.-R.* : Desaulx et Racine. Acquisition postérieure au Régent.
Cat. Wilson, n° 216. — Trace perdue.

REMBRANDT

395. — FLAMAND (Portrait de Rembrandt jeune). — *G. P.-R.* : Voyer le jeune; *Dubois*, 366.
Inv. II : 320 l.; *III* : 500 l. ; *Cat. Wilson*, n° 68. Coll. Lord Leconfield, Petworth. Bode, n° 61.

396. — FLAMANDE (Sœur de Rembrandt). — *G. P.-R.* : Ingouf le jeune; *Dubois*, 365.
Inv. II : 320 l.; *III* : 500 l.; *Cat. Wilson*, n° 114. Coll. Lord Leconfield, Petworth. Bode, n° 60.

397. — UN BOURGMESTRE (E. Swalmius). — *G. P.-R.* : Malherbe et H. Guttenberg; *Dubois*, 366.
Inv. III : 2.400 l. *Cat. Wilson*, n° 130 : 300 guinées, à Morland Coll. duc de Buckingham, Lord Dudley. *Vente Dudley* : 200.000 fr., au Musée d'Anvers, n° 705. Exp. à Manchester, n° 679. Bode, n° 226.

398. — LE BERCEAU. — *G. P.-R.* : Carl Guttenberg; *Dubois*, 364.
Inv. II : 1.200 l.; *III* : 6.000 l.; *Cat. Wilson*, n° 34 : 800 guinées. Coll. Payne Knight, maintenant Bouchton Knight, Downton Castle. Bode, n° 250.

399. — LE MOULIN. — *G. P.-R.* : Mathieu et F. Dequevauviller; *Dubois*, 365.
Inv. I, II : 320 l.; *III* : 300 l.; *Cat. Wilson*, n° 91 : 500 guinées, à W. Smith. Coll. Lansdowne. Vendu 2 millions et demi, à M. Widener, Philadelphie. Bode, n° 345. Copie ancienne, coll. T. Humphry Ward.

400. — SAINT FRANÇOIS. — *G. P.-R.* : A. Guttenberg; *Dubois*, 364.
Inv. I, II : 200 l.; *Cat. Wilson*, n° 4 : 60 guinées. Coll. Marcel de Nemès, Budapest. Répl. coll. Alfred Beit, Londres. Bode, n° 218.

D. VAN TOL

401. — LA CUISINIÈRE. — *G. P.-R.* : Goumaz; *Dubois*, 477.
In. I : 600 l.; *II* : 250 l.; *III* : 30 l.; *Cat. Wilson*, n° 94 : 10 guinées. — Trace perdue.

A. BRAUWER

402. — LE BUVEUR. — Acquisition postérieure au Régent.
Inv. III : 240 l.; *Cat. Wilson*, n° 158. — Trace perdue.

H. SAFTLEVEN

403. — PAYSAGE (Rivière). — Omis dans *Dubois*.
Inv. II : 275 l.; *III* : 30 l.; *Cat. Wilson*, n° 98. — Trace perdue.

CATALOGUE 183

404. — PAYSAGE (Montagnes). — Omis dans *Dubois*.
   Inv. II : 275 l.; *III* : 30 l ; *Cat. Wilson*, n° 99. — Trace perdue.

A. VAN OSTADE

405. — LE FUMEUR. — *Dubois*, 80.
   Cat. Wilson, n° 161 (Homme et femme buvant). — Trace perdue.

J. BOTH

406. — FUITE EN ÉGYPTE (Paysage). — *G. P.-R.* : J. Couché (sous le nom de J. Bol.).
   État général, 1788; *Cat. Wilson*, n° 81 (sous le nom de Van Kebol). — Trace perdue.

P. VAN LAER

407. — LES SBIRES. — *G. P.-R.* : Pillement fils; *Dubois*, 393.
   État général, 1788; *Cat. Wilson*, n° 19. — Trace perdue.
408. — LES ENFANTS. — *G. P.-R.* : Gareau; *Dubois*, 395.
   Inv. II : 600 l.; *III* : 96 l. (sous le nom de Breenberg); *Cat. Wilson*, n° 18. — Trace perdue.
409. — LA BELLE FOIRE. — *Dubois*, 393.
   Trace perdue depuis 1727.

P. WOUWERMAN

410. — DÉPART POUR LA CHASSE. — *G. P.-R.* : F. Dequevauviller; *Dubois*, 482.
   Inv. II : 1.200 l.; *III* : 1.800 l.; *Cat. Wilson*, n° 71 : 200 guinées, à J. Davenport. Coll.
   Ch. Bredel, Londres; Ad. Schloss, Paris; HENRI HEUGEL, PARIS.
411. — RETOUR DE CHASSE ou CHASSE AU VOL. — *G. P.-R.* : F. Dequevauviller;
   Dubois, 482.
   Inv. I : 600 l.; *II* : 1.200 l.; *III* : 1.800 l.; *Cat. Wilson*, n° 73. Vente Penrice (1844) :
   651 l st., à Farrer. — Le catalogue de la Galerie de Dulwich, n° 91, indique à tort un
   Return from hawking comme étant ce tableau.
412. — LA CURÉE. — *G. P.-R.* : J. Couché; *Dubois*, 483.
   Inv. II : 1.200 l.; *III* : 2.000 l.; *Cat. Wilson*, n° 72. Coll. Christian Bullen, Liverpool,
   d'après Smith (I. 209, p. 281).
413. — CHASSE AU VOL. — *G. P.-R.* : J. Couché; *Dubois*, 483.
   Inv. II : 1.200 l.; *III* : 2.000 l.; *Cat. Wilson*, n° 74. Coll. Christian Bullen, Liverpool,
   d'après Smith (I. 334, p. 294).
   M. Hofstede de Groot dans son *Dictionnaire* mentionne une douzaine de Wouwerman
   comme venant du Palais-Royal; il n'y avait que ces quatre tableaux-là. Le *Cat. Wilson*
   en cite quatre autres, mais on n'en trouve nulle trace dans les documents français.

H. VAN SWANEVELT

414. — LES BERGERS. — *G. P.-R.* : Ovide Michel; *Dubois*, 196.
Inv. II : 800 l.; *III* : 24 l.; *Cat. Wilson*, n° 47. — Trace perdue.

415. — CAMPO VACCINO. — *Dubois*, 196.
Inv. II : 800 l.; *III* : 200 l.; *Cat. Wilson*, n° 93. — Trace perdue.

J.-B. WEENIX

416. — GAIETÉ BACHIQUE. — *G. P.-R.* : J.-L. Delignon.
Cat. Wilson, n° 251. Coll. Mniszech; COLL. AD. SCHLOSS, PARIS.

POTTER

417. — CHASSE AU CERF. — *G. P.-R.* : O. Michel.
Cat. Wilson, n° 182. Coll. Wynn-Ellis. NATIONAL GALLERY, n° 1.008. Attr. à Pierre Potter, père de Paul ou à J. Van der Hagen.

FR. VAN MIERIS

418. — LE CHIMISTE. — *G. P.-R.* : Carl Guttenberg; *Dubois*, 151.
État général de 1788; *Cat. Wilson*, n° 9. — Trace perdue.

419. — LES BACCHANTES. — *G. P.-R.* : Bovinet; *Dubois*, 150.
Inv. II : 400 l.; *III* : 500 l.; *Cat. Wilson*, n° 40. — Trace perdue.

420. — UNE FEMME QUI MANGE DES HUITRES. — *G. P.-R.* : Giraud jeune et Cathelin; *Dubois*, 149.
Inv. I, II : 1.600 l.; *III* : 4.000 l.; *Cat. Wilson*. n° 41. FITZWILLIAM MUSEUM, CAMBRIDGE, n° 32. Répl. Munich, n° 409.

421. — ENFANT QUI FAIT DES BULLES DE SAVON. — *Dubois*, 150.
Inv. I : 800 l. — Trace perdue depuis 1727.

422. — LE ROTISSEUR. — *Dubois*, 151.
Trace perdue depuis 1727.

ZUSTRIS

423. — ENLÈVEMENT DE PROSERPINE. — *G. P.-R.* : J.-L. Delignon; *Dubois*, 286.
Coll. Hautefeuille. *Inv. I, II* : 800 l.; *III* : 24 l. Coll. Denison J. Evelyn. Exp. à Manchester, n° 212, sous le nom du Titien.

F. MOUCHERON

424. — LA CHUTE D'EAU. — *G. P.-R.* : J.-B. Racine.
État général de 1788; *Cat. Wilson*, n° 22. — Trace perdue.

A. MIGNON

425. — DES FLEURS. — *Dubois*, 3.
    Registre de réception, n° 12. — Trace perdue.

A. VAN DEN VELDE

426-427. — DEUX MARINES (Bataille de Lépante). — *Dubois*, 481.
    Inv. I, II : 300 l. — Trace perdue depuis 1788.

G. NETSCHER

428. — AUTOPORTRAIT. — *G. P.-R.* : J.-S. Klauber; *Dubois*, 161.
    Inv. I : 640 l.; *II* : 600 l.; *III* : 300 l.; *Cat. Wilson*, n° 8. Coll. John Fullerton, d'après Smith (IV, 146).
429. — LES BOHÉMIENNES. — *G. P.-R.* : L.-M. Halbou; *Dubois*, 163.
    Inv. III : 600 l.; *Cat. Wilson*, n° 85. — Trace perdue.
430. — AGAR ou L'Entremetteuse. — *G. P.-R.* : L.-M. Halbou; *Dubois*, 162.
    Inv. II : 640 l.; *III* : 600 l.; *Cat. Wilson*, n° 86. Coll. Needl (Waagen, II, 247).
431. — LE REPOS. — *G. P.-R.* : C.-E. Gaucher.
    État général de 1788; *Cat. Wilson*, n° 23. — Trace perdue.
432. — OFFRANDE A VÉNUS. — *G. P.-R.* : N. Le Mire; *Dubois*, 163.
    Inv. Monsieur, n° 1.192 : 100 l. avec une *Assemblée des Dieux* (voir n° 499 de ce catalogue).
    Inv. I, II : 500 l.; *III* : 24 l.; *Cat. Wilson*, n° 3. — Trace perdue.
433. — L'INSTRUCTION MATERNELLE. — *G. P.-R.* : R. de Launay; *Dubois*, 161.
    Inv. I, II : 640 l.; *III* : 4.000 l.; *Cat. Wilson*, n° 7. Coll. Peel. National Gallery, n° 844.
434. — L'OISEAU. — *G. P.-R.* : Romanet; *Dubois*, 163.
    Inv. I : 500 l.; *II* : 320 l. — Trace perdue.

P. VAN SLINGELAND

435. — L'ENFANT A L'OISEAU (Portrait du duc de Bourgogne ?). — *Dubois*, 453.
    Inv. I : 320 l.; *II* : 1.200 l.; *III* : 240 l.; *Cat. Wilson*, n° 26. — Trace perdue.

G. SCHALCKEN

436. — LA BAGUE. — *G. P.-R.* : Mondet et Viel; *Dubois*, 440.
    Inv. I, II : 500 l.; *III* : 750 l.; *Cat. Wilson*, n° 88. Coll. Wynn Ellis. National Gallery, n° 999.
437. — UN PETIT GUITARISTE. — *Dubois*, 440.
    Cat. Wilson, n° 254. — Trace perdue.
438. — RECONNAISSANCE DE LA BOHÉMIENNE. — *Dubois*, 441.
    Inv. II : 1.260 l.; *III* : 2.000 l.; *Cat. Wilson*, n° 38. Vente A. Lévy (1876) : 120 l. st. 15 sh.

E. VAN DER NEER

439. — RETOUR DE BESTIAUX. — *G. P.-R.* : J. Couché.
Inv. III : 120 l.; *Cat. Wilson*, n° 39. — Trace perdue.

J. GRIFFIER

440. — LA RIVIÈRE. — *G. P.-R.* : Liénard; *Dubois*, 184.
Cat. Wilson, n° 123. — Trace perdue.

441. — LES DEUX MONTAGNES. — *G. P.-R.* : Liénard; *Dubois*, 183.
Trace perdue depuis 1727.

A. VAN DER WERFF

442. — VENDEUSE DE MARÉE. — *G. P.-R.* : Delaunay le jeune; *Dubois*, 8.
Inv. III : 200 l.; *Cat. Wilson*, n° 29. — Trace perdue.

443. — VENDEUR D'ŒUFS. — *G. P.-R.* : Delaunay le jeune; *Dubois*, 8.
Inv. I, II : 250 l.; *III* : 200 l.; *Cat. Wilson*, n° 30. — Trace perdue.

444. — JUGEMENT DE PARIS. — *G. P.-R.* : Blot; *Dubois*, 7.
Inv. I : 4.800 l.; *II* : 1.200 l.; *III* : 4.000 l.; *Cat. Wilson*, n° 148. Dulwich Gallery, n° 147.

J. VAN EYCK

445. — TRIPTYQUE : Adoration des Rois, Saint Jacques, Saint Sébastien. — *Dubois*, 251-252.
Inv. II : 240 l.; *III* : 36 l.; *Cat. Wilson*, n° 106. — Trace perdue.

P. BREUGHEL

446. — PAYSAGE (Chemin montueux). — *Dubois*, 390.
Inv. II : 1.200 l.; *Cat. Wilson*, n° 167. — Trace perdue.

447. — UNE MUSIQUE DE CHATS. — *G. P.-R.* : J. Couché; *Dubois*, 391; gr. dans Cabinet Choiseul, n° 5.
Inv. I : 100 l.; *III* : 36 l.; *Cat. Wilson*, n° 174. — Trace perdue.

448. — LE GRAND CHEMIN. — *G. P.-R.* : J.-B. Racine; *Dubois*, 391.
Inv. III : 18 l.; *Cat. Wilson*, n° 111. — Trace perdue.

A.-T. KEY

449. — UN SÉNATEUR DE VENISE. — *Dubois*, 6.
Coll. Christine. *Inv. II* : 1.000 l.; *III* : 24 l. — Trace perdue.

P. BRILL

450. — LES CHÈVRES. — *G. P.-R.* : F. Dequevauviller; *Dubois*, 359.
  Inv. Henriette d'Angleterre, n° 407 : 400 l.; *État général de 1788; Cat. Wilson*, n° 95. — Trace perdue.
451. — SAINTE FAMILLE (Fuite en Égypte). — *G. P.-R.* : J. Couché; *Dubois*, 360.
  Coll. Christine. *État général de 1788 ; Cat. Wilson*, n° 232. — Trace perdue.
452. — LA CHASSE AU RENARD. — *G. P.-R.* : J. Couché; *Dubois*, 360.
  Inv. II : 300 l. — Trace perdue depuis 1788.
453. — NYMPHES ET SATYRES. — *G. P.-R.* : Pillement; *Dubois*, 361.
  Inv. II : 1.600 l.; *Cat. Wilson*, n° 27. — Trace perdue.
454. — UNE MARINE. — *Dubois*, 360.
  Trace perdue.

J. BREUGHEL (de Velours)

455. — TONTE DE MOUTONS. — *G. P.-R.* : F. Dequevauviller.
  État général de 1788; Cat. Wilson, n° 180. — Trace perdue.
456. — LE CHARIOT. — *G. P.-R.* : Dequevauviller; *Dubois*, 231.
  Inv. II : 1.000 l.; *III* : 1.800 l.; *Cat. Wilson*, n° 50 : 12 guinées. — Trace perdue.
457. — TRANSMIGRATION DE BABYLONE. — *Dubois*, 230.
  Inv. II : 2.400 l.; *Cat. Wilson*, n° 118 : 150 guinées. — Trace perdue.
458. — LES PASSAGERS. — *Dubois*, 230.
  Trace perdue depuis 1727.
459. — MARINE AU FILET. — *Dubois*, 231.
  Trace perdue depuis 1727.
460. — MARINE AUX POISSONS. — *Dubois*, 231.
  Inv. II : 1.000 l. — Trace perdue depuis 1752.

FR. PORBUS

461. — HENRI IV. — *G. P.-R.* : P.-A. Tardieu; *Dubois*, 152.
  Inv. Henriette d'Angleterre, n° 445, pour mémoire. *Inv. I, II* : 400 l.; *III* : 1.500 l.; *Registre de réception*, n° 17. Musée Condé, Chantilly, n° 122. Répl. au Louvre (Villot, 395).

P. NEEFS

462-463. — DEUX ÉGLISES (Intérieurs). — *Dubois*, 422.
  Inv. Henriette d'Angleterre, n° 153 : 36 l. *Inv. I, II* : 240 l. chacun; *III* : 300 l. chacun; *Cat. Wilson*, n°s 82, 83. — Trace perdue.

P.-P. RUBENS

464. — JUGEMENT DE PARIS. — *G. P.-R.* : J. Couché et Dambrun ; *Dubois*, 413.
   Inv. II : 4.000 l. ; *III* : 18.000 l. ; *Cat. Wilson*, n° 120 : 2.000 guinées, à Lord Kinnaird. *Vente Peurice* (1844) : 4.200 l. st. à la NATIONAL GALLERY, n° 194. Répl. à Dresde et même sujet au Prado.

465. — GANYMÈDE — *G. P.-R.* : Henriquez ; *Dubois*, 410.
   Coll. Christine. *Inv. II* : 320 l. ; *III* : 150 l. ; *Cat. Wilson*, n° 17. — Trace perdue (Max Rooses, III, 97). Copie (réduction), à Dijon. Autre composition au Prado.

466. — DIANE REVENANT DE LA CHASSE. — *G. P.-R.* : Delaunay le jeune ; *Dubois*, 412.
   Coll. Christine. *Inv. II* : 600 l. ; *III* : 300 l. ; *Cat. Wilson*, n° 259. — Trace perdue (Max Rooses, III, 78). Répl. à Dresde et à Darmstadt.

467. — CONTINENCE DE SCIPION. — *G. P.-R.* : Dambrun ; *Dubois*, 408.
   Coll. Christine. *Inv. II* : 19.000 l. ; *III* : 24.000 l. ; *Cat. Wilson*, n° 194 : 800 guinées, à Lord Berwick. DÉTRUIT DANS UN INCENDIE A LONDRES (26 mars 1836). Copie médiocre (réduction) chez M. Philéas Vassal, Paris.

468. — THOMYRIS. — *G. P.-R.* : R. de Launay ; *Dubois*, 407.
   Coll. Christine. *Inv. I, II* : 19.000 l. ; *III* : 24.000 l. ; *Cat. Wilson*, n° 142. COLL. COMTE DE DARNLEY, COBHAM HALL. Exp. à Manchester, n° 579 et à Bruxelles (1910).

469. — AVENTURE DE PHILOPŒMEN. — *G. P.-R.* : C.-N. Varin ; *Dubois*, 409.
   Coll. Christine. *Inv. II* : 600 l. ; *III* : 300 l. ; *Cat. Wilson*, n° 103. — Trace perdue (Max Rooses, IV, 14). Petite esquisse au Louvre, coll. La Caze.

470 — SAINT GEORGES (GRAND PAYSAGE). — *G. P.-R.* : D. Berteaux et Liénard ; *Dubois*, 414.
   Coll. Charles Ier, Richelieu. *Inv. II* : 6.000 l. ; *III* : 8.000 l. ; *Cat. Wilson*, n° 164, 1.000 guinées, à W. Morland. WINDSOR CASTLE, depuis 1814.

471. — MARS ET VÉNUS. — *Dubois*, 411.
   Inv. III : 12.000 l. ; *Cat. Wilson*, n° 6. *Vente Van der Gucht* (1796) : 130 guinées ; *Vente Bryan* (1798) : 90 guinées. DULWICH GALLERY, n° 285.

472-484. — DOUZE ESQUISSES (HISTOIRE DE CONSTANTIN). — *Dubois*, 405-407.
   Inv. I : 2.450 l. ; *II* : 2.400 l. ; *III* : 7.200 l. ; *Cat. Wilson*, n°s 55-67.
   1. MARIAGE DE CONSTANTIN. *G. P.-R.* : Godefroy. Trace perdue (Max Rooses, III, 210). — 2. LA CROIX MIRACULEUSE. *G. P.-R.* : J. Couché fils et Liénard. COLL. JOHN G. JOHNSON, PHILADELPHIE. — 3. LE LABARUM. *G. P.-R.* : Liénard (Max Rooses, III, 211). — 4. BATAILLE DE CONSTANTIN CONTRE MAXENCE. *G. P.-R.* : Lorieux (Max Rooses, III, 211). — 5. DÉFAITE ET MORT DE MAXENCE. *G. P.-R.* : Hubert. WALLACE COLLECTION, n° 520. — 6. CONSTANTIN COURONNÉ PAR LA VICTOIRE. *G. P.-R.* : Cathelin (Max Rooses, III, 213). — 7. TRIOMPHE DE CONSTANTIN. *G. P.-R.* : Lorieux. COLL. H. LASQUIN, PARIS ; exp. à l'École des Beaux-Arts, en 1887, au profit des inondés du Midi, n° 130 du catalogue. — 8. ROME COURONNÉE PAR LA VICTOIRE ou CONSTANTIN REND LA LIBERTÉ AUX SÉNATEURS. *G. P.-R.* : Cathelin (Max Rooses, III, 214). — 9. CONSTANTIN DONNE LE COMMANDEMENT DE LA FLOTTE A CRISPUS, SON FILS.

L'HISTOIRE DE SAINT GEORGES
Tableau peint par Rubens
(*Buckingham Palace. — Londres*)
Photo Braun & Cie

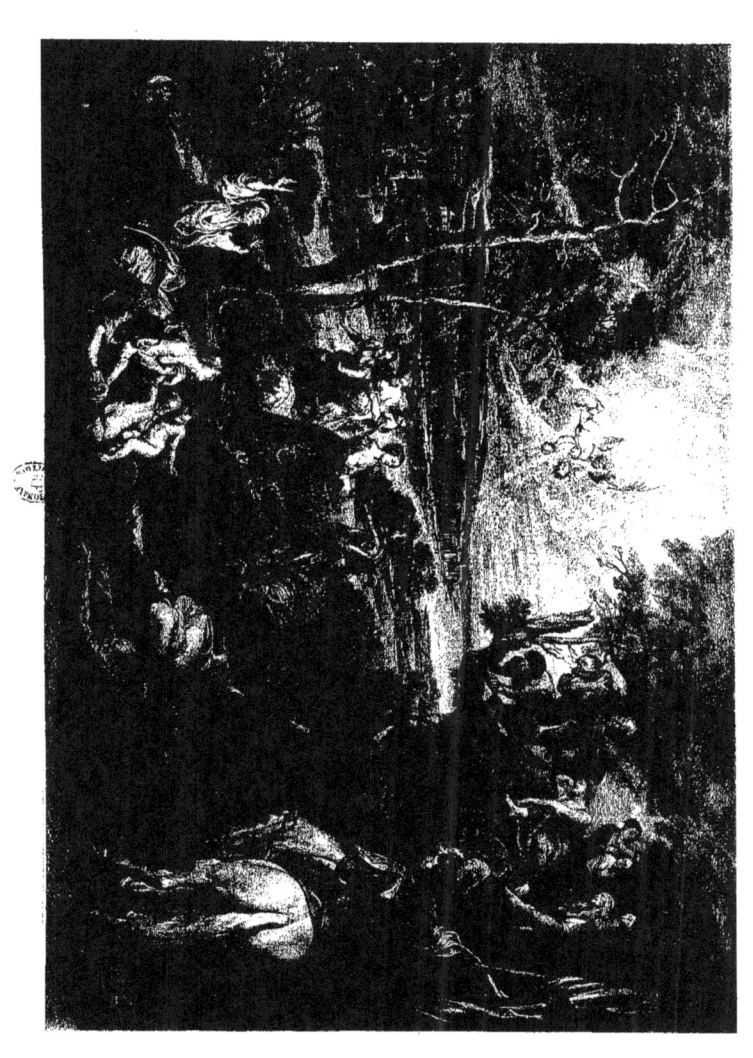

G. P.-R. : Bosq (Max Rooses, III, 214). — 10. FONDATION DE CONSTANTINOPLE. G. P.-R. : Hubert (Max Rooses, III, 215). — 11. CONSTANTIN HONORANT LA VRAIE CROIX. G. P.-R. : B.-L. Prévost et Delignon (Max Rooses, III, 215). — 12. LE BAPTÊME DE CONSTANTIN. G. P.-R. : B.-L. Prévost et J.-L. Delignon. COLL. FERDINAND BISCHOFFSHEIM, PARIS, payé 25.000 fr. à M. Ch. Sedelmeyer.

A. STALBENT

485. — LA PÊCHE. — G. P.-R. : F. Dequevauviller.
Inv. III : 24 l. — Trace perdue.

P. VAN MOL

486. — UNE DANSE (LES MARIÉS). — G. P.-R. : Carl Guttenberg; Dubois, 418.
Inv. II : 400 l.; III : 60 l.; Cat. Wilson, n° 70. — Trace perdue.

J. JORDAENS

487. — UN HOMME ARMÉ. — Dubois, 203.
Coll. duc de Melford. Inv. I : 320 l.; III : 1.500 l.; probablement le n° 112 du Cat. Wilson, donné comme le Duc d'Albe par Rubens, et qui a figuré à la Vente Bryan (1798) : 38 l. st. 17 sh. — Trace perdue. (Buchanan, I, 283.)

488. — RABELAIS A TABLE AVEC SES PAROISSIENS?
Inv. III : 6 l.; État général de 1788. — Trace perdue.

T. ROMBOUTS

489. — ASSEMBLÉE DES DIEUX. — G. P.-R. : Delongueuil.
Inv. Monsieur (Voir n° 442 de ce catalogue). Inv. III : 50 l.; Cat. Wilson, n° 45. — Trace perdue.

490. — SERMENT D'ANNIBAL. — G. P.-R. : Godefroy.
État général de 1788; Cat. Wilson, n° 44. — Trace perdue.

J. MIEL

491. — LA DANSE. — G. P.-R. : Garcau; Dubois, 244.
Inv. II : 400 l.; III : 200 l.; Cat. Wilson, n° 235. — Trace perdue.

492. — LA VENDANGE. — G. P.-R. : J. Couché; Dubois, 243.
Inv. I : 640 l.; III : 200 l.; Cat. Wilson, n° 21. — Trace perdue.

493. — L'ABREUVOIR. — G. P.-R. : Loricux; Dubois, 244 (LES CHASSEURS).
Inv. II : 400 l.; III : 200 l.; Cat. Wilson, n° 1. — Trace perdue.

A. VAN DYCK

494. — LA FAMILLE DE CHARLES Ier. — *G. P.-R.* : Dennel; *Dubois*, 67.
Inv. Henriette d'Angleterre, n° 402 : 1.200 l. *Inv. I, II* : 1.200 l.; *III* : 1.000 l.; *Cat. Wilson*, n° 84 : 1.000 guinées, à Hammersley. COLL. DUC DE RICHMOND ET GORDON.

495. — CHARLES Ier (ovale). — *G. P.-R.* : A. Romanet.
Inv. III : 100 l.; *Cat. Wilson*, n° 108. — Trace perdue.

496. — COMTE D'ARUNDEL. — *G. P.-R.* : P.-A. Tardieu; *Dubois*, 73; *Stafford Gallery*.
Inv. II : 800 l.; *III* : 2.000 l.; *Cat. Wilson*, n° 72. Coll. duc de Sutherland. — N'est plus à Stafford House. (Waagen, II, 69.)

497. — PORTRAIT DIT DU DUC D'YORK. — *G. P.-R.* : Migé (attr. à Walker).
Cat. Wilson, n° 89. — Trace perdue.

498. — PORTRAIT D'HOMME (LE COMTE DE NEWCASTLE). — *G. P.-R.* : Macret et Viel; *Dubois*, 71.
Inv. Mazarin : 500 l. t. *Inv. III* : 3.000 l; *Cat. Wilson*, n° 80. COLL. DU DUC DE BEDFORD, WOBURN ABBEY.

499. — PORTRAIT D'HOMME (FRÉDÉRIC, ROI DE BOHÊME ?). — *G. P.-R.* : Macret : *Dubois*, 71.
Inv. Mazarin : 450 l. t. *Inv. II* : 1.200 l.; *III* : 3.000 l; *Cat. Wilson*, n° 54. — Trace perdue.

500. — PORTRAIT DE FEMME (MARGUERITE DE LORRAINE, DUCHESSE D'ORLÉANS). — *G. P.-R.* : Macret; *Dubois*, 70.
Inv. Mazarin : 600 l. t. *Inv. II* : 1.200 l.; *Cat. Wilson*, n° 53. COLL. DU DUC DE BEDFORD, WOBURN ABBEY.

501. — PORTRAIT D'UNE PRINCESSE VEUVE (ÉLISABETH, REINE DE BOHÊME ?). — *G. P.-R.* : Voisand; *Dubois*, 72.
Inv. Mazarin : 500 l. t. *Inv. II* : 1.200 l.; *III* : 3.000 l.; *Cat. Wilson*, n° 100. En 1831, coll. marquis de Bath (Smith, 328).

502. — PORTRAIT DE LA PRINCESSE DE PHALSBOURG (HENRIETTE DE LORRAINE). *G. P.-R.* : Voisand; *Dubois*, 73.
Coll. Charles Ier. *Inv. Mazarin* : 800 l. t. *Inv. II* : 1.200 l.; *III* : 3.000 l.; *Cat. Wilson*, n° 52. *Vente Hamilton* (1882) : 2.100 l. st. COLL. LORD ROSEBERY, MENTMORE.

503. — PORTRAIT DE SNYDERS. — *G. P.-R.* : Dequevauviller; *Dubois*, 69.
Coll. Nocé. *Inv. II* : 3.000 l.; *III* : 4.000 l.; *Cat. Wilson*, n° 96 : 400 guinées, au comte de Carlisle. Exp. à Manchester, n° 662. COLL. H. FRICK, NEW-YORK. Répl. (buste), Galerie Lichtenstein, Vienne.

504. — LA FEMME DE SNYDERS. — *Dubois*, 69.
Inv. II : 3.000 l.; *III* : 4.000 l.; *Cat. Wilson*, n° 121. Coll. Lord Warwick. Exp. à Manchester, n° 663. COLL. H. FRICK, NEW-YORK.

505-506. — UNE TÊTE D'HOMME ET UNE TÊTE DE FEMME. — *Dubois*, 67.
Trace perdue.

507. — MARIE DE MÉDICIS. — *Dubois*, 68.
Inv. II : 3.000 l.; *III* : 50 l. — Trace perdue.

THOMAS HOWARD, COMTE D'ARUNDEL
Tableau peint par Van Dyck
(Ci-devant collection du duc de Sutherland. — Stafford House, Londres)

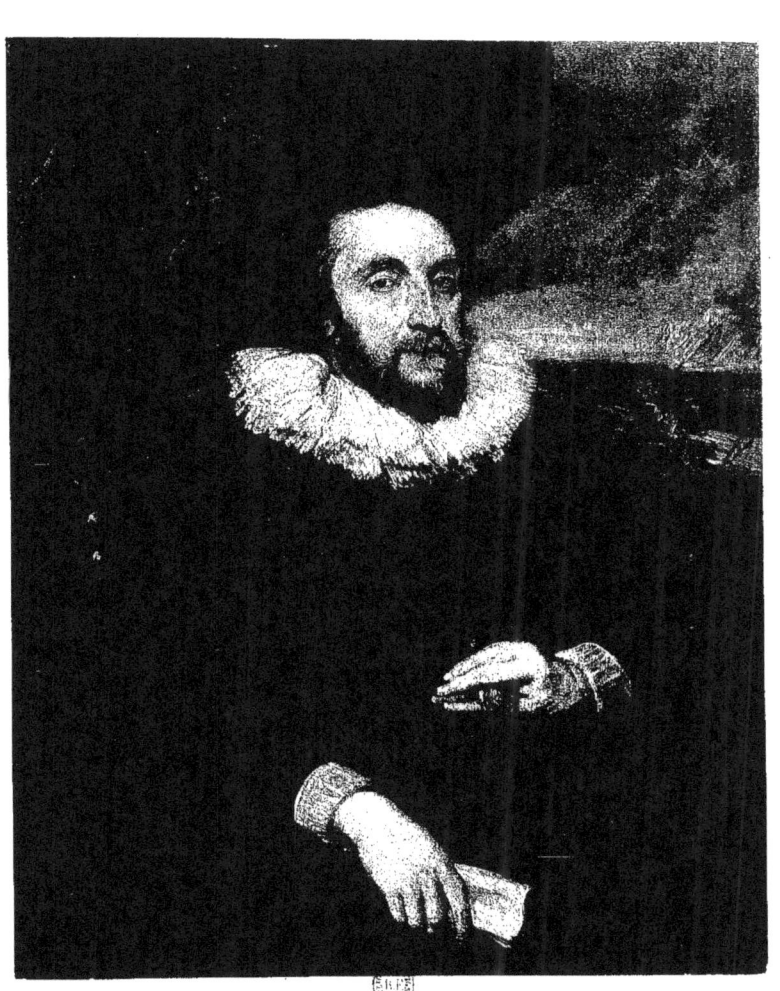

508. — VIERGE ET ENFANT. — *Dubois*, 69.
   Coll. Corberon. *Inv. II* : 6.000 l. — Trace perdue depuis 1752.

S. DE VOS

509. — LES FLEUVES. — *G. P.-R.* : Delongueuil; *Dubois*, 310.
   Coll. Christine. *Inv. I, II* : 450 l.; *Cat. Wilson*, n° 10. Copie du tableau de Rubens (Vienne, n° 1.151).
510. — PAN, SYRINX, DES ENFANTS, DES TIGRES. — *G. P.-R.* : C.-N. Varin; *Dubois*, 312.
   Inv. I, II : 350 l.; *III* : 200 l.; *Cat. Wilson*, n° 119. Copie d'après Rubens.

D. TENIERS

511. — LE CHIMISTE. — *G. P.-R.* : Michon et Lorieux; *Dubois*, 114.
   Inv. II : 200 l.; *III* : 36 l.; *Cat. Wilson*, n° 77. — Trace perdue.
512. — LA GUITARISTE. — *G. P.-R.* : Delaunay le jeune; *Dubois*, 115.
   Inv. I : 160 l.; *II* : 400 l.; *III* : 300 l.; *Cat. Wilson*, n° 5. Smith, 336. — Trace perdue.
513. — LE VIEILLARD. — *G. P.-R.* : Michon et H. Guttenberg; *Dubois*, 111.
   Inv. III : 2.000 l. Coll. Erard; Koucheleff; Mme Delacour, Paris; THÉODORE GOTTLIEB, BERLIN. Cat. Sedelmeyer *(Tenth hundred of paintings of old masters,* 8°, Paris, 1906), n° 40.
514. — LA FUMEUSE. — *G. P.-R.* : Patas; *Dubois*, 113.
   Inv. I, II : 240 l.; *III* : 500 l.; *Cat. Wilson*, 78. Smith, 372. MUSÉE DE CAEN (don de M. Lemaigner; détruite en 1905).
515. — DES JOUEURS. — *G. P.-R.* : Gareau; *Dubois*, 114.
   Inv. I : 200 l.; *II* : 500 l.; *III* : 600 l.; *Cat. Wilson*, n° 76 : 300 guinées, à G. Hibbert. *Vente Penrice* (1844) : 872 l. st., à Farrer. — Trace perdue.
516. — LA GAZETTE. — *G. P.-R.* : N. Varin; *Dubois*, 114.
   Inv. I : 400 l.; *III* : 4.000 l.; *Cat. Wilson*, n° 75 : 300 guinées, à Sir P. Stephens. Smith 358. — Trace perdue.
517. — L'ESTAMINET. — *G.P.-R.* : R. de Launay; *Dubois*, 112 (Des Joueurs et des Buveurs).
   Inv. I : 450 l.; *II* : 200 l.; *Cat. Wilson*, n° 51 (Buchanan, I, 293-294); Smith, 359. — Trace perdue.
518. — LE CABARET. — *G. P.-R.* : L. Garreau; *Dubois*, 115.
   Inv. II : 300 l.; *III* : 6.000 l.; *Cat. Wilson*, n° 80. Smith, 338. — Trace perdue.
519. — LE BERGER. — *G. P.-R.* : Jourdan et Niquet; *Dubois*, 113.
   Inv. II : 400 l.; *III* : 48 l.; *Cat. Wilson*, n° 29. — Trace perdue.
520. — LE JOUEUR DE VIOLON. — *Dubois*, 112.
   Inv. I : 200 l. — Trace perdue depuis 1727.
521. — LE FUMEUR. — *Dubois*, 112.
   Inv. I : 200 l. — Trace perdue depuis 1727.

T. WILLEBOIRTS

522. — MORT D'ADONIS. — *Dubois*, 455.
Trace perdue depuis 1727.
523. — HERCULE ET IOLE. — *Dubois*, 455.
Trace perdue depuis 1727.

P. VAN DER FAES (Sir P. Lely)

524. — LA REINE D'ANGLETERRE. — *Dubois*, 395.
Trace perdue depuis 1727.

A. DÜRER

525. — UN PORTRAIT D'HOMME. — *Dubois*, 12.
Coll. duc de Gramont. *Inv. III* : 6 l.; *Cat. Wilson*, n° 237. — Trace perdue.
526. — TRIPTYQUE : Nativité, Adoration des Rois, Fuite en Égypte. — *Dubois*, 12.
Coll. Mérainville. *Inv. I, II* : 1.600 l.; *III* : 80 l.; *Cat. Wilson*, n° 115. Attr. à Walther van Assen par Waagen (IV, 435). Coll. Dunmore.

H. HOLBEIN

527. — PORTRAIT DE GEORG GISZE. — *Dubois*, 235.
Inv. II : 1.200 l.; *III* : 150 l.; *Cat. Wilson*, n° 104 : 200 guinées, à Ch. de Mechel, de Bâle. Coll. Solly. Musée de Berlin, n° 586.
528. — PORTRAIT DE FEMME. — *Dubois*, 234.
Inv. II : 325 l.; *III* : 150 l.; *Cat. Wilson*, n° 16. — Trace perdue.
529. — PORTRAIT DE THOMAS MORE. — *Dubois*, 234.
Coll. Christine. *Inv. II* : 1.200 l.; *III* : 240 l.; *Cat. Wilson*, n° 11. Coll. Edward Huth. Copie par Rubens au Musée Plantin, Anvers. — Nombreuses répliques.
530. — THOMAS CROMWELL, COMTE D'ESSEX (miniature ronde). — *Dubois*, 236.
Coll. Christine. *Inv. I, II* : 160 l.; *Cat. Wilson*, n° 116. Nombreuses répliques: Coll. comte de Caledon; Cardon, Bruxelles; Pierpont Morgan; National Portrait Gallery. L'original de tous ces portraits est celui qui appartient au comte de Caledon.

J. ROTTENHAMMER

531. — DANAÉ. — *G. P.-R.* : Delaunay le jeune; *Dubois*, 249.
Inv. I, II : 240 l.; *Cat. Wilson*, n° 164. — Trace perdue.

A. ELZHEIMER

532. — UN CLAIR DE LUNE. — *Dubois*, 5.
Coll. Cardinal Dubois. *Inv. I* : 120 l.; *II* : 240 l.; *III* : 6 l.; *Cat. Wilson*, n° 258. — Trace perdue.

533. — UNE NUIT. — *Dubois*, 5.
Coll. duc de Melford. *Inv. I, II* : 120 l.; *III* : 6 l.; *Cat. Wilson*, n° 171. — Trace perdue.

534. — UN HOMME A CHEVAL.
État général de 1788; Cat. Wilson, n° 170. — Trace perdue.

J.-H. ROOS

535. — LE PATRE. — *G. P.-R.* : Varin.
Inv. III : 240 l.; *Cat. Wilson*, n° 12. — Trace perdue.

J.-S. WAGNER

536. — LES VOYAGEURS. — *G. P.-R.* : Couché et Liénard.
Inv. III : 36 l. — Trace perdue.

537. — LES RUINES. — *G. P.-R.* : Couché et Liénard.
Inv. III : 36 l. — Trace perdue.
Ces deux tableaux à la gouache figurent sous le n° 46 dans le *Registre de réception*, avec la mention : *Denon*.

TABLE DES MATIÈRES

TEXTE

	PAGE
PRÉFACE	1
I. — NAISSANCE DE LA GALERIE	5
II. — UNE VISITE A LA GALERIE DU RÉGENT — ÉCOLES ITALIENNES	35
III. — UNE VISITE A LA GALERIE DU RÉGENT. — AUTRES ÉCOLES.	91
IV. — LA DEBACLE	129
CATALOGUE RAISONNÉ DE LA GALERIE DES DUCS D'ORLÉANS.	147

TABLE DES ILLUSTRATIONS

Portrait du Marchand George Gisze, tableau peint par Holbein, fac-similé en couleurs (Musée de Berlin) . . . . FRONTISPICE

I. — NAISSANCE DE LA GALERIE.

Défaite et Mort de Maxence, tableau peint par Rubens *(Collection Wallace. — Londres)* 5

Charles Ier et sa famille, tableau peint par Van Dyck *(Collection du duc de Richmond et Gordon. — Goodwood, Chichester)*, en regard de 10

La Circoncision, tableau peint par Giovanni Bellini *(National Gallery. — Londres)*, en regard de 14

LA COLOMBINE, tableau peint par Francesco Melzi *(Musée de l'Ermitage. — Saint-Pétersbourg)*, en regard de 18

LES PÈLERINS A EMMAÜS, tableau peint par Véronèse *(Collection du duc de Sutherland. — Stafford House, Londres)*, en regard de.................. 22

L'AMOUR TRAVAILLANT SON ARC, tableau peint par Le Parmesan *(Collection du comte d'Ellesmere. — Bridgewater House, Londres)*, en regard de............. 26

PERSÉE ET ANDROMÈDE, tableau peint par Le Titien *(Collection Wallace. — Londres)*, en regard de 30

UN DES MIRACLES DE SAINT ANTOINE, tableau peint par Le Titien *(Musée d'Art et d'Histoire. — Genève)*............................... 33

II. — UNE VISITE A LA GALERIE DU RÉGENT. — ÉCOLES ITALIENNES.

VÉNUS ET L'AMOUR, tableau peint par Palma Vecchio *(Fitzwilliam Museum. — Cambridge)*................................... 35

ALLÉGORIE DES TROIS AGES, tableau peint par Le Titien *(Collection du comte d'Ellesmere. — Bridgewater House, Londres)*, en regard de............. 38

« NOLI ME TANGERE », tableau peint par Le Titien *(National Gallery. — Londres)*, en regard de............................. 42

LE RESPECT, tableau peint par Véronèse *(National Gallery. — Londres)*, en regard de 46

L'AMOUR, tableau peint par Véronèse *(National Gallery. — Londres)*, en regard de. . 48

LE DÉGOUT, tableau peint par Véronèse *(National Gallery. — Londres)*, en regard de 50

L'INFIDÉLITÉ, tableau peint par Véronèse *(National Gallery. — Londres)*, en regard de 54

L'INCENDIE DE SODOME, tableau peint par Véronèse, fac-similé en couleurs *(Musée du Louvre)*, en regard de........................... 56

LA VIERGE DE LA MAISON D'ORLÉANS, tableau peint par Raphaël, fac-similé en couleurs *(Musée Condé. — Chantilly)*, en regard de............... 60

LA VIERGE ET L'ENFANT, tableau peint par Raphaël *(Collection du comte d'Ellesmere. — Bridgewater House, Londres)*, en regard de............. 62

TÊTE DE JEUNE FILLE, tableau peint par Bernardino Luini *(Collection du comte d'Ellesmere. — Bridgewater House, Londres)*, en regard de............ 66

LÉDA, tableau peint par Le Corrège *(Musée de Berlin)*, en regard de.......... 72

SAINT JEAN PRÊCHANT, tableau peint par P.-F. Mola *(Collection du duc de Sutherland. — Stafford House, Londres)*, en regard de................ 78

TABLE DES ILLUSTRATIONS

	PAGE
UNE SIBYLLE, tableau peint par Le Dominiquin, fac-similé en couleurs *(Collection Wallace. — Londres)*, en regard de.	80
LA CHASTE SUZANNE, tableau peint par Guido Reni *(Galerie des Offices. — Florence)*, en regard de	84
LA TOUR, tableau peint par B. Breenberg *(Fitzwilliam Museum. — Cambridge)*.	89

III. — UNE VISITE A LA GALERIE DU RÉGENT. — AUTRES ÉCOLES.

MASSACRE DES INNOCENTS, tableau peint par Le Brun *(Galerie du Collège de Dulwich)*	91
LE FRAPPEMENT DU ROCHER, tableau peint par Poussin *(Collection du comte d'Ellesmere. — Bridgewater House, Londres)*, en regard de	94
MUSIQUE, tableau peint par Valentin *(Collection du comte d'Ellesmere. — Bridgewater House, Londres)*, en regard de.	98
BAL CHAMPÊTRE, tableau peint par Watteau *(Collection F. Bischoffsheim. — Paris)*, en regard de.	102
PORTRAIT D'ELEAZAR SWALMIUS, tableau peint par Rembrandt *(Musée Royal. — Anvers)*, en regard de	106
LE JUGEMENT DE PARIS, tableau peint par Rubens *(National Gallery. — Londres)*, en regard de.	112
LE BAPTÊME DE CONSTANTIN, tableau peint par Rubens *(Collection F. Bischoffsheim. — Paris)*, en regard de.	114
PORTRAIT DE FRANZ SNYDERS, tableau peint par Van Dyck *(Collection de Mr. H.-C. Frick. — New-York)*, en regard de.	116
PORTRAIT DE LA FEMME DE FRANZ SNYDERS, tableau peint par Van Dyck *(Collection de Mr. H.-C. Frick. — New-York)*, en regard de.	120
SIR THOMAS MORE (1527), tableau peint par Holbein *(Collection Edward Huth, Esq. — Wykehurst Park, Sussex)*, en regard de.	124
LA MONTAGNE, tableau peint par B. Breenberg *(Fitzwilliam Museum. — Cambridge)*.	127

IV. — LA DÉBACLE.

VÉNUS DÉSARMANT L'AMOUR, École vénitienne *(Collection Wallace. — Londres)*	129
THOMYRIS, tableau peint par Rubens *(Collection du comte de Darnley. — Cobham Hall, Kent)*, en regard de.	134

	PAGE
Résurrection de Lazare, tableau peint par Sebastiano del Piombo *(National Gallery. — Londres)*, en regard de.	138
La Sainte Famille avec Saint Jean et l'Agneau, tableau peint par Palma Vecchio *(Collection du comte d'Ellesmere. — Bridgewater House, Londres)*, en regard de.	140
Le Moulin, tableau peint par Rembrandt *(Collection Widener. — Philadelphie)*, en regard de	142
Galanterie hollandaise, tableau peint par F. Mieris *(Fitzwilliam Museum. — Cambridge)*.	144

CATALOGUE RAISONNÉ DE LA GALERIE DES DUCS D'ORLÉANS.

La Bella Schiavona, tableau peint par Le Titien *(Collection de Sir F. Cook. — Richmond)*, en regard de	150
Sainte Famille, tableau peint par Paris Bordone *(Collection du comte d'Ellesmere. — Bridgewater House, Londres)*, en regard de.	152
Mercure, Hersée et Aglaure, tableau peint par Véronèse *(Fitzwilliam Museum. — Cambridge)*, en regard de.	154
Danaé, tableau peint par Le Corrège *(Villa Borghèse. — Rome)*, en regard de.	164
La Confirmation, tableau peint par Poussin *(Collection du comte d'Ellesmere. — Bridgewater House, Londres)*, en regard de.	176
L'Histoire de Saint Georges, tableau peint par Rubens *(Buckingham Palace. — Londres)*, en regard de	188
Thomas Howard, comte d'Arundel, tableau peint par Van Dyck *(Ci-devant collection du duc de Sutherland. — Stafford House, Londres)*, en regard de.	190

CE LIVRE

LA GALERIE DU RÉGENT

PAR

CASIMIR STRYIENSKI

a été imprimé

ET

LES PLANCHES EN ONT ÉTÉ GRAVÉES ET TIRÉES

PAR

MANZI, JOYANT & Cie

A Asnières-sur-Seine

L'An 1912

www.ingramcontent.com/pod-product-compliance
Lightning Source LLC
Chambersburg PA
CBHW052236220526
45471CB00001B/68